国家职业技能等级认定培训教材
高 技 能 人 才 培 养 用 书
新形态职业技能鉴定指导教材

汽车维修工试题库

——汽车维修检验工、汽车机械维修工、汽车电器维修工

（中级）

国家职业技能等级认定培训教材编审委员会　组编

祖国海　潘艳华　编

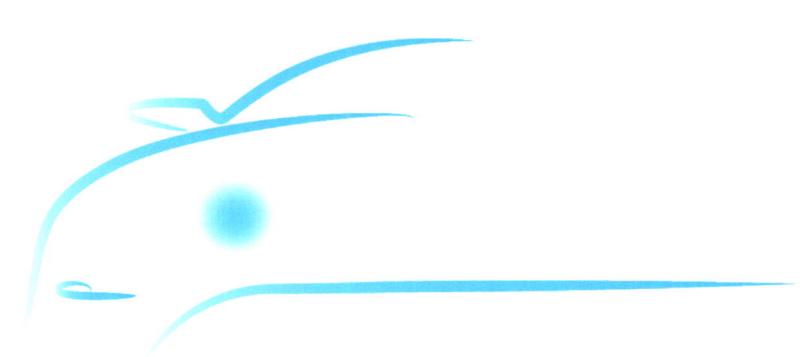

本书是依据《国家职业技能标准 汽车维修工》的相关知识、技能要求，针对参加职业技能等级认定考试者进行考前准备而编写的。本书内容既包含了考核重点和试卷结构、理论知识和操作技能要点，又附有大量的基本要求试题、理论知识试题、操作技能试题以及模拟试卷，能帮助考试者在短时间内突破考试难点、重点，更好把握考题意图，是汽车维修工参加职业技能等级认定考试提升分数的复习必备用书。本书配套多媒体资源，可通过封底"天工讲堂"刮刮卡获取。

本书主要作为国家职业技能等级认定考前辅导用书，也可以作为职业院校汽车维修培训辅助教材。

图书在版编目（CIP）数据

汽车维修工试题库：汽车维修检验工、汽车机械维修工、汽车电器维修工：中级 / 祖国海，潘艳华编 .—北京：机械工业出版社，2020.6（2025.1重印）

新形态职业技能鉴定指导教材　高技能人才培养用书
ISBN 978-7-111-65248-9

Ⅰ . ①汽… Ⅱ . ①祖… ②潘… Ⅲ . ①汽车 – 车辆修理 – 职业技能 – 鉴定 – 习题集 Ⅳ . ① U472.4-44

中国版本图书馆 CIP 数据核字（2020）第 054416 号

机械工业出版社（北京市百万庄大街 22 号　邮政编码 100037）
策划编辑：陈玉芝　责任编辑：陈玉芝　王　博
责任校对：张　征　责任印制：郜　敏
中煤（北京）印务有限公司印刷
2025 年 1 月第 1 版第 2 次印刷
184mm×260mm・12.5 印张・249 千字
标准书号：ISBN 978-7-111-65248-9
定价：49.80 元

电话服务	网络服务
客服电话：010-88361066	机 工 官 网：www.cmpbook.com
010-88379833	机 工 官 博：weibo.com/cmp1952
010-68326294	金　书　网：www.golden-book.com
封底无防伪标均为盗版	机工教育服务网：www.cmpedu.com

国家职业技能等级认定培训教材

编审委员会

主　　任　李　奇　荣庆华
副主任　　姚春生　林　松　苗长建　尹子文
　　　　　周培植　贾恒旦　孟祥忍　王　森
　　　　　汪　俊　费维东　邵泽东　王琪冰
　　　　　李双琦　林　飞　林战国

委　　员（按姓氏笔画排序）
　　　　　于传功　王　新　王兆晶　王宏鑫
　　　　　王荣兰　卞良勇　邓海平　卢志林
　　　　　朱在勤　刘　涛　纪　玮　李祥睿
　　　　　李援瑛　吴　雷　宋传平　张婷婷
　　　　　陈玉芝　陈志炎　陈洪华　季　飞
　　　　　周　润　周爱东　胡家富　施红星
　　　　　祖国海　费伯平　徐　彬　徐丕兵
　　　　　唐建华　阎　伟　董　魁　臧联防
　　　　　薛党辰　鞠　刚

序  Preface

新中国成立以来,技术工人队伍建设一直得到了党和政府的高度重视。20世纪五六十年代,我们借鉴苏联经验建立了技能人才的"八级工"制,培养了一大批身怀绝技的"大师"与"大工匠"。"八级工"不仅待遇高,而且深受社会尊重,成为那个时代的骄傲,吸引与带动了一批批青年技能人才锲而不舍地钻研技术、攀登高峰。

进入新时期,高技能人才发展上升为兴企强国的国家战略。从 2003 年全国第一次人才工作会议,明确提出高技能人才是国家人才队伍的重要组成部分,到 2010 年颁布实施《国家中长期人才发展规划纲要(2010—2020 年)》,加快高技能人才队伍建设与发展成为举国的意志与战略之一。

习近平总书记强调,劳动者素质对一个国家、一个民族发展至关重要。技术工人队伍是支撑中国制造、中国创造的重要基础,对推动经济高质量发展具有重要作用。党的十八大以来,党中央、国务院健全技能人才培养、使用、评价、激励制度,大力发展技工教育,大规模开展职业技能培训,加快培养大批高素质劳动者和技能技能人才,使更多社会需要的技能人才、大国工匠不断涌现,推动形成了广大劳动者学习技能、报效国家的浓厚氛围。

2019 年国务院办公厅印发了《职业技能提升行动方案(2019—2021 年)》,目标任务是 2019 年至 2021 年,持续开展职业技能提升行动,提高培训针对性实效性,全面提升劳动者职业技能水平和就业创业能力。三年共开展各类补贴性职业技能培训 5000 万人次以上,其中 2019 年培训 1500 万人次以上;经过努力,到 2021 年底技能劳动者占就业人员总量的比例达到 25% 以上,高技能人才占技能劳动者的比例达到 30% 以上。

目前,我国技术工人(技能劳动者)已超过 2 亿人,其中高技能人才超过 5000 万人,在全面建成小康社会、新兴战略产业不断发展的今天,建设高技能人才队伍的任务十分重要。

序

Preface

　　机械工业出版社一直致力于技能人才培训用书的出版，先后出版了一系列具有行业影响力，深受企业、读者欢迎的教材。欣闻配合新的《国家职业技能标准》又编写了"国家职业技能等级认定培训教材"。这套教材由全国各地技能培训和考评专家编写，具有权威性和代表性；将理论与技能有机结合，并紧紧围绕《国家职业技能标准》的知识要求和技能要求编写，实用性、针对性强，既有必备的理论知识和技能知识，又有考核鉴定的理论和技能题库及答案；而且这套教材根据需要为部分教材配备了二维码，扫描书中的二维码便可观看相应资源；这套教材还配合天工讲堂开设了在线课程、在线题库，配套齐全，编排科学，便于培训和检测。

　　这套教材的出版非常及时，为培养技能型人才做了一件大好事，我相信这套教材一定会为我国培养更多更好的高素质技术技能型人才做出贡献！

中华全国总工会副主席

高凤林

前言

Foreword

  随着我国职业资格证书制度的不断完善和发展，职业技能等级认定制度已成为我国技能人才评价方式。为了帮助考证人员顺利取得职业技能等级证书，推动职业技能等级认定制度的深入实施，加快技能人才培养，我们根据多年的实践经验，组织相关专家、教授、技师和高级考评员共同编写了这套汽车维修工试题库。

  试题库的建立，对保证职业技能等级认定工作的质量，加快培养一大批数量充足、结构合理、素质优良的技能型人才将起到重要的作用。

  本套书以现行《国家职业技能标准　汽车维修工》为依据，以客观反映现阶段本职业的水平和对从业人员的要求为目标，使参加职业技能等级认定的广大考生对考试内容和考试方式有一个全面的了解，以更好地复习备考，顺利通过考试。

  本书与职业技能等级认定培训教材相配套。在本书的编写过程中，贯彻了"围绕考点、服务考试"的原则，内容涵盖了国家职业技能标准对该工种的理论知识和操作技能方面的要求；为突出考前辅导的特色，以职业技能等级认定试题作为编写重点，紧紧围绕考核内容，充分体现系统性和实用性。

  本书在编写过程中得到了国家职业技能等级认定培训教材编审委员会、中国汽车维修行业协会、呼和浩特万通汽车学校、德能（北京）汽车服务有限公司、广东瀚文书业有限公司、山东瀚德圣文化发展有限公司等组织和单位的大力支持与协助，在此一并表示衷心的感谢！

  由于编写水平与时间的限制，书中难免存在不妥之处，敬请读者批评指正。

编　者

目 录

Contents

序
前言

第一部分　考核重点和试卷结构

一、考核重点 ………………………………………………………………… 1
二、试卷结构 ………………………………………………………………… 4

第二部分　基本要求考试指导

模块1　职业道德 …………………………………………………………… 6
　一、练习题 ………………………………………………………………… 6
　二、答案 …………………………………………………………………… 7

模块2　基础知识 …………………………………………………………… 8
　一、练习题 ………………………………………………………………… 8
　二、答案 …………………………………………………………………… 15

第三部分　理论知识考核指导

理论模块1　汽车维护 …………………………………………………… 16
　一、考核范围 …………………………………………………………… 16
　二、考核要点详解 ……………………………………………………… 16
　三、练习题 ……………………………………………………………… 17
　四、参考答案及解析 …………………………………………………… 20

目 录

Contents

理论模块 2　发动机检修 ·················· 23
　一、考核范围 ····························· 23
　二、考核要点详解 ······················· 23
　三、练习题 ······························· 40
　四、参考答案及解析 ···················· 50

理论模块 3　底盘检修 ······················ 59
　一、考核范围 ····························· 59
　二、考核要点详解 ······················· 59
　三、练习题 ······························· 67
　四、参考答案及解析 ···················· 76

理论模块 4　汽车电器检修 ················ 84
　一、考核范围 ····························· 84
　二、考核要点详解 ······················· 84
　三、练习题 ······························· 90
　四、参考答案及解析 ···················· 95

第四部分　操作技能考核指导

实训模块 1　汽车维护 ····················· 100
　技能训练一　检查、更换燃油滤清器 ············ 100
　技能训练二　检查、调整及更换发动机传动带 ···· 102
　技能训练三　前轮前束的检测 ···················· 103
　技能训练四　检查调整离合器踏板自由行程 ······ 105

实训模块 2　发动机检修 ··················· 107
　技能训练一　发动机点火提前角的检测与调整 ···· 107

目 录

Contents

技能训练二　检测发动机气缸压缩压力 ………………………………………… 109
技能训练三　检测发动机进气管真空度 ………………………………………… 110
技能训练四　检测电控发动机燃料供给系统的燃油压力 ……………………… 112
技能训练五　柴油机喷油提前角的检测与调整 ………………………………… 114
技能训练六　柴油机喷油压力的检查 …………………………………………… 116
技能训练七　发动机怠速工况CO、HC的排放量检测 ………………………… 117
技能训练八　发动机怠速工况烟度的检测 ……………………………………… 118
技能训练九　曲轴轴承间隙的检查与调整 ……………………………………… 121
技能训练十　发动机曲轴几何误差检测 ………………………………………… 122
技能训练十一　发动机凸轮轴几何误差的检测 ………………………………… 127
技能训练十二　气缸磨损程度及圆度、圆柱度误差的检测 …………………… 129
技能训练十三　气缸盖平面度误差的检测 ……………………………………… 131
技能训练十四　气缸盖的装配与调整 …………………………………………… 132
技能训练十五　活塞的检测与选配 ……………………………………………… 134
技能训练十六　电控燃油发动机执行器的检验 ………………………………… 136
技能训练十七　电控燃油喷射发动机传感器检测 ……………………………… 141

实训模块3　底盘检修 ……………………………………………………………… 144

技能训练一　拆装离合器总成 …………………………………………………… 144
技能训练二　拆装手动变速器总成 ……………………………………………… 146
技能训练三　检查车轮定位 ……………………………………………………… 149
技能训练四　更换轮胎 …………………………………………………………… 153
技能训练五　更换制动主缸 ……………………………………………………… 155
技能训练六　更换制动助力器总成 ……………………………………………… 157
技能训练七　更换鼓式制动器总成 ……………………………………………… 159

实训模块4　汽车电器检修 ………………………………………………………… 162

技能训练一　起动机的检修 ……………………………………………………… 162

目录 Contents

技能训练二　起动机控制电路的检修 …………………………………… 167

第五部分　模拟试卷样例

理论知识试卷 ……………………………………………………………………… 170
　中级汽车维修工理论知识试卷 ………………………………………… 170
　中级汽车维修工理论知识试卷参考答案 ……………………………… 186
操作技能试卷 ……………………………………………………………………… 187
　中级汽车维修工操作技能考核准备通知单 …………………………… 187
　中级汽车维修工操作技能考核试卷 …………………………………… 188
　中级汽车维修工操作技能考核评分记录表（1）……………………… 189
　中级汽车维修工操作技能考核评分记录表（2）……………………… 190

第一部分 考核重点和试卷结构

Chapter 1

一、考核重点

考核重点是最近几年国家题库抽题组卷的基本范围，反映了当前本职业（工种）对从业人员知识和技能要求的主要内容。

鉴定考核重点采用"鉴定要素细目表"的格式，以行为领域、鉴定范围和鉴定点的形式加以组织，列出了本等级下应考核的内容。考核重点分为理论知识和操作技能两个部分。其中，理论知识部分的主要内容是以知识点表示的鉴定点，操作技能部分的主要内容是以考核项目表示的鉴定点。

鉴定考核重点表中，每个鉴定点都有其重要程度指标，即表内鉴定点后标以核心要素（X）、一般要素（Y）、辅助要素（Z）的内容。重要程度反映了该鉴定点在本职业（工种）中对相应技能人员所要求内容中的相对重要性水平。自然，重要的内容被选为考核试题的可能性就比较大。其中，核心要素是考核中出现频率最高的内容，一般要素是考核中出现频率一般的内容，辅助要素是考核中出现频率较小的内容。

鉴定考核重点表中，每个鉴定范围都有其鉴定范围比重指标，它表示在一份试卷中该鉴定范围所占的分数比例。例如，某一鉴定范围的鉴定比重为10，就表示在组成100分为满分的试卷时，在从题库抽题组卷的过程中，将使属于此鉴定范围的试题在一份试卷中所占的分值尽可能等于10分。

理论知识鉴定考核重点表见表1-1，操作技能鉴定考核重点表见表1-2。

表1-1 理论知识鉴定考核重点表

鉴定点及配分			重要程度
基本要求（20分）	职业道德（5分）		
	基础知识（15分）		
汽车维护（20分）	发动机维护	发动机二级维护项目、作业内容和技术要求	X
		进（排）气系统密封性检查技术要求	X
		发动机传动带检查调整操作方法和技术要求	X
		正时带更换操作方法和技术要求	X
		发动机悬置总成更换方法和技术要求	Z

（续）

鉴定点及配分			重要程度
汽车维护（20分）	底盘维护	底盘二级维护项目、作业内容和技术要求	X
		二级维护竣工检测项目、技术要求	X
		二级维护作业安全注意事项	X
发动机检修（20分）	技术参数检测	气缸压力及漏气量测试方法	X
		进气歧管真空度测量方法及要求	X
		燃油压力测量方法及要求	X
		尾气排放检测方法及要求	X
		汽车故障诊断仪操作方法及故障码相关知识	X
	曲柄连杆机构检修	曲柄连杆机构组成与工作原理	X
		气缸体及气缸检测技术要求	X
		活塞、活塞环及活塞销检测技术要求	X
		连杆及轴承检测技术要求	X
		飞轮、曲轴及轴承检测技术要求	X
	配气机构检修	配气机构的组成、工作原理和检查方法	X
		凸轮轴检测技术要求	X
		气门组件检测技术要求	Y
		气缸盖检测技术要求	X
	燃油、电控系统检修	燃油供给系统组成及工作原理	X
		传感器、执行器工作原理、检测方法和注意事项	X
		点火系统电路检测方法及技术要求	X
	润滑和冷却系统检修	润滑系统组成与工作原理	X
		机油压力检测技术要求	Y
		冷却系统组成与工作原理	X
		冷却风扇工作原理和检测技术要求	Z
	进（排）气系统检修	增压器组成与工作原理	Y
		排气背压的检测方法	Z
底盘检修（20分）	传动系统检修	传动系统组成与工作原理	X
		离合器总成拆装技术要求	X
		手动变速器总成拆装技术要求	X
		万向传动装置拆装技术要求	X
		主减速器和差速器总成拆装技术要求	X
	行驶系统检修	行驶系统组成与工作原理	X
		四轮定位仪操作规程	Y

（续）

鉴定点及配分			重要程度
底盘检修（20分）	行驶系统检修	车轮定位技术要求	Y
		车轮动平衡机操作规程	Y
	转向系统检修	转向系统组成与工作原理	X
		机械转向器更换技术要求	X
		液压助力转向系统更换技术要求	Y
		电动助力转向系统更换技术要求	Y
	制动系统检修	制动系统组成与工作原理	X
		制动主缸和制动助力器检修技术要求	X
		制动控制阀检修技术要求	Y
		盘（鼓）式制动器检修技术要求	X
		驻车制动装置检修技术要求	Y
汽车电器检修（20分）	蓄电池检修	蓄电池结构与工作原理	X
		蓄电池技术状况检查方法	X
		蓄电池充电方法及注意事项	X
	起动系统检修	起动系统组成与工作原理	X
		起动机检查方法	X
		起动系统电路相关知识	Y
	充电系统检修	充电系统组成与工作原理	X
		发电机检查方法	X
		充电系统电路相关知识	Y
	照明、信号及仪表系统检修	照明、信号及仪表系统组成与工作原理	X
		照明、信号及仪表系统电路图知识	Y
		照明、信号及仪表系统元件的检测方法	Y
	辅助电气系统检修	辅助电气系统组成与工作原理	Z
		电动车窗电动机及开关检查、更换方法	Z
		电动后视镜及开关检查、更换方法	Z
		刮水器电动机及开关检查、更换方法	Z
		电动座椅电动机及控制开关检查、更换方法	Z
	空调系统检修	空调系统组成与工作原理	X
		电磁离合器检测技术要求	Y
		汽车空调控制电路图相关知识	Y
		空调压力表、冷媒加注回收机操作规程	Y
		空调取暖和通风系统组成与工作原理	Y

表 1-2 操作技能鉴定考核重点表

鉴定点及配分		重要程度
汽车维护（30分）	更换燃油滤清器	X
	检查、更换发动机正时带	X
	检查、更换发动机正时链条	X
	检查、调整离合器踏板、制动器踏板自由行程	X
发动机检修（30分）	检测气缸压力和漏气量	X
	检测进气歧管真空度	X
	检测汽油机燃油压力	X
	拆装、检测气缸体、气缸盖	X
	拆装、检测活塞和活塞环	X
	拆装、检测曲轴飞轮组	X
	拆装、检测凸轮轴	X
	检测电动燃油泵	X
	检测汽油机喷油器	X
	拆装增压器	Z
底盘检修（20分）	拆装离合器总成	X
	拆装手动变速器总成	X
	拆装等速万向传动装置	X
	拆装前驱动桥	X
	拆装动力转向器	Y
	拆检非独立悬架转向传动机构	Y
	更换制动主缸	Y
	更换制动助力器总成	Y
	更换鼓式制动器总成	Y
	更换盘式制动器总成	Y
	拆装驻车制动装置	Y
汽车电器检修（20分）	拆装起动机	X
	检修发电机	X
	检查空调制冷循环系统技术状况	Y

二、试卷结构

试卷分为理论知识考核和技能操作考核，理论知识考核采用闭卷笔试方式，技能操作考核采用现场实际操作方式进行。理论知识考核和技能操作考核均实行百分制，两门均达到60分及以上者为合格。技师和高级技师鉴定还需进行综合评审。

1. 理论知识考核试卷结构

理论知识考核试卷由选择题和判断题两部分组成，满分为100分，具体见表1-3。

表 1-3　理论知识考核试卷结构

题型	鉴定题数目	分数
选择	160 题（0.5 分 / 题）	80 分
判断	40 题（0.5 分 / 题）	20 分

2. 操作技能考核试卷结构

一套完整的操作技能考核试卷包括考核准备通知单、考核试卷、考核评分记录表三部分。

（1）考核准备通知单　在实施操作技能考核之前，承担鉴定考核的鉴定所（站）需要提前做好考场准备工作，考核准备通知单是为各鉴定所（站）提供的一份清单，包括考试所需要的场地、车辆、设备、工量具、辅料以及故障设置等。考核准备通知单由鉴定中心提前发至鉴定所（站）。

（2）考核试卷　按照职业技能鉴定工作规范，考核试卷中包括说明、试题名称、考核要求、考核时间等内容。考核试卷发至鉴定所（站）的监考人员和考评员。

（3）考核评分记录表　在实施鉴定考核的过程中，考评员须依据各试题的"配分、评分标准"，对考生的每一项操作进行评判和记分，最后进行得分统计、签字。考核评分记录表是试卷中每道试题的配分、评分标准和扣分、得分记录。

考核评分记录表中还包括该试题所涉及的有关技术标准，供考评员在实施鉴定时参考。该表由鉴定所（站）发至考评员。

按照操作技能考核内容结构表中的规定，中级工应考核维护、修理、故障诊断与排除 3 项内容，分别在上述 3 个考核模块中各选择一道试题，总分值 100 分。

第二部分 基本要求考试指导

模块 1 职业道德

一、练习题

1. 职业道德是指从事一定职业劳动的人们，在长期的职业活动中形成的（　　）。
   A. 行为规范　　　B. 操作程序　　　C. 劳动技能　　　D. 思维习惯

2. 在市场经济条件下，职业道德具有（　　）的社会功能。
   A. 鼓励人们自由选择职业　　　　B. 遏制牟利最大化
   C. 促进人们的行为规范化　　　　D. 最大限度地克服人们受利益驱动

3. 企业文化的功能不包括（　　）。
   A. 激励功能　　　B. 导向功能　　　C. 整合功能　　　D. 娱乐功能

4. 职业道德对企业起到（　　）的作用。
   A. 决定经济效益　　　　　　　　B. 促进决策科学化
   C. 增强竞争力　　　　　　　　　D. 滋生员工守业意识

5. 市场经济条件下，（　　）是职业道德社会功能的重要表现。
   A. 克服利益导向　　　　　　　　B. 遏制牟利最大化
   C. 增强决策科学化　　　　　　　D. 促进员工行为的规范化

6. 职业道德对企业起到（　　）的作用。
   A. 增强员工独立意识　　　　　　B. 磨合企业上级与员工关系
   C. 使员工规矩做事情　　　　　　D. 增强企业凝聚力

7. 在公私关系上，符合办事公道的具体要求是（　　）。
   A. 公私分开　　　B. 假公济私　　　C. 公平公正　　　D. 先公后私

8. 职业道德是一种（　　）的约束机制。
   A. 强制性　　　B. 非强制性　　　C. 随意性　　　D. 自发性

9. 下列选项中属于企业文化功能的是（　　）。

A. 凝聚功能　　　B. 技术培训功能　　C. 科学研究功能　　D. 社交功能

10. 爱岗敬业作为职业道德的重要内容，是指员工（　　）。

A. 在本职工作干一辈子　　　　B. 热爱有钱的岗位

C. 强化职业责任　　　　　　　D. 不应多转行

二、答案

1. A　2. C　3. D　4. C　5. D　6. D　7. C　8. B　9. A　10. C

模块2 基础知识

一、练习题

1. 千分尺是一种精密量具，由尺架、（　　）、固定套筒、微分筒、棘轮旋柄、锁紧装置和旋钮、测砧等组成。
   A. 测微螺杆　　B. 尺寸区　　C. 游标　　D. 量爪

2. 内径百分表在汽车维修中主要用来测量发动机气缸、曲轴轴颈的（　　）误差。
   A. 平面度　　B. 同轴度　　C. 跳动量　　D. 圆度和圆柱度

3. 錾削较宽平面时，首先用（　　）在平面上开槽。
   A. 扁錾　　B. 尖錾　　C. 油槽錾　　D. 圆口錾

4. 铰削操作时，（　　）反向旋转铰刀。
   A. 允许　　B. 不允许　　C. 可以　　D. 必须

5. 固定式铰杠受力较合理，一般宜攻（　　）以下的螺孔。
   A. M5　　B. M10　　C. M15　　D. M20

6. 曲面刮刀用于刮削内曲面，如轴承、衬套等，常用曲面刮刀是（　　）。
   A. 手握刮刀　　B. 挺刮刀　　C. 钩头刮刀　　D. 三角刮刀

7. 以下几种材料中，适合制造变速器齿轮、主传动锥齿轮的为（　　）。
   A. 40Cr　　B. 20CrMnTi　　C. 40MnB　　D. 60Si2Mn

8. 凝点是用来表示柴油的（　　）性能。
   A. 发火　　B. 蒸发　　C. 低温流动　　D. 黏度

9. 国外发动机机油的分类法是（　　）。
   A. 按汽油机油和柴油机油分类　　B. 按生产工艺分类
   C. API性能分类和SAE黏度分类　　D. 单级机油和多级机油

10. （　　）制动液是目前广泛应用的主要品种。
    A. 醇型　　B. 合成型　　C. 矿油型　　D. 硅油型

11. 9.00-20表示轮胎断面宽度9in（1in=2.14cm），轮辋直径为20in的（　　）。
    A. 高压轮胎　　B. 低压轮胎　　C. 超高压胎　　D. 超低压胎

12. 国家标准规定，无论图样是否装订，（　　）画出边框。
    A. 均需　　B. 不必　　C. 避免　　D. 不用

13. （　　）是最常用的表面粗糙度的评定参数。
    A. 轮廓算术平均偏差 Ra　　B. 微观不平度十点高度 Rz
    C. 轮廓最大高度 Ry　　D. Rz 和 Ry

14. （　　）是指零部件在装配或更换时，不需要辅助加工，不需要选择就能满足使用条件。

A. 有限互换　　B. 完全互换　　C. 不完全互换　　D. 装配互换

15. 几何公差框格用细实线画出，在图中应（　　）放置。

A. 水平　　B. 垂直　　C. 水平或垂直　　D. 任意

16. 两只电阻串联时阻值为10Ω，并联时阻值为1.6Ω，则两只电阻阻值分别为（　　）。

A. 2Ω和8Ω　　B. 3Ω和7Ω　　C. 4Ω和6Ω　　D. 5Ω和5Ω

17. 一电阻为2Ω的导体，通过它的电流是4A，则在1min内电流做的功是（　　）J。

A. 8　　B. 32　　C. 480　　D. 1920

18. 在均匀磁场中，通过某一平面的磁通量为最大时，这个平面就和磁力线（　　）。

A. 平行　　B. 垂直　　C. 斜交　　D. 任意位置

19. （　　）是电子电路中的重要元件，具有放大作用。

A. 二极管　　B. 晶体管　　C. 稳压二极管　　D. 电容

20. 液压传动的工作介质是（　　）。

A. 油液　　B. 水

C. 酒精　　D. 以上答案都不对

21. （　　）回路的作用是控制液压系统的最高工作压力，使系统压力不超过压力控制阀的调定值。

A. 调压　　B. 减压　　C. 增压　　D. 换向

22. 拆装发动机火花塞应用（　　）。

A. 火花塞套筒　　B. 套筒　　C. 呆扳手　　D. 梅花扳手

23. 活塞在发动机气缸中的（　　）位置称为上止点。

A. 最高　　B. 最低　　C. 中央　　D. 水平

24. 气缸总容积与燃烧室容积的（　　）称为压缩比。

A. 差值　　B. 和　　C. 乘积　　D. 比值

25. 在一个工作循环内，曲轴旋转（　　）周，活塞在气缸内往复4个行程，称为四行程发动机。

A. 1　　B. 2　　C. 3　　D. 4

26. 汽车发动机大都采用（　　）气门式配气机构。

A. 顶置　　B. 侧置　　C. 横置　　D. 纵置

27. 多数发动机进气门的头部直径做得比排气门（　　）。

A. 大　　B. 小　　C. 相等　　D. 以上都不对

28. 发动机润滑系统中，机油的储存装置是（　　）。

A. 油底壳　　　　B. 机油泵　　　　C. 机油粗滤器　　　D. 机油细滤器
29. 汽车传动系统的功用是将发动机发出的动力传给（　　　）。
A. 车轮　　　　　B. 离合器　　　　C. 变速器　　　　D. 驱动车轮
30. 汽车变速器（　　　）装置用于防止驾驶人误挂倒档。
A. 自锁　　　　　B. 互锁　　　　　C. 倒档锁　　　　D. 中央锁
31. 主减速器的功用是（　　　）。
A. 降速增矩　　　B. 降速降矩　　　C. 增速增矩　　　D. 增速降矩
32. 汽车转向过程中，两后轮以（　　　）转速旋转。
A. 不同　　　　　B. 相同　　　　　C. 较大　　　　　D. 较小
33. （　　　）的作用是传递车架与车轮之间的各方向作用力及其所产生的弯矩和扭矩。
A. 车架　　　　　B. 车桥　　　　　C. 悬架　　　　　D. 车轮
34. 汽车前轮、前轴、转向节与车架的相对安装位置称为（　　　）。
A. 转向车轮定位　　　　　　　　　B. 主销后倾
C. 主销内倾　　　　　　　　　　　D. 后轮定位
35. 循环球式汽车转向器一般由（　　　）套传动副组成。
A. 1　　　　　　B. 2　　　　　　C. 3　　　　　　D. 4
36. 汽车发动机起动时，（　　　）向起动机提供强大的起动电流。
A. 蓄电池　　　　　　　　　　　　B. 发电机
C. A 和 B　　　　　　　　　　　　D. 以上答案都不对
37. 使用千分尺测量前，（　　　）擦净度量面，校正零值。
A. 必须　　　　　B. 不必　　　　　C. 避免　　　　　D. 不用
38. （　　　）扳手适用于拆装位置狭小，特别隐蔽的螺母或螺栓。
A. 呆　　　　　　B. 梅花　　　　　C. 套筒　　　　　D. 活动
39. 錾子一般用优质碳素工具钢制成，刀口部分经（　　　）处理。
A. 淬火 + 低温回火　　　　　　　　B. 淬火 + 中温回火
C. 淬火 + 高温回火　　　　　　　　D. 表面淬火
40. 铰削活塞销孔，每刀铰削量一般为（　　　）mm。
A. 0.10~0.20　　　　　　　　　　B. 0.02~0.05
C. 0.35~0.50　　　　　　　　　　D. 0.50~0.70
41. （　　　）不用来做研具材料。
A. 灰铸铁　　　　B. 球墨铸铁　　　C. 低碳钢　　　　D. 高碳钢
42. 可锻性是指金属材料在冷状态或热状态下，承受锤锻或压力，发生（　　　）变形的能力。
A. 弹性　　　　　B. 屈服　　　　　C. 均匀　　　　　D. 塑性

43. 以下几种材料中（　　）属于合金渗碳钢。
   A. 20CrMnTi   B. W18Cr4V   C. GCr15   D. 45Mn2
44. ZL108 适于制作（　　）。
   A. 活塞   B. 热交换器
   C. 制动蹄摩擦片铆钉   D. 电线电缆
45. -10 号轻柴油适合于最低气温在（　　）℃以上地区使用。
   A. 4   B. -5   C. -5~-14   D. -14~-29
46. 表示汽油抗爆性的指标是（　　）。
   A. 闪点   B. 馏程   C. 饱和蒸气压   D. 辛烷值
47. 目前常用的冷却液多属于（　　），其中多加有防腐剂和染色剂，可以长期使用，所以称为长效冷却液。
   A. 酒精—水型   B. 甘油—水型   C. 乙二醇—水型   D. 矿油型
48. 径向推力轴承主要承受（　　）载荷。
   A. 径向   B. 轴向   C. 推力   D. 径向和轴向
49. （　　）富有立体感，给人一种直观的感觉，但不能反映物体的真实形状。
   A. 立体图   B. 三视图   C. 剖视图   D. 剖面图
50. 国家标准规定，图样中的线性尺寸大小均以（　　）为单位，在尺寸数字后面不必加注计量单位名称。
   A. mm   B. cm   C. dm   D. m
51. 孔的上极限偏差是（　　）。
   A. ES   B. EI   C. es   D. ei
52. 发动机大修，如果更换了（　　），就采用了不完全互换。
   A. 气门弹簧   B. 活塞和活塞销   C. 缸盖螺栓   D. 火花塞
53. 无论位置公差基准代号的方向如何，其字母必须（　　）填写。
   A. 水平   B. 垂直   C. 水平或垂直   D. 任意
54. 电阻 R_1 与 R_2（$R_1>R_2$），并联时则有（　　）。
   A. $I_1>I_2$ B. $I_1<I_2$ C. $U_1>U_2$ D. $U_1<U_2$
55. 电阻为 2Ω 的导体，接在 12V 的电源上在 1min 内电流所做的功是（　　）J。
   A. 432   B. 4320   C. 43200   D. 432000
56. 磁感应强度的单位是（　　）。
   A. Wb   B. T   C. A/m   D. Wb/m^2
57. 半导体二极管按（　　）分，可分为锗二极管和硅二极管。
   A. 结构   B. 用途   C. 基片材料   D. 尺寸
58. 用万用表分别测量 b、e 极间和 b、c 极间 PN 结的正、反向电阻，如果测得正、反向电阻相差较大，则晶体管（　　）。

A. 良好 B. 已断路
C. 已击穿 D. 以上答案都不对

59. （　　）回路的作用是使液压系统的某一支路获得低于系统主油路工作压力的液压油。

A. 调压 B. 减压 C. 增压 D. 换向

60. 液压千斤顶应（　　）放置。

A. 随意 B. 垂直 C. 水平 D. 倒立

61. 汽车满载时的总质量称为（　　）。

A. 最大装载质量 B. 最大总质量 C. 整车装备质量 D. 最大质量

62. （　　）是汽车的动力装置。

A. 车身 B. 底盘 C. 电气设备 D. 发动机

63. 下列行程中，进排气门都关闭的是（　　）。

A. 进气行程 B. 压缩行程 C. 做功行程 D. 排气行程

64. 曲轴飞轮组主要由曲轴、（　　）和附件组成。

A. 飞轮 B. 齿轮 C. 链轮 D. 带轮

65. 节温器安装在（　　）出水管或水泵进水管内。

A. 气缸体 B. 气缸盖 C. 散热器 D. 水套

66. 发动机机油泵由（　　），主、从动齿轮，泵壳和泵盖等组成。

A. 传动轴 B. 叶轮 C. 半轴 D. 摇臂轴

67. 离合器使（　　）与传动系逐渐接合，保证汽车平稳起步。

A. 发动机 B. 变速器 C. 车轮 D. 车架

68. 汽车万向传动装置一般由万向节、（　　）和中间支撑组成。

A. 传动轴 B. 半轴 C. 横拉杆 D. 纵拉杆

69. 汽车（　　）将万向传动装置传来的动力传给驱动车轮。

A. 前桥 B. 后桥 C. 支承桥 D. 驱动桥

70. （　　）将汽车构成一个整体，支承汽车全部质量。

A. 传动系统 B. 制动系统 C. 转向系统 D. 行驶系统

71. 主销安装到汽车前轴上后，其上端略向内倾斜，称为（　　）。

A. 主销后倾 B. 主销内倾 C. 主销前倾 D. 主销外倾

72. 汽车的制动装置都是利用（　　）来产生制动作用。

A. 机械摩擦 B. 吸引 C. 固定 D. 磨合

73. 普通汽车交流发电机一般由三相（　　）交流发电机和硅二极管整流器组成。

A. 同步 B. 异步
C. 同步或异步 D. 以上答案都不对

74. 千分尺是一种精密量具，其测量精度可达（　　）mm。

A. 0.1　　　　　B. 0.01　　　　　C. 0.001　　　　　D. 0.005

75. 测量气缸直径时，可将量缸表放入气缸上部，若表针能转动（　　）圈左右，表示调整合适。

　　A. 一　　　　　B. 二　　　　　C. 三　　　　　D. 四

76. 砂轮机起动后，应待转速达到（　　）时方可进行磨削。

　　A. 正常　　　　B. 高速　　　　C. 平稳　　　　D. 100r/min

77. 锯弓是用来装夹锯条的，它有固定式和（　　）两种。

　　A. 移动式　　　B. 可拆式　　　C. 可调式　　　D. 整体式

78. 攻螺纹前必须先钻底孔，钻孔孔径应（　　）螺纹的内径。

　　A. 小于　　　　B. 大于　　　　C. 等于　　　　D. 任意

79. 韧性是指金属材料抵抗（　　）而不致断裂的能力。

　　A. 冲击　　　　B. 外力　　　　C. 变形　　　　D. 破坏

80. 60Si2Mn 可用于制作（　　）。

　　A. 丝锥　　　B. 汽车钢板弹簧　　C. 汽车变速器齿轮　　D. 汽车车架

81. 可用（　　）代替 45 钢制作发动机曲轴。

　　A. HT200　　　B. KTH350-10　　　C. QT600-3　　　D. HT150

82. 用低牌号汽油代替高牌号汽油时应适当（　　）点火提前角，以免发生爆燃。

　　A. 增大　　　　B. 减小　　　　C. 增大或减小　　　D. 不改变

83. 我国发动机机油的分类法是（　　）。

　　A. 按汽油机油和柴油机油分类　　　B. 按生产工艺分类

　　C. 按黏度分类和质量分类　　　　　D. 按单级机油和多级机油分类

84. 不符合汽车制动液性能的要求是（　　）。

　　A. 制动迅速准确，安全可靠　　　　B. 蒸发性要好

　　C. 化学安定性好　　　　　　　　　D. 对制动皮碗的侵蚀要小

85. 轮胎缓冲层位于胎面和（　　）之间，质软而弹性大。

　　A. 帘布层　　　B. 胎肩　　　　C. 胎侧　　　　D. 胎圈

86. 螺纹相邻牙上对应点的轴向距离称为（　　）。

　　A. 导程　　　　B. 螺距　　　　C. 外径　　　　D. 内径

87. 尺寸线应用（　　）绘制。

　　A. 粗实线　　　B. 细实线　　　C. 虚线　　　　D. 点画线

88. 机件向不平行于任何基本投影面的平面投影，所得到的视图称为（　　）。

　　A. 基本视图　　B. 斜视图　　　C. 局部视图　　D. 旋转视图

89. （　　）是指制订和贯彻技术标准的全过程。

　　A. 技术标准　　B. 基础标准　　C. 标准化　　　D. 标准管理

90. Φ20H8/f7 表示公称尺寸为 Φ20mm 的（　　）。
    A. 基孔制间隙配合　　　　　　B. 基孔制过盈配合
    C. 基轴制间隙配合　　　　　　D. 基轴制过盈配合

91. 一般金属材料的电阻阻值（　　）。
    A. 随温度的升高而下降　　　　B. 随温度的升高而升高
    C. 变化不定　　　　　　　　　D. 与温度无关

92. 磁体周围存在着磁力作用的空间，叫（　　）。
    A. 磁极　　　　B. 磁场　　　　C. 磁力线　　　　D. 磁化

93. 全电路欧姆定律的表达式为（　　）。
    A. $I=\dfrac{U}{R}$　　B. $I=\dfrac{E}{R+r}$　　C. $I=\dfrac{U^2}{R}$　　D. $I=\dfrac{E^2}{R+r}$

94. 已知正弦量 $U=100\sin(314t+\pi/6)$，则其初相位是（　　）。
    A. 100°　　　　B. 314°　　　　C. π/6　　　　D. π/3

95. 晶体管的（　　）是用来表示晶体管电流放大能力的参数。
    A. 电流放大系数　　B. 穿透电流　　C. 最大允许电流　　D. 反向击穿电压

96. 液压传动以油液作为工作介质，依靠油液内部的（　　）来传递动力。
    A. 变化　　　　B. 分子　　　　C. 压强　　　　D. 压力

97. （　　）只允许液流向一个方向通过，对另一个方向的液流则截止。
    A. 压力阀　　　　B. 流量阀　　　　C. 方向阀　　　　D. 单向阀

98. （　　）扳手能显示力矩大小。
    A. 呆　　　　B. 梅花　　　　C. 扭力　　　　D. 活动

99. 上、下两止点间的距离称为（　　）。
    A. 活塞行程　　B. 压缩比　　C. 发动机工作容积　　D. 气缸总容积

100. 发动机由曲柄连杆机构、配气机构、燃料供给系统、点火系统、冷却系统、润滑系统和（　　）组成。
    A. 起动机　　B. 配电系统　　C. 蓄电池　　D. 起动系统

101. （　　）的作用是连接活塞与连杆，将活塞承受的气体作用力传给连杆。
    A. 活塞环　　B. 活塞销　　C. 曲轴　　D. 飞轮

102. 在发动机中，（　　）用来密封气道。
    A. 凸轮　　B. 挺柱　　C. 推杆　　D. 气门

103. （　　）的作用是将发动机冷却液携带的热量散入大气，以保证发动机的正常工作温度。
    A. 水泵　　B. 风扇　　C. 散热器　　D. 节温器

104. （　　）离合器操纵机构主要由主缸、工作缸和管路系统组成。

A. 机械式　　　B. 液压式　　　C. 气压式　　　D. 气动式

105. 传动比（　　）时，降速传动。
A. $i > 1$　　　B. $i < 1$　　　C. $i = 1$　　　D. $i \leq 1$

106. 汽车单级主减速器多采用一对大小不等的（　　）传动机构。
A. 直齿轮　　　B. 斜齿轮　　　C. 锥齿轮　　　D. 花键

107. 汽车（　　）和支持桥都属于从动桥。
A. 转向桥　　　B. 驱动桥　　　C. 转向驱动桥　　　D. 中桥

108. 汽车应用的非独立悬架，广泛采用（　　）作为弹性元件。
A. 螺旋弹簧　　　B. 钢板弹簧　　　C. 减振器　　　D. 扭杆弹簧

109. 汽车转向直拉杆是连接（　　）和转向节臂的杆件。
A. 转向器　　　B. 转向盘　　　C. 转向摇臂　　　D. 前轮

110. 蓄电池隔板夹在相邻的（　　）之间，防止两者短路。
A. 正、负极板　　　B. 正、负接线柱　　　C. 极板　　　D. 连接条

二、答案

1. A 2. D 3. B 4. B 5. A 6. D 7. B 8. C 9. C 10. B
11. B 12. A 13. A 14. B 15. C 16. A 17. D 18. B 19. B 20. A
21. A 22. A 23. A 24. D 25. B 26. A 27. A 28. A 29. D 30. C
31. A 32. A 33. B 34. A 35. B 36. A 37. A 38. A 39. A 40. B
41. D 42. D 43. A 44. A 45. B 46. D 47. C 48. D 49. A 50. A
51. A 52. B 53. A 54. B 55. B 56. B 57. C 58. A 59. B 60. B
61. B 62. D 63. B 64. A 65. B 66. A 67. A 68. A 69. D 70. D
71. B 72. A 73. A 74. B 75. A 76. B 77. C 78. A 79. A 80. B
81. C 82. B 83. C 84. A 85. A 86. B 87. B 88. B 89. C 90. A
91. B 92. B 93. B 94. C 95. A 96. D 97. D 98. C 99. A 100. D
101. B 102. D 103. C 104. B 105. A 106. C 107. A 108. B 109. C 110. A

第三部分
理论知识考核指导

Chapter 3

理论模块 1　汽车维护

一、考核范围

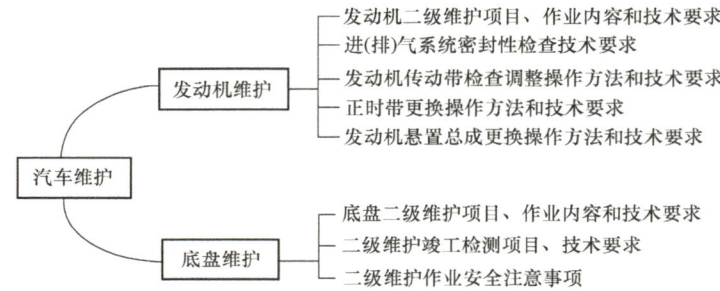

二、考核要点详解

知识点 1　进气管工作情况检查

1）打开发动机舱盖，安装翼子板布和前格栅布。

2）检查进气歧管是否破损，如破损需更换进气歧管。

3）检查与进气歧管连接的真空管、曲轴箱强制通风管管路是否破损，如破损需更换相关管路。

4）检查进气歧管是否脱落，如脱落需重新安装。

5）检查与进气歧管连接的管路是否脱落，如脱落需重新安装相关管路。

6）检查进气口是否堵塞，如堵塞需及时清除杂物。

7）检查进气口内是否堵塞，重点检查空气滤清器内部，如堵塞需及时清除杂物。

知识点 2　曲轴箱强制通风装置检查

1）从曲轴箱强制通风（Positive Crankcase Ventilation，PCV）阀上拆下通气软管。

2）从摇臂盖上拆下曲轴箱强制通风阀。

3）从摇臂盖安装侧的位置插入细棒到 PCV 阀，前后移动细棒以检查柱塞的移动状况。如果柱塞未移动，则表示 PCV 阀有阻塞，须清洁或更换 PCV 阀。曲轴箱强制通风阀的检查如图 3-1 所示。

4）重新将曲轴箱强制通风阀与拆下的通气软管连接。

5）起动发动机，怠速运转。将手指压在曲轴箱强制通风阀开口处，通过感觉确认进气歧管真空度（手指是否受到吸引作用），此时曲轴箱强制通风阀的柱塞会前后移动。

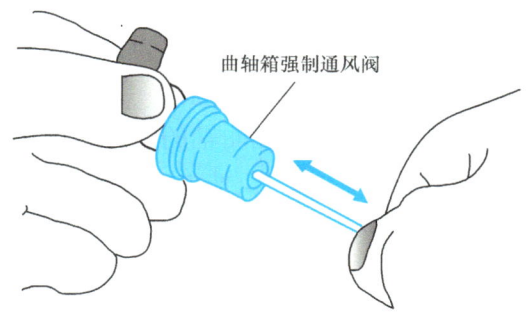

图 3-1　曲轴箱强制通风阀的检查

知识点 3　发动机传动带检查调整

1. 检查传动带状况与张紧度

检查传动带有无损伤、剥落。传动带在断裂之前，会出现滑磨声，其表面会出现龟裂的裂纹、磨损以及剥落等前兆。因此，应仔细观察，如出现上述现象应及时更换传动带。

检查传动带张紧度时，用拇指以 98~147N 的力按压传动带中间部位，挠度应为 8~15mm。如果不符合要求，应进行调整。

2. 调整传动带张紧度

调整时，用调整螺栓将整个交流发电机向里或向外移位。调整后，应可靠地拧紧固定螺栓。

三、练习题

1. 汽车经过一段较长时间的使用后，必须进行全面的（　　），以保证安全性、动力性和经济性能满足使用要求。

　　A. 检查　　　　B. 调整　　　　C. 维修　　　　D. 检查和调整

2. 为防止汽车早期损坏，保障汽车的正常技术状况和使用，在二级维护前，必须对汽车进行（　　）。

A. 检测诊断 B. 技术评定
C. 检测诊断和技术评定 D. 维修

3. 汽车轮胎换位应在（ ）进行。
A. 一级维护 B. 二级维护 C. 日常维护 D. 没有要求

4. 二级维护发动机检测项目中，主要检查发动机（ ）性能。
A. 加速 B. 减速 C. 怠速 D. 加速和减速

5. 装有新环的发动机，应选用黏度适当的机油，加注要适量，（ ）是造成活塞环断裂的一个重要原因。
A. 加速 B. 减速 C. 油路不畅 D. 高温

6. 气门座圈工作面位置低于原平面（ ）时应更换气门座圈。
A. 1mm B. 1.5mm C. 2mm D. 2.5mm

7. 为了限制曲轴的前后窜动量，通常在曲轴的前端或中部装有（ ）。
A. 止推垫片 B. 轴瓦 C. 轴承 D. 垫片

8. 发动机活塞产生烧顶的原因之一是（ ）。
A. 冷却液温度过高 B. 烧机油
C. 活塞顶有积炭 D. 混合气过浓

9. （ ）是各级维护的基础，是预防性的维护作业。
A. 日常维护 B. 一级维护 C. 二级维护 D. 三级维护

10. 二级维护要求在维护前进行（ ）检测诊断，确定附加作业项目。
A. 解体 B. 不解体 C. 清洗 D. 检查

11. 测量发动机无负荷功率及转速，应使用（ ）。
A. 示波仪 B. 曲轴箱窜气测量仪
C. 气缸压力表 D. 无负荷测功仪

12. 二级维护发动机检测项目中，主要检查发动机的（ ）情况。
A. 排烟 B. 泄漏 C. 排烟和泄漏 D. 速度

13. 安装活塞环最好使用（ ）工具。
A. 通用 B. 专用 C. 扳手 D. 没有要求

14. 理论上，当使活塞开口大小张大到活塞环厚度的（ ）倍时，活塞环就有变形或折断的可能。
A. 3 B. 5 C. 8 D. 10

15. 二级维护传动系统检测项目有（ ）。
A. 离合器工作性能 B. 变速器内部配合情况
C. 变速器和主减速器的密封情况 D. 以上都是

16. 二级维护转向系统检测项目有（ ）。
A. 转向盘自由行程 B. 转向系统的性能
C. 转向系统的泄漏情况 D. 以上都是

17. 制动系统可分为人力制动系统、动力制动系统和（　　）等。
   A. 行车制动系统　　　　　　B. 驻车制动系统
   C. 伺服制动系统　　　　　　D. 以上都是
18. 汽车上常用的制动器都是利用固定元件与旋转元件工作表面的（　　）而产生制动力矩。
   A. 摩擦　　　B. 接触　　　C. 光洁度　　　D. 粗糙度
19. 汽车制动器分为鼓式制动器和（　　）。
   A. 盘式制动器　B. 带式制动器　C. 绳索式制动器　D. 杠杆式制动器
20. 汽车转向轮定位值的检测，有静态检测法和（　　）检测法两种。
   A. 动态　　　B. 速度　　　C. 转向　　　D. 行驶
21. 汽车转向轮定位值的动态检测法是在汽车以一定速度行驶的情况下，用测量仪器或设备检测转向轮定位产生的各种侧向力或由此产生的转向轮（　　）。
   A. 距离　　　B. 速度　　　C. 长度　　　D. 侧滑量
22. 机动车转向轮的定位值是评价机动车的（　　）的重要参数。
   A. 操纵性　　B. 直线行驶稳定性　C. 灵活性　　D. A和B
23. 用人力和发动机动力进行制动的制动系统称为（　　）制动系统或助力制动系统。
   A. 动力　　　B. 伺服　　　C. 人力　　　D. A和B
24. 在行车制动系统失效的情况下，保证汽车仍能实现减速或停车的制动系统称为（　　）。
   A. 行车制动系统　B. 驻车制动系统　C. 应急制动系统　D. 辅助制动系统
25. 车轮处在直行位置上，交替往复转动转向盘（以大约30°绕中轴旋转），转向器（　　）时会听到汽车内部有碰击和撞击声。
   A. 间隙较大　B. 间隙较小　C. 没有间隙　D. 正常
26. 汽车离合器类型较多，其中（　　）应用广泛。
   A. 摩擦式　　B. 液压式　　C. 气压式　　D. 机械式
27. 检测离合器踏板自由行程，用直尺支在驾驶室的地板上，其倾斜度以直尺与踏板踩下时的弧线（　　）为准。
   A. 相交　　　B. 相切　　　C. 垂直　　　D. 倾斜
28. 液压操纵式离合器踏板自由行程的调整一般是调整（　　）的长度。
   A. 主缸推杆　B. 轮缸推杆　C. 拉索　　　D. 脚踏板高度
29. 手动变速器每间隔两年或（　　）千米更换一次变速器油。
   A. 10000　　B. 15000　　C. 24000　　D. 30000
30. 万向传动装置中的故障很多情况下是由（　　）造成的。
   A. 使用不当　B. 超速　　　C. 频繁起动　D. 润滑不良

四、参考答案及解析

1. D 汽车经过一段较长时间的使用后,要进行二级维护。二级维护是对汽车进行一次较为彻底的技术维护作业。作业内容除一级维护作业内容以外,以检查、调整为主,并拆检轮胎,进行轮胎换位。

2. C 在二次维护前,了解和掌握汽车技术状况以及磨损情况,并根据诊断结果确定附加作业或小修项目,结合二级维护一并进行。该级维护由专业维修工负责完成。

3. B 解析同题1。

4. D 在二级维护发动机检测项目中,主要检查发动机加速和减速性能,发动机的排烟状况和泄漏情况。

5. C

6. B

7. A 发动机曲轴具有一定的轴向间隙是其正常运转的必要条件,但是有了轴向间隙后,汽车在上下坡时,曲轴受轴向力的作用,会产生前后窜动。如果窜动量过大,将影响发动机正常工作。为此,通常在曲轴的前端或中部装有轴向限位装置,即止推垫片。

8. C

9. A 日常维护是各级维护的基础,是预防性的维护作业,由驾驶人在每天出车前、行车中、收车后负责执行,以清洁、补给和安全检视为中心内容。

日常维护主要内容是坚持"三检",即出车前、行车中、收车后检视车辆的安全机构及各部件连接的紧固情况;保持"四清",即保持机油、空气、燃油滤清器和蓄电池的清洁;防止"四漏",即防止漏水、漏油、漏气和漏电,保持车容整洁。

10. B 汽车二级维护是指除完成一级维护作业外,以检查、调整转向节、转向摇臂和悬架等经过一定时间使用后容易磨损或变形的安全部件为主,并拆检轮胎,进行轮胎换位,检查调整发动机工况和排气污染控制装置等,由维修企业负责执行。

二级维护要求在维护前进行不解体检测诊断,确定附加作业项目,强调对安全部件的检查、调整,检查调整发动机工况和排气污染控制装置的工作情况。

汽车二级维护的目的是消除隐患,恢复车辆性能,尤其是排放和安全性能。所以二级维护作业应该进行得非常全面和彻底。

11. D

12. C 解析同题4。

13. B 安装活塞环最好使用专用工具,如活塞环专用安装卡钳、锥度套等,以避免活塞环过度张大而变形、断裂。

14. C

15. D　二级维护传动系统检测项目有：检查离合器工作性能；检查变速器内部配合情况，变速器和主减速器的密封情况；检查变速器和减速器的工作温度；检查该系统有无异响。

16. D　二级维护转向系统检测项目有：检查转向盘自由行程和转向系统的性能；检查转向系统的泄漏情况。

17. C　18. A　19. A

20. A　汽车转向轮定位值的检测，有静态检测法和动态检测法两种。静态检测法是在汽车静止的状态下，用车轮定位仪对转向轮定位值进行几何法的检测；动态检测法则是在汽车以一定速度行驶的情况下，用测量仪器或设备检测转向轮定位产生的各种侧向力或由此而产生的转向轮侧滑量。

21. D。解析同题20。

22. D　机动车转向轮的定位值（包括转向轮外倾角、主销后倾角、主销内倾角、转向轮前束等四个参数）是评价机动车的操纵性和直线行驶稳定性的重要参数。前轮定位值正确能使汽车的操纵性保持稳定。如果前轮定位不正常，不仅会引起转向沉重，增加驾驶人的劳动强度，使汽车行驶不稳定，不能保持直线行驶，车轮失去自动回正作用，而造成汽车操纵失准，有导致事故的危险，而且还会加剧转向机构和转向轮胎的磨损，造成燃油消耗量增加，动力性能下降等许多问题。为此，机动车转向轮定位值是安全检测中的重点检测项目之一。

23. B　按照制动力来源不同，制动系统可分为人力制动系统、动力制动系统和伺服制动系统等。以驾驶人作为唯一制动源的制动系统称为人力制动系统；完全靠由发动机的动力转化而成的气压或液压形式的势能进行制动的系统称为动力制动系统；兼用人力和发动机动力进行制动的制动系统称为伺服制动系统或助力制动系统。

24. C　在不同工况下，制动系统可分为行车制动系统、驻车制动系统、应急制动系统及辅助制动系统等。用以使行驶中的汽车降低速度甚至停车的制动系统称为行车制动系统；用以使已停驶的汽车驻留原地不动的制动系统称为驻车制动系统；在行车制动系统失效的情况下，保证汽车仍能实现减速或停车的制动系统称为应急制动系统；在行车过程中，辅助制动系统降低车速或保持车速稳定，但不能将车辆紧急制停的制动系统称为辅助制动系统。上述各制动系统中，行车制动系统和驻车制动系统是每一辆汽车都必须具备的。

25. A

26. A　汽车离合器类型按工作原理不同可分为摩擦式和液力式，其中摩擦式应用广泛。摩擦式按从动盘的数目不同可分为单盘式和双盘式；按压紧弹簧的形式不同又可分为螺旋弹簧式和膜片弹簧式，其中膜片弹簧式离合器应用比较广。

27. B　检查离合器踏板自由行程时，用直尺支在驾驶室的地板上，其倾斜度以直尺与踏板踩下时的弧线相切为准，量出踏板完全放松时的高度。用手轻推离合器踏板，感觉阻力增大时，停止推压，测量其踏板面的高度。两次测量之差，即为离合器踏板自由行程。

28．A　液压式操纵机构一般是调整主缸推杆的长度，先将主缸推杆锁紧螺母旋松，然后转动主缸推杆，从而调整离合器踏板自由行程，调整后应将锁紧螺母旋紧。

29．C　手动变速器故障率较低，很少会涉及维修，只需要按时换油保养即可。手动变速器每间隔两年或 24 000 千米更换一次变速器油。如果使用得当，手动变速器正常使用几十万千米不会出现任何问题。

30．D　万向传动装置中的故障很多情况下是由于润滑不良造成的，因此，为了使万向节能充分润滑，应定期向各润滑部位注入润滑油或润滑脂，并注入充分，但不能损坏密封。

理论模块 2　发动机检修

一、考核范围

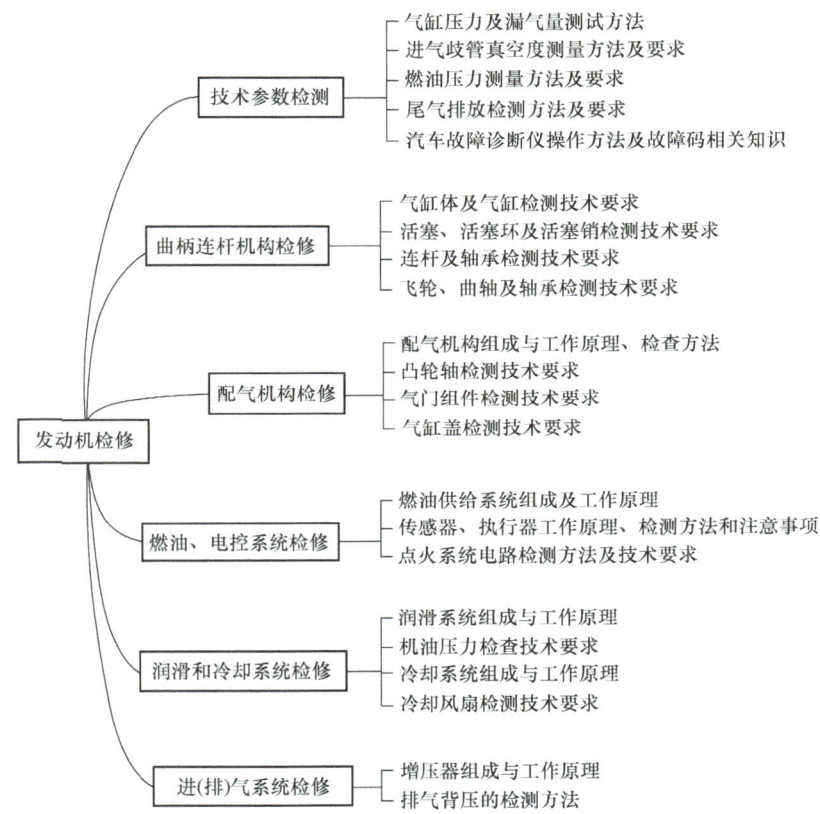

二、考核要点详解

知识点 1　气门座圈维修技术要求

1）座圈压入后，上端平面与机体平面平齐。当出现下列情况之一时，必须更换气门座圈：

① 气门座圈表面有裂纹、斑点及严重烧蚀。

② 气门座圈工作面低于气缸盖平面 1.5mm。

③ 气门座圈松动。

2）气门座圈轴承孔的圆柱度误差应小于 0.05mm，圆度误差应小于 0.02mm，表面粗糙度 $Ra<1.25\mu m$。

3）气门座圈与轴承孔过盈量应符合要求。

知识点 2　曲轴、连杆轴承间隙调整的要点

1）检查轴承松紧度通常是在轴承上涂一层薄机油，将连杆装在相应的轴颈上，按规定力矩拧紧轴承螺栓，然后用手甩动连杆，连杆应能转动数圈。

2）沿曲轴轴线扳动连杆，应无间隙感。连杆轴承应与轴承座及轴承盖密合，凸点完好，轴瓦两端的挤压高度值不小于0.03mm。

3）连杆轴颈与轴承的配合间隙应符合原厂规定。

4）用手工刮削的轴承要求接触面积不小于轴承内部总面积的75%。

5）在轴承表面上涂以清洁的机油，将轴承装在连杆轴颈上，按规定拧紧螺母，将连杆放平，靠杆身的重量徐徐下垂，用手握住连杆小端，沿轴向扳动时应无松旷感。

知识点 3　活塞环装配技术要求

1）活塞环的弹力、漏光度应符合技术标准要求。

① 一般要求活塞环外围工作面在开口处30°范围内不许漏光。

② 其他部位每处的漏光弧长所对应的圆心角不得超过25°。

③ 同一环上漏光弧长所对应的圆心角总和不超过45°。

④ 漏光处的缝隙应不大于0.03mm。

2）活塞环的端隙、侧隙和背隙应符合技术标准要求。表3-1为AJR型发动机的活塞环间隙标准值。

3）活塞环端面平整，装入环槽内应能转动灵活，不卡滞。

表 3-1　AJR 型发动机的活塞环间隙标准值

间隙位置	活塞环名称	新活塞环端隙和侧隙 /mm	磨损极限 /mm
活塞环端隙	第一道气环	0.20~0.40	0.80
	第二道气环	0.20~0.40	0.80
	油环	0.25~0.45	0.80
活塞环侧隙	第一道气环	0.06~0.09	0.20
	第二道气环	0.06~0.09	0.20
	油环	0.03~0.06	0.15
活塞环背隙	背隙 = 环槽深度 - 活塞环径向厚度 活塞环一般应低于环槽岸边0.30mm		

知识点 4　曲轴轴承、连杆轴承的维修技术要点

1. 曲轴轴承刮削

1）清洁曲轴轴承座孔，检查座孔的磨损情况。

2）校正水平线。

3）刮配轴承。

4）检查曲轴轴承配合间隙。

2. 连杆轴承刮削

1）清洁连杆轴承座孔，检查座孔的磨损情况。

2）检查接触痕迹，确定刮削部位。

3）刮削轴承。

4）检查轴承刮削后的松紧度。

知识点 5 气缸体、气缸盖基础件的检测要点

1）清除气缸体各接合面上的衬垫残留物，用漂洗性能好、稳定性高且具有一定消泡性的清洁剂清洗缸体及零件。

2）检查气缸体表面裂纹及破损。缸体表面裂纹及破损检测的最常用方法是水压试验法。检测时，对未修补过的缸体、缸盖试验压力为 300~400kPa，对已修补过的试验压力为 400~500kPa，且 3min 内不得有渗漏。

3）检测缸体与缸盖接合面的平面度。

4）测量气缸磨损情况（见图 3-2）。在测量气缸磨损情况时，要分析磨损性质。沿活塞行程磨成倒锥形，属于正常磨损，其他则属于非正常磨损。气缸测量的内容主要是圆度和圆柱度。

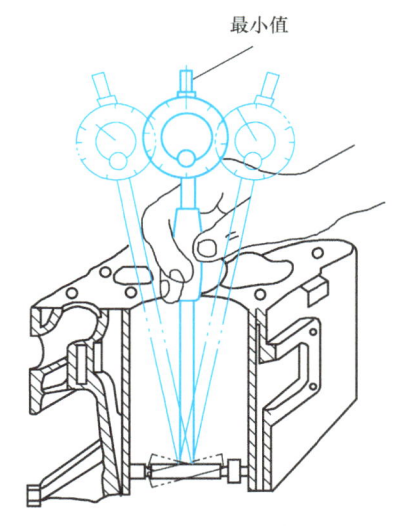

图 3-2 测量气缸磨损

知识点 6 发动机气缸体与气缸盖维修的技术要求

1）气缸体与气缸盖不应有油污、积炭、水垢及杂物。

2）水冷式气缸体与气缸盖用 0.35~0.45MPa 的压力做持续 5min 水压试验，不得渗漏。

3）汽油发动机气缸体上平面到曲轴轴承孔轴线的距离，不小于原设计公称尺寸 0.40mm。

4）所有接合平面不应有明显凸出、凹陷、划痕或缺损。气缸体上表面和气缸盖下表面的平面度误差应符合相关规定。

5）气缸体曲轴、凸轮轴轴承孔的同轴度误差应符合原设计规定：凡能用减摩合金补偿同轴度误差的，以气缸体两端曲轴轴承孔公共轴线为基准，所有曲轴轴承孔的同轴度公差为 $\phi 0.15mm$；以气缸体两端凸轮轴轴承孔公共轴线为基准，所有凸轮轴轴承孔的同轴度公差为 $\phi 0.15mm$。

6）气缸体后端面对曲轴两端轴承孔公共轴线的轴向圆跳动不大于 0.20mm。

7）燃烧室容积不小于原设计最小极限值的 95%，同一台发动机的气缸盖燃烧室容积之差应符合原设计规定。

8）气缸体、气缸盖各接合面经加工后的表面粗糙度值应不低于 $Ra1.6\mu m$。

9）气缸盖上装火花塞或喷油器和预热塞的螺孔螺纹损伤不多于一牙，气缸体与气缸盖上其他螺孔螺纹损伤不多于两牙。修复后的螺孔螺纹应符合装配要求。各定位销、环孔及装配基准面的尺寸和几何公差应符合原设计规定。

10）选用的气缸套、气门导管、气门座圈及密封件应符合相应的技术要求，并应满足本标准的有关装配要求。

11）气门导管承孔内径应符合原设计尺寸或分级维修尺寸。气门导管与承孔的配合过盈量一般为 0.02~0.06mm。

12）进、排气门座圈承孔内径应符合原设计尺寸或维修尺寸。气门座圈承孔的表面粗糙度值不大于 $Ra3.2\mu m$，圆度公差为 0.0125mm，与座圈的配合过盈一般为 0.07~0.17mm。

13）镶装干式气缸套的承孔内径应为原设计尺寸或同一级维修尺寸。

① 承孔的表面粗糙度值不大于 $Ra1.6\mu m$，圆柱度公差为 0.01mm。

② 气缸套与承孔的配合过盈应符合原设计规定，无规定者，一般为 0.05~0.10mm。

③ 有凸缘的气缸套配合过盈量可采用 0.05~0.07mm，无凸缘的气缸套配合过盈可采用 0.07~0.10mm。

④ 气缸套上端面应不低于气缸体上平面，也不得高出 0.10mm。

14）湿式气缸套承孔的内径应为原设计尺寸或同一级维修尺寸。湿式气缸套与承孔的配合间隙为 0.05~0.15mm，安装后气缸套上端面应高出气缸体上平面，并应符合原设计规定。

15）同一气缸体各气缸或气缸套的内径应为原设计尺寸或同一级维修尺寸，缸壁表面粗糙度值不大于 $Ra1.6\mu m$。干式气缸套的气缸圆度公差为 0.005mm，圆柱度公差为 0.0075mm；湿式气缸套的气缸圆柱度公差为 0.0125mm。

16）加工后，气缸的轴线对气缸体两端曲轴轴承孔公共轴线的垂直度公差为 0.05mm。

17）对某些特殊结构或有特殊技术要求的气缸体及气缸盖除此标准规定外，其他可参照原设计的技术文件执行。

知识点 7　发动机曲轴维修技术要求

1）曲轴修复前应进行探伤检查，不得有裂纹。但轴颈上沿油孔四周有长度不超过 5mm 的短浅裂纹或有未延伸到轴颈圆角和油孔处的纵向裂纹（轴颈长度小于或等于 40mm，裂纹长度不超过 10mm；轴颈长度大于 40mm，裂纹长度不超过 15mm）时，仍允许修复。

2）曲轴滑动轴承轴颈磨损后，应按曲轴分级维修尺寸维修。组合式曲轴滚动轴承轴颈磨损逾限，滑动轴承轴颈超过其允许的使用极限尺寸时，允许进行补偿维修，恢复至原设计尺寸。

3）补偿修复轴颈时，可采用金属丝喷涂、电振动堆焊、镀铁、镀铬等方法。其他部位磨损逾限后，根据情况，除可采用上述方法外，也可以采用焊条电弧焊等方法进行恢复性维修。补偿修复层应均匀适当，使力学性能满足使用要求。

4）曲轴修磨后，同名轴颈必须为同级维修尺寸。

5）曲轴主轴颈及连杆轴颈端面磨损逾限后，应予修复至原设计规定的轴颈宽度。

6）曲轴修复后，以两端主轴颈的公共轴线为基准时：

① 中间各主轴颈的径向圆跳动公差为 0.05mm。

② 各连杆轴颈轴线对主轴颈轴线的平行度公差：整体式曲轴为 $\varPhi$0.01mm，组合式曲轴为 $\varPhi$0.03mm。

③ 与止推轴颈及正时齿轮配合端面的轴向圆跳动公差为 0.05mm。

④ 飞轮凸缘的径向圆跳动公差为 0.04mm；外端面的轴向圆跳动公差为 0.06mm。

⑤ 带轮的轴颈径向圆跳动公差为 0.05mm。

⑥ 正时齿轮的轴颈径向圆跳动公差为 0.03mm。

⑦ 变速器第一轴轴承承孔的径向圆跳动公差为 0.06mm。

⑧ 油封轴颈的径向圆跳动公差，采用回油槽防漏的为 0.10mm，采用密封圈防漏的为 0.05mm。

7）各主轴颈及连杆轴颈的圆柱度公差为 0.005mm。

8）连杆轴颈的回转半径应符合原设计规定的公称尺寸，整体式曲轴的极限偏差为 ±0.15mm，但同一曲轴各回转半径差不得超过 0.20mm，组合式曲轴的极限偏差应符合原设计要求。

9）以装正时齿轮的键槽中心平面为基准，连杆轴颈的分配角度偏差为 ±30′。

10）起动爪螺孔螺纹损伤不得多于两牙。

11）主轴颈及连杆轴颈表面粗糙度值应不大于 Ra0.4μm，圆角处表面粗糙度值不大于 Ra0.8μm。

12）主轴颈和连杆轴颈两端的圆角半径应符合原设计规定。但采用金属丝喷涂和电镀修复的曲轴，修竣后的圆角半径允许适当减小。

13）组合式曲轴必须按原位装配，装合后各滚动轴承轴颈同轴度误差应符合原设计规定。

14）曲轴油道应清洁畅通，油孔应有倒角。

15）修复后的曲轴不得有焊渣、毛刺、金属飞溅等杂物，加工表面不得有肉眼可见的刻痕、黑点、碰伤、凹陷、孔眼及其他缺陷。但用电振动堆焊修复的曲轴表面允许有细微的龟裂纹。

16）曲轴须进行平衡试验，其不平衡量应符合原设计规定。

17）本标准未规定的其他技术要求，应符合原设计规定。

知识点 8　发动机凸轮轴维修技术条件

1）凸轮表面累积磨损量（包括维修加工磨削量）不超过 0.8mm 时，允许用直接修磨的方法恢复凸轮；超过 0.8mm 需要维修时，可在凸轮的局部或全部表面敷以补偿修复层。

2）凸轮轮廓的升程曲线应符合原设计规定，但个别区段内的升高量允许有不大于 0.02mm 的超差。

3）以两端支承轴颈的公共轴线为基准，凸轮基圆的径向圆跳动误差不大于 0.05mm。

4）凸轮斜角应符合原设计规定。

5）通过凸轮升程最高点和轴线的平面，相对于正时齿轮键槽中心平面的角度偏差，不得超过 ±45′。

6）同一根凸轮的各支承轴颈的直径应修磨为同一级维修尺寸。

7）支承轴颈直径缩小量超过使用限度时，可敷以补偿修复层，使轴颈直径恢复至原设计尺寸或维修尺寸。

8）支承轴承的圆柱度公差为 0.005mm。

9）以两端支承轴颈的公共轴线为基准，中间各支承轴颈的径向圆跳动公差为 0.025mm。

10）安装正时齿轮的轴颈，其尺寸应符合原设计规定。以两端支承轴颈的公共轴线为基准，其轴颈的径向圆跳动公差和轴向止推端面的轴向圆跳动公差为 0.03mm。

11）驱动汽油泵的偏心轮直径，允许比原设计规定的下极限尺寸小 1.0mm。

12）机油泵驱动齿轮不得缺损，轮齿工作表面不得有剥落，齿厚不小于原设计规定的下极限尺寸的 0.50mm。

13）支承轴颈表面粗糙度值不大于 $Ra0.8\mu m$，凸轮和驱动机油泵的偏心轮的表面粗糙度值不大于 $Ra1.6\mu m$，轴向止推端面的表面粗糙度值不大于 $Ra3.2\mu m$，其他加工面的表面粗糙度应符合原设计规定。

14）凸轮轴的凸轮和支承轴颈部的补偿修复层的性能应满足使用要求。

15）应对凸轮轴进行探伤检查，除其表面堆焊层可以有不连续成片的鱼鳞状裂纹外，不得有其他裂纹。

16）凸轮轴的所有表面不得有毛刺、氧化皮、焊渣、气孔、渣眼、油垢和脱壳等缺陷。螺纹损伤不得超过两牙。

知识点 9　拆卸正时带轮时的注意事项

1）当正时带轮拆卸后再使用时，为保证按原方向组装，应用粉笔在正时带背面标上转动方向。

2）把张紧轮弹簧安装螺栓拧回三圈。

3）用钳子夹住张紧轮一侧的张紧轮弹簧的端部，从张紧轮支架钩上卸下弹簧。

4）松开张紧轮安装螺栓，并卸下正时带。

5）拆卸凸轮轴正时带轮螺栓时，应先利用专用工具固定凸轮轴正时带轮，然后再拆下凸轮轴正时带轮螺栓。

知识点 10　气缸盖装配注意事项

1）装配时应更换所有的密封件。

2）拧紧主轴承盖紧固螺栓时，不能一次拧紧，应分几次从两端到中间逐步拧紧。

3）3 号轴瓦是推力轴承，轴承盖中半片轴瓦无油槽，气缸体轴承座上半片轴瓦上有油槽，装配时应记清。

4）3 号轴瓦两端有半圆形止推环，注意定位及开口的安装方向必须朝向轴瓦。轴瓦不能互换。

知识点 11　配气机构的装配与调整注意事项

1）装配前必须对各机件进行清洗、检验。

2）各零件必须按原位装入，不得装错。

3）安装凸轮轴时，第一气缸凸轮必须朝上。凸轮轴转动时，活塞不可置于上止点，以防损坏气门及活塞顶部。

4）安装凸轮轴油封及气门杆油封时，在油封外周及唇边涂油，并用专用工具安装到合适位置。

5）各紧固件必须按规定的顺序和拧紧力矩进行拧紧。

知识点 12　气缸体裂纹、腐蚀检查方法

1. 气缸体裂纹的检修

气缸体裂纹的检修方法是水压试验法。试验时，用专用的盖板封住水道口，用水压机或压缩空气加压（用压缩空气加压时，管路中要加装单向阀门，以防止水的倒流），要求在 0.2~0.4MPa 的压力下，保持约 5min，检查气缸体各部位，应无任何渗漏现象。

2. 气缸体腐蚀的检修

当腐蚀部位从冷却液孔向四周呈辐射状延伸，最终导致发动机漏水，无法正常工作。遇到此种情况，一般应更换。但是，也可采用钻孔铆填金属等方法修复。

知识点 13　气缸磨损检测要点

气缸磨损的程度，一般用圆度和圆柱度两个指标来衡量。

1. 量缸的部位

测量时用适当量程的量缸表按图 3-3 所示的部位和要求进行测量，即在气缸上部距气缸上平面 10mm 处，气缸中部，气缸下部距缸套下平面 10mm 处等三点，按 A、B 两个方向分别测量一次。注意不要在发动机维修台架上测量发动机气缸的内径，以防因缸体被夹紧变形而测量不准。

2. 量缸的方法

测量时，先按气缸标准尺寸将量缸表调整到指针对准刻度 0 处（应使量缸表测杆压缩 1~2mm 以留出测量余量），然后测量缸径。这样测出的读数加上气缸的公称尺寸即为磨损后的气缸直径。

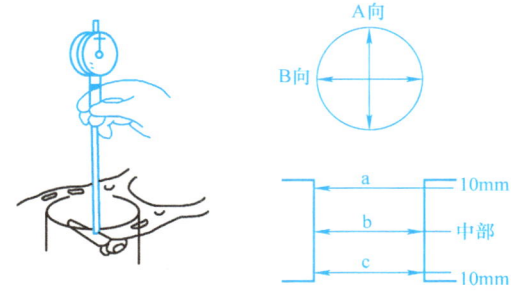

图 3-3　量缸的部位

知识点 14　检测曲轴

曲轴的裂纹一般出现在应力集中部位，如主轴颈或连杆轴颈与曲柄臂相连的过渡圆角处。一般表现为横向裂纹，也有在轴颈中的油孔附近出现沿轴向延伸的裂纹。

常用的检查方法有磁力探伤仪检查、超声波探伤、X 光探伤和浸油敲击法等。

用磁力探伤仪检查时，使磁力线通过被检查的部位，如果轴颈表面有裂纹，在裂纹处磁力线会偏散而形成磁极，将磁性铁粉撒在表面上，铁粉会被磁化并吸附在裂纹处，从而显现出裂纹的位置和大小。浸油敲击法是将曲轴置于煤油中浸一会儿，取出后擦净并撒上白粉，然后分段用锤子轻轻敲击。如果有明显的油迹出现，则该处有裂纹。曲轴轴颈表面不允许有横向裂纹。对轴向裂纹，其深度如果在曲轴轴颈维修尺寸以内，可通过磨削磨掉，否则应予以报废。

1. 测量曲轴主轴颈、连杆轴颈磨损量

测定主轴颈及连杆轴颈的圆度和圆柱度，其目的在于决定是否需要修磨及修磨的尺寸，操作步骤为：

1）用外径千分尺先在油孔两侧测量，然后旋转 90° 再测量，最大直径与最小直径之差的 1/2 为圆度误差。

2）轴颈两端测得的直径之差的 1/2 为圆柱度误差。

3）当曲轴主轴颈与连杆轴颈的圆度误差和圆柱度误差大于 0.025mm 时，应按维修尺寸进行修磨。

2. 曲轴主轴颈的修磨

曲轴主轴颈的修磨是在专用曲轴磨床上进行的。除了修复轴颈表面尺寸及几何

形状精度（圆度及圆柱度）外，还必须注意修复轴颈的同轴度、平行度、曲柄半径以及各连杆轴颈间的夹角等相互位置精度。同时还应保证曲轴原轴线位置不变，以保持曲轴原有的平衡性。

3. 轴承的选配

1）选配轴承前，应先检查轴承孔是否符合标准。要求轴承孔的圆柱度误差应不大于 0.025mm。当轴承孔的圆柱度超过标准时，可在轴承盖两端面堆焊加工。

2）选择轴承时要根据曲轴轴颈修磨后的实际尺寸级别和采用的加工方法，选用同一维修尺寸级别的轴承。

3）轴承在自由状态下并非正圆，要求轴承的曲率半径大于轴承孔的半径，这样轴承装入座孔后，可借自身的弹性与轴承座及盖密合，以保证合适的过盈量。为防止轴承在座孔内产生轴向位移，要求定位凸点完整。轴承两端应高出轴承座及盖的接合平面 0.03~0.06mm。检验时，将轴承及盖装好，适度旋紧螺栓至轴承外圆与底座密合为止，在轴承盖接合处，插入塞尺，测量轴承盖与气缸体座孔两端接触面的间隙，插入 0.10mm 塞尺感觉合适，而 0.15mm 塞尺不能插入为合格。

知识点 15　检测、选配活塞

1. 活塞的检测

1）清除活塞环槽内的积炭。如果积炭将活塞环嵌在活塞环槽中不能转动，可将活塞总成浸泡在煤油中，待其软化后再进行清除和拆卸，如图 3-4 所示。

2）检查活塞裙部的磨损。在与活塞销垂直的方向，用外径千分尺测量活塞裙部直径，如图 3-5 所示。测得的数值与标准尺寸的最大偏差量不得超过 0.04mm。超过规定值时，在发动机大修时应更换全部活塞。

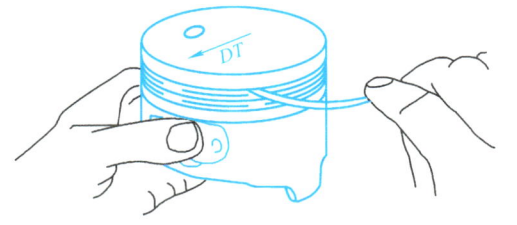

图 3-4　清除活塞环槽内的积炭

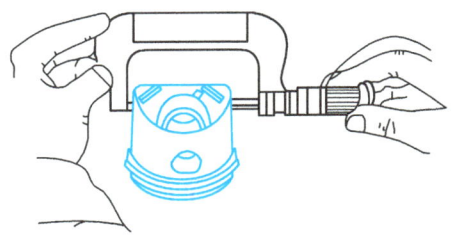

图 3-5　测量活塞裙部直径

2. 活塞的选配

活塞的选配应注意以下事项：

1）活塞的维修尺寸是指活塞的直径较标准尺寸加大一个或几个维修级差。加大常用"+"表示，加大的数值一般刻在活塞顶上。活塞的维修尺寸应与气缸的加大级别相一致。同一台发动机上，应选用同一品牌同一组的活塞，以便使材料、性能、质量、尺寸一致。同一组活塞直径差不得大于 0.020~0.025mm。

2）同一组活塞中，各活塞的质量应基本一致，其质量差不得超过 3%。活塞的质量超过规定时，可调整活塞的质量。

3）活塞裙部的圆度误差和圆柱度误差应符合相关规定。

4）由于活塞头部壁厚较厚，且温度明显高于其他部位，因此，对活塞的头部和裙部直径有一定的要求，防止活塞顶部受热膨胀使头部外径过大，同时也可保证活塞环的工作可靠性。

3. 活塞连杆组的组装

1）将气缸体侧置在工作台上。

2）把活塞连杆组按标记分组摆放整齐，装好经选配合格的连杆轴承，并注意对正油孔和定位凸块。将待装活塞连杆的连杆轴颈摇转至下止点位置，将不装活塞环的活塞连杆从气缸顶部装入气缸。按标记安装连杆轴承盖，并按规定力矩分次拧紧连杆螺栓，同时须进行下列检查：①检查连杆轴承轴向间隙；②检查活塞偏缸情况；③检查活塞环开口位置；④装配活塞连杆组时应检查活塞、连杆的向前标记与连杆上的缸号是否对正。

知识点 16 电动燃油泵

1. 滚柱式电动燃油泵

滚柱式电动燃油泵主要由直流电动机、滚柱式油泵、安全阀和单向阀组成，如图 3-6 所示。

其工作原理如图 3-7 所示。由盘形转子、滚柱和泵体围成的腔室随转子转动，使容积大小发生变化，在容积由小变大一侧燃油被吸入，在容积由大变小一侧燃油被压出。起动时，只要起动开关起作用，燃油泵就一直工作。

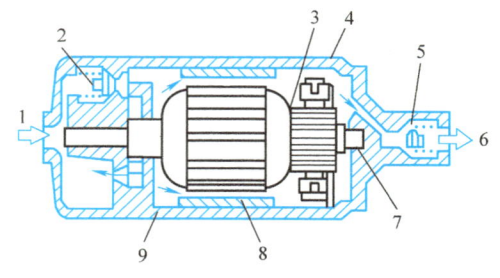

图 3-6 滚柱式电动燃油泵

1—进油口 2—安全阀 3—电枢 4—泵壳
5—单向阀 6—出油口 7—电枢轴
8—永久磁铁 9—泵体

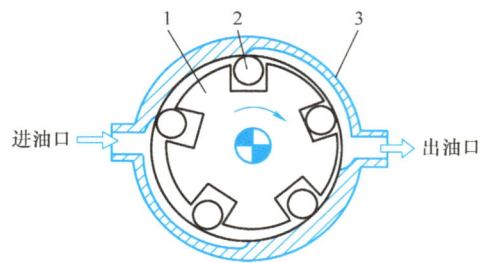

图 3-7 滚柱式电动燃油泵工作原理

1—盘形转子 2—滚柱 3—泵体

2. 齿轮式油泵

齿轮式油泵主要由直流电动机、主动齿轮、从动齿轮、辅助装置组成。主动齿轮与泵体（包括从动齿轮）偏心安装。另外，辅助装置包括安全阀、单向阀、进油口和排油口等。

电动机转动时带动主动齿轮转动，主动齿轮又带动从动齿轮转动。由于主动齿轮与从动齿轮不同心，使主动齿轮的外齿、从动齿轮的内齿和两侧面的泵壳三者之间所包含的容积在进油口处周期性变大，在出油口处周期性减小，使燃油从进油口一侧吸入，从另一侧的出油口处压出。

知识点 17　喷油器

喷油器一般分为轴针式喷油器和球阀式喷油器两种类型。

1. 轴针式喷油器

轴针式喷油器的结构如图 3-8 所示。喷油器主要由喷油器外壳、滤网、电接头、电磁线圈、衔铁、针阀、喷油轴针、上下密封圈组成。当喷油器的电磁线圈无电流通过时，针阀在弹簧的作用下将喷油器的阀口关闭，喷油器不喷油。当电磁线圈通电时，线圈产生磁场，电磁吸力将铁心吸起上移，与铁心一体的针阀同时上移，喷油器的阀口被打开，燃油从精密的环形喷口以雾状喷出。

2. 球阀式喷油器

球阀式电磁喷油器结构如图 3-9 所示。它与轴针式电磁喷油器的主要区别在于阀针的结构。球阀式的阀针由钢球、导杆和衔铁用激光束焊接成整体结构。

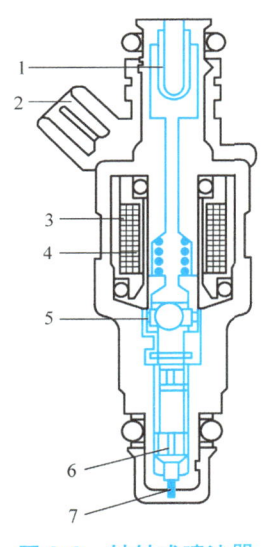

图 3-8　轴针式喷油器

1—滤网　2—电接头　3—电磁线圈
4—回位弹簧　5—衔铁　6—针阀
7—轴针

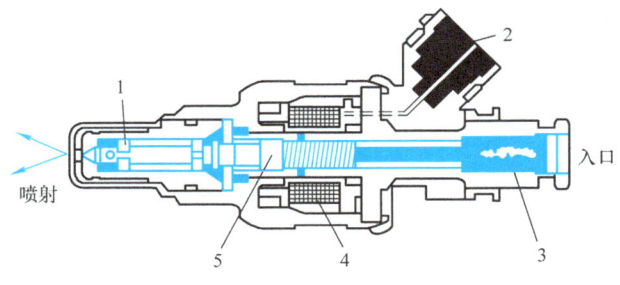

图 3-9　球阀式喷油器

1—球阀　2—线束插接器　3—进油滤网　4—电磁线圈　5—衔铁

为了保证燃油密封，轴针式阀针必须有较长的导向杆，而球阀具有自动定心作用，无须较长的导向杆。因此，球阀式的阀针质量小，只有普通轴针式阀针的1/2，这是采用短的空心导杆实现的，且具有较高的燃油密封能力，明显优于轴针式针阀。

当喷油脉冲输入电磁线圈时，产生电磁吸力，固定在阀针上的衔铁向上吸起，阀针抬离阀座，燃油开始通过计量孔喷出。当喷油脉冲终止时，吸力消失，阀针在弹簧力作用下返回阀座，于是喷油结束。因此，每次喷油量取决于输入电磁线圈的电流脉冲宽度。

知识点 18　汽油压力调节器

汽油压力调节器安装在燃油分配管上，是一种膜片控制的溢流调节器。它有一个金属外壳，一个膜片将内部空间分成弹簧室和燃油室。燃油泵输送的燃油从进油口进入并充满燃油室，弹簧室经一根通气管与节气门后部的进气管相通，内有一螺旋弹簧对膜片施加一个作用力，燃油室直接与供油管路相通。

当输入的汽油压力高于弹簧预紧力与进气管压力之和时，汽油推动膜片，向上压缩弹簧，打开回油阀，部分汽油流回油箱，油压降低。当输入的汽油压力低于弹簧预紧力与进气管压力之和时，回油阀关闭，油压升高。

知识点 19　翼片式空气流量计

1. 结构

翼片式空气流量计由进气口、进气温度传感器、阀门等部分组成，如图3-10所示。其中计量板与缓冲板刚性连接，计量板的轴端连一只电位计。

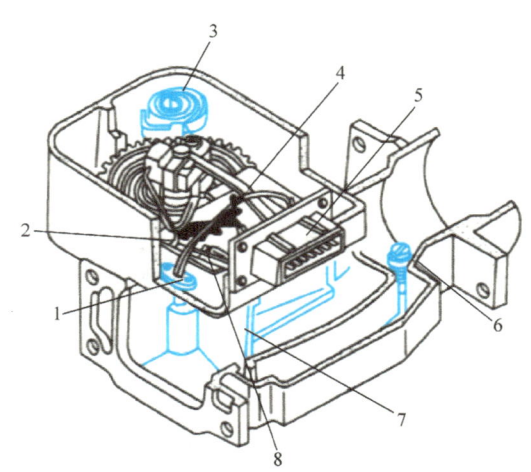

图 3-10　翼片式空气流量计

1—进气口　2—进气温度传感器　3—阀门　4—阻尼室　5—阻尼片
6—计量板　7—主气道　8—旁通气道

2. 工作原理

随着通过传感器的空气流量的变化，计量板旋转的相对角度也发生变化，电位计的电阻随之而变，从而送给电控单元一个变化的电压信号。

知识点 20 温度传感器

1. 结构

温度传感器主要有进气温度传感器、冷却液温度传感器两种，由负温度系数电阻、外壳、线路接头等组成。

2. 工作原理

进气温度传感器和冷却液温度传感器的结构和工作原理相同，内部装有负温度系数的热敏电阻，温度上升时，电阻值下降。电控单元根据电阻值的变化，便可测定发动机的进气温度或冷却液温度。

知识点 21 节气门位置传感器

1. 开关触点式节气门位置传感器

（1）结构 主要由活动触点、怠速触点、功率触点、节气门轴、控制杆、导向凸轮槽等组成。活动触点可在导向凸轮槽内移动，导向凸轮由固定在节气门轴上的控制杆驱动。

（2）工作原理 怠速时，即节气门关闭时，活动触点与怠速触点相接触，可以检测节气门全关闭状态。全负荷时，活动触点与曲率触点相接触，可以检测节气门全开度状态。部分负荷时，活动触点与哪个触点都不接触，因此，通过活动触点所处的不同位置，可以检测节气门的不同开度。

2. 滑动电阻式节气门位置传感器

（1）构造 主要由滑动臂、碳膜电阻、连接端子等组成。

（2）工作原理 这种传感器是一种线性电位计。发动机运转时，节气门的位置发生变化，滑动臂也随之转动使电阻值发生变化。这样，电控单元通过该传感器可以获取表示节气门开度从全闭到全开连续变化的信号及开闭速度信号，从而更精确地判断发动机的运行工况，以提高控制精度和效果。

知识点 22 进气系统检修注意事项

1）发动机量油尺、机油加油口盖必须安装到规定位置，否则会影响发动机运行。

2）进气软管不能有破裂，喉箍要安装紧固。因为漏气会影响空气流量计或进气压力传感器的信号，从而影响喷油量，使发动机怠速不稳，易熄火，动力性和加速性能差。

3）真空管不能破裂、扭结，也不能插错。真空管插错会使发动机怠速不稳，甚至使各缸无规律地交替工作，或工作性能不良。

4）喷油器应安装到位，密封圈完好。如果喷油器安装不到位或密封圈损坏，上部密封不良会漏油造成严重事故，下部密封不良会造成漏气使发动机真空度下降，运行不良，还会使进气压力传感器信号增加，喷油量增加，使混合气偏浓。

知识点 23　燃油系统检修注意事项

拆卸油管前首先应卸压，以防止较高压力的燃油喷洒出来引起火灾。卸压的方法如下：

1）松开油箱上的加油盖，释放油箱中的蒸气压力。

2）将三通油压表一端软管连接到燃油压力检测头上，连接燃油压力表时，用抹布罩好燃油压力接头周围，防止燃油溢洒，将另一端软管装入准许的容器中，打开三通油压表的切断阀，系统中的燃油从燃油压力检测孔通过三通软管流入准许的容器中，最后将燃油压力表中残留的燃油倒入准许的容器中。

释放油压后，在维修燃油管路或接头时，将有少量燃油泄出，所以在断开油管前，用抹布将拆卸处罩住，以吸附泄漏的燃油，将吸附燃油的抹布放入准许的容器中。

知识点 24　电控系统检修注意事项

1）拆卸和安装发动机电子控制单元（Electronic Control Unit，ECU）插接器和传感器前应首先将点火开关关闭，然后拆下蓄电池负极柱上的接线。

2）安装蓄电池时应特别注意正、负极不可接反。

3）拆蓄电池负极接线后，发动机 ECU 所有故障码都会被清除，因此，如有必要，应在拆蓄电池负极线前读取故障码。

4）不可用起动电源帮助起动。

5）不可用水冲洗发动机室。

6）检测控制系统中输入信号和发动机控制系统输出信号，不可将汽车上的灯泡用作试灯。

7）万用表有指针型和液晶显示两种，检测控制系统电阻必须使用内阻 10MΩ 以上的液晶显示万用表。

8）不可用刮火的方法来判断线路是否有电或是否为相线。

9）晴天拆卸、安装发动机 ECU 时应注意防止静电。

10）车上不宜装功率超过 8W 的无线电台。

11）在车身上使用电弧焊时，应先断开蓄电池负极接线。

知识点 25　蜡式节温器

1. 蜡式节温器结构及工作原理

蜡式节温器在橡胶管和感应体之间的空间里装有石蜡，为提高导热性，石蜡中常掺有铜粉或铝粉，其结构如图 3-11 所示。

其工作原理为：

1）常温时，石蜡呈固态，弹簧将主阀门推向上方，使之压在阀座上，主阀门关闭，而副阀门随着主阀门上移，离开阀门座，小循环通路打开，如图 3-12a 所示。

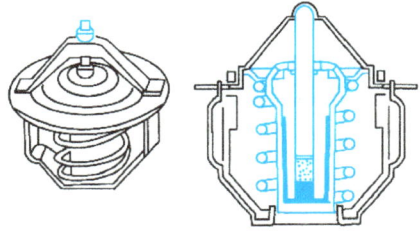

图 3-11　蜡式节温器

2）当发动机冷却液温度升高时，石蜡逐渐变成液态，其体积膨胀，迫使胶管收缩，而对推杆锥状端产生上举力。固定不动的推杆对胶管、节温器外壳产生向下的反推力。当发动机冷却液温度达到一定值时，这个反推力可以克服弹簧预压力，主阀门开始打开，部分冷却液开始进行大循环。当冷却液温度超过一定值时，主阀门完全打开，而副阀门正好完全关闭小循环通路，这时来自气缸盖出水口的冷却液沿出水管全部进入散热器冷却，进行大循环，如图 3-13b 所示。

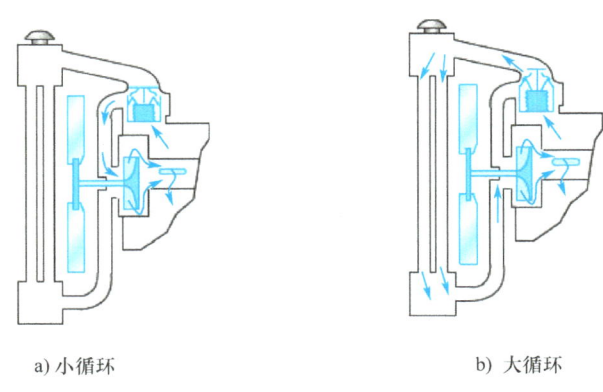

a) 小循环　　　　b) 大循环

图 3-12　蜡式节温器工作原理图

2. 节温器的检测

不同车型节温器阀门的开启温度不一致，检测方法如图 3-13 所示。

将节温器放在盛水的容器中，用温度计测量水温，观察节温器的工作情况。

EQ6102 发动机节温器，当水温低于 65℃时阀门关闭，水温达到 68~72℃时阀门开启，80~85℃时阀门全开，阀门升起高度不应低于 9mm。

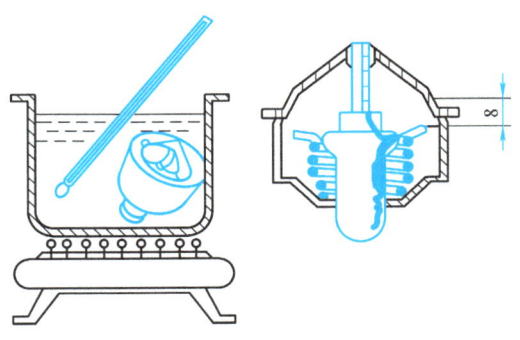

图 3-13　节温器的检测方法

注意：在使用中，不允许随意拆除节温器。

知识点 26　硅油风扇离合器

1. 结构及工作原理

硅油风扇离合器由从动板、控制阀、阀片、传动销、感温器、前盖、壳体、主动板、轴承、螺钉、驱动轴和单向球阀等组成，如图3-14所示。其工作原理如下：

1）从动板上有一个小孔，常温下被控制阀片挡住，硅油不能进入工作室，风扇离合器处于分离状态。由于驱动轴与水泵轴连接，风扇装在离合器壳体上，所以，当发动机工作时，虽然驱动轴转动，风扇却随着离合器壳体在驱动轴上打滑。

2）随着发动机温度的升高，气流温度也增加，感温器发生偏转，通过阀片传动销带动控制阀片偏转一个角度。当气流温度超过65℃时，从动板上的进油口打开，硅油进入工作室。于是主动板、从动板及壳体之间的缝隙内进入了黏度很高的硅油，即风扇离合器处于啮合状态。

3）当发动机温度下降，吹向感温器的气流温度低于35℃时，阀片关闭进油口，硅油不能再进入工作室。工作室内的硅油在离心力的作用下将单向球阀顶开，硅油经过单向球阀返回到储油室，离合器又恢复到分离状态。

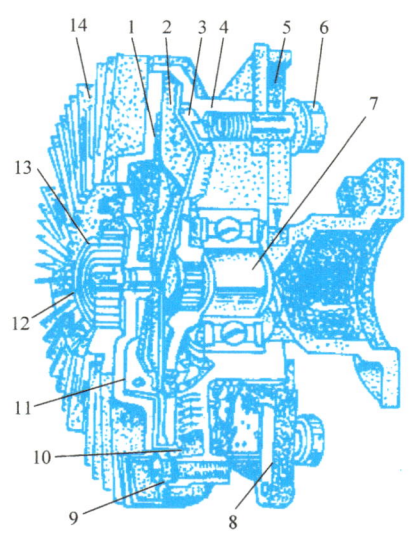

图3-14　硅油风扇离合器结构

1—阀片　2—从动板　3—主动板　4—壳体　5—锁止块　6—螺栓　7—主动轴　8—风扇
9—密封垫片　10—工作腔　11—储油室　12—阀片轴　13—双金属感温器　14—前盖

2. 硅油风扇离合器的检测

（1）冷状态检查　起动发动机，使其在冷状态下以中速运转 1~2min，以便使工作腔内硅油返回储油室，在发动机停转之后，用手应能较轻松地拨动风扇叶片。

（2）热状态检查　起动发动机，当发动机温度接近 90~95℃时，仔细听发动机风扇处响声变化。如果几分钟内噪声明显增大，风扇转速迅速提高，直至达到全速时将发动机停转。用手拨动风扇叶片，感觉较费力为正常。

（3）检查硅油风扇离合器　检查硅油风扇离合器是否损坏或渗漏，如果漏油，随着油量减少，风扇转速会降低，引起发动机过热。

知识点 27　分电器

分电器是点火装置中结构最复杂、功能最多的一个设备。它由配电器（由分电器盖和分火头组成）、点火信号发生器和点火调节机构等组成，由凸轮轴上的螺旋齿轮驱动。

配电器由分火头和分电器盖组成。其作用是将点火线圈产生的高压电按发动机的工作顺序送至工作缸火花塞。

点火信号发生器（见图 3-15）通常安装在分电器上。当分电器轴转动时，点火信号发生器产生电信号并送至点火器，点火器对电信号进行适当的处理用以控制点火系统一次电路的接通和断开，使点火线圈产生高压电。

目前，汽车上应用最为广泛的电子点火系统按点火信号发生器的不同主要有电磁式、霍尔式和光电式等。

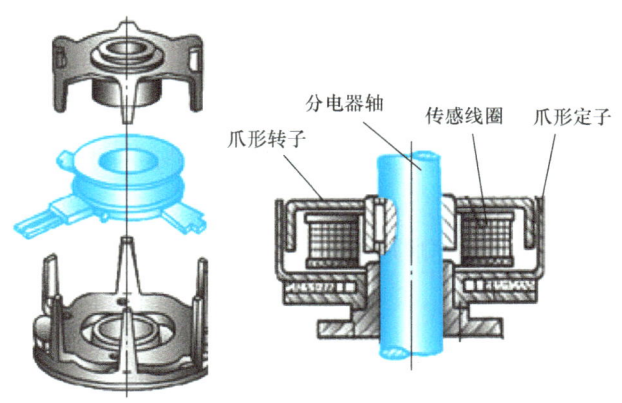

图 3-15　点火信号发生器

点火调节机构有真空式点火调节机构和离心式点火调节机构。真空式点火调节机构根据发动机负荷的变化自动调节点火提前角，使其随发动机负荷的增大而减小；离心式点火调节机构根据发动机的转速变化自动调节点火提前角，使点火提前角随发动机的转速提高而增大。

知识点 28　点火线圈

点火线圈（图 3-16）的作用是将电源提供的低压电变成能击穿火花塞电极间隙的高压电。它是点火装置的核心组件，实质是利用电磁互感原理制成的高倍率变压器。

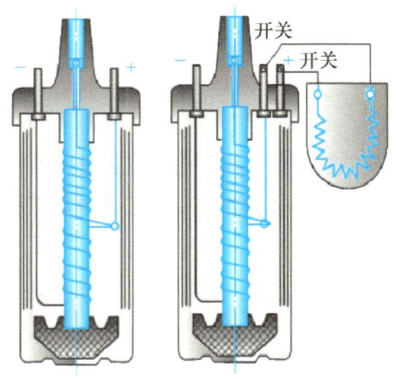

图 3-16　点火线圈

三、练习题

（一）选择题

1. 发动机气缸沿轴线方向磨损量最大的部位是在活塞上止点时（　　　）所对应的缸壁。

　　A. 活塞顶　　　　　　　　　　B. 第一道活塞环

　　C. 活塞销　　　　　　　　　　D. 第二道活塞环

2. 发动机镗缸后的气缸圆度误差和圆柱度误差应小于（　　　）mm。

　　A. 0.0005　　　B. 0.005　　　C. 0.05　　　D. 0.5

3. 发动机曲轴轴颈主要的检测项目是（　　　）。

　　A. 弯曲变形　　　　　　　　　B. 圆度误差

　　C. 圆柱度误差　　　　　　　　D. 圆度误差和圆柱度误差

4. 将发动机凸轮轴支于平台上的V形块上，用（　　　）检测凸轮轴的弯曲程度。

　　A. 直尺和塞尺　　B. 高度尺　　　C. 百分表　　　D. 游标卡尺

5. 零件疲劳是指零件材料在（　　　）载荷的长时间作用下产生裂纹和断裂的现象。

　　A. 高温　　　　B. 高压　　　　C. 交变　　　　D. 长期

6. 缸套穴蚀的主要是缸套与（　　）接触，在高频振动下形成的。
　A. 机油　　　　　B. 冷却液　　　　C. 酸类物质　　　D. 碱类物质

7. 发动机气门组主要由气门、气门座、气门导管、气门弹簧、弹簧座和（　　）组成。
　A. 气门挺柱　　　B. 气门摇臂　　　C. 锁片　　　　　D. 凸轮轴

8. 用塞尺和量角器测量活塞环漏光度，其开口处左右对应的圆心角（　　）范围内不允许漏光。
　A. 25°　　　　　B. 30°　　　　　C. 45°　　　　　D. 50°

9. 气缸盖平面翘曲变形用（　　）进行检测。
　A. 直尺　　　　　B. 塞尺　　　　　C. 千分尺　　　　D. 直尺和塞尺

10. 使发动机怠速运转，从气缸罩盖软管处拆下 PCV 阀，检查 PCV 阀是否堵塞。若把手放在 PCV 阀接口处，手指可感到有强烈的（　　）。
　A. 刺激　　　　　B. 振动　　　　　C. 真空吸力　　　D. 没变化

11. 在安装发动机新凸轮轴油封时，应先涂一层（　　）。
　A. 密封胶　　　　B. 机油　　　　　C. 凡士林　　　　D. 齿轮油

12. 蜡式节温器中，使阀门开闭的部件是（　　）。
　A. 弹簧　　　　　B. 石蜡感应体　　C. 支架　　　　　D. 壳体

13. 安装曲轴时，将曲轴置于气缸体主轴承座上，按规定力矩依次从中间向两侧分三次拧紧固定螺栓，最终拧紧力矩为（　　）N·m，再拧紧 90°。
　A. 55　　　　　　B. 60　　　　　　C. 65　　　　　　D. 70

14. 曲轴的径向间隙为 0.01~0.04 mm，磨损极限为（　　）mm，曲轴的径向间隙还可以用千分尺和百分表进行测量、选配。
　A. 0.1　　　　　B. 0.15　　　　　C. 0.2　　　　　D. 0.3

15. 曲轴轴向间隙为 0.07~0.21 mm，磨损极限为（　　）mm。
　A. 0.1　　　　　B. 0.2　　　　　C. 0.30　　　　　D. 0.4

16. AJR 发动机的活塞与气缸的间隙在室温 15~25℃时为（　　）mm。
　A. 0.015~0.025　B. 0.025~0.035　C. 0.025~0.045　D. 0.035~0.055

17. 根据活塞、连杆的向前标记和缸号，将活塞连杆装入相应气缸内，安装连杆轴承盖并按规定力矩拧紧连杆螺栓。最终拧紧力矩为（　　）N·m，再拧紧 90°。
　A. 15　　　　　　B. 30　　　　　　C. 45　　　　　　D. 60

18. 发动机冷磨合时，为降低机油的（　　），通常在机油中加 15% 的煤油。
　A. 黏度　　　　　B. 散热性　　　　C. 流动性　　　　D. 密封性

19. 新修发动机最大功率不得低于原设计标定值的（　　）%。
　A. 85　　　　　　B. 90　　　　　　C. 95　　　　　　D. 97

20. 曲轴维修尺寸共分（　　）个级别。
A. 6　　　　　B. 8　　　　　C. 12　　　　　D. 13

21. 飞轮凸缘的径向圆跳动公差为（　　）mm。
A. 0.02　　　　B. 0.04　　　　C. 0.06　　　　D. 0.08

22. 凸轮轴轴颈维修尺寸的级差为（　　）mm。
A. 0.1　　　　B. 0.15　　　　C. 0.20　　　　D. 0.25

23. 当机油酸值增加值大于（　　）mgKOH/g 时，应更换机油。
A. 0　　　　　B. 5　　　　　C. 2.0　　　　D. 2.5

24. 《汽油机油换油指标》中换油指标为 6 项，如果达到其中（　　）项指标应换油。
A. 1　　　　　B. 2　　　　　C. 3　　　　　D. 6

25. 检测汽油车废气时，应清除取样探头上残留的（　　），以保证检测的准确性。
A. CO　　　　B. HC　　　　C. CO 和 HC　　　D. NO

26. 烟度计在使用前要按规定项目进行检查、校准，还要预热（　　）min 以上。
A. 5　　　　　B. 10　　　　C. 15　　　　D. 25

27. （　　）不是电控燃油喷射（Electronic Fuel Injection，EFI）系统的组成部分。
A. 空气供给系统　B. 燃油供给系统　C. 电子控制系统　D. 空调系统

28. （　　）不是电控燃油喷射系统的电子控制系统组成部分。
A. 节气门位置传感器　　　　B. 曲轴位置传感器
C. 怠速旁通阀　　　　　　　D. 进气压力传感器

29. 电控燃油喷射系统中，燃油压力通过（　　）调节。
A. 喷油器　　　B. 燃油泵　　　C. 燃油压力调节器　D. 输油管

30. 与传统化油器发动机相比，装有电控燃油喷射系统的发动机功率提高（　　）。
A. 5%~10%　　B. 10%~15%　　C. 15%~20%　　D. 20%

31. 电控燃油喷射系统主要包括喷油量、喷射正时、燃油停供和（　　）的控制。
A. 燃油泵　　　B. 点火时刻　　C. 怠速　　　　D. 废气再循环

32. 发动机微机控制系统主要由信号输入装置、（　　）和执行器等组成。
A. 传感器　　　　　　　　　B. 电子控制单元（ECU）
C. 中央处理器（CPU）　　　 D. 存储器

33. 为保证点火可靠，一般要求点火系统提供高压电为（　　）V。
A. 12　　　　　　　　　　　B. 5 000~8 000
C. 8 000~10 000　　　　　　 D. 15 000~20 000

34. 发动机气缸沿轴线方向磨损呈（　　）的特点。
   A. 上大下小   B. 上小下大   C. 上下相同   D. 中间大
35. 发动机气缸体裂纹和破损检测最常用的方法是（　　）法。
   A. 磁力探伤   B. 荧光探伤   C. 敲击   D. 水压试验
36. 发动机曲轴裂纹易发生在轴颈与曲柄的连接处及（　　）周围。
   A. 曲拐   B. 配重   C. 润滑油孔   D. 主油道
37. 发动机凸轮轴轴颈磨损后，主要产生（　　）误差。
   A. 圆度   B. 圆柱度   C. 圆跳动   D. 圆度和圆柱度
38. 上置式配气机构曲轴到凸轮轴传动可通过（　　）来实现。
   A. 齿轮   B. 链条   C. 同步带   D. 链条或同步带
39. 活塞环内缘开有阶梯形切口或45°倾角时，在安装中切口或倾角（　　）。
   A. 应向上   B. 应向下   C. 应向外   D. 任意
40. 曲轴轴向间隙是靠更换不同厚度的（　　）来调整的。
   A. 止推垫片   B. 垫片   C. 金属片   D. 轴瓦
41. 铰削气门座时，应选用（　　）铰刀铰削15°上斜面。
   A. 45°   B. 75°   C. 15°   D. 25°
42. 在检查供油正时时，如果发现供油提前角过小或过大，就要进行调整，常用的调整方法有（　　）。
   A. 转动泵体   B. 转动泵轴   C. 两者都是   D. 两者都不是
43. 加注发动机冷却液，最好选择（　　）。
   A. 井水   B. 泉水   C. 雨雪水   D. 矿泉水
44. 国家标准将几何公差共分（　　）个项目。
   A. 10   B. 12   C. 14   D. 20
45. 紧固发动机曲轴轴承盖的顺序是从（　　）向轴承两端分三次拧紧。
   A. 第一道   B. 中间   C. 第二道   D. 最后一道
46. 汽油压力缓冲器是由膜片和弹簧组成的（　　），膜片将内腔分为汽油室和空气室，空气室内有压力弹簧和调节螺钉。
   A. 缓冲装置   B. 压力装置   C. 真空装置   D. 油压装置
47. 安装发动机气缸盖时，应使活塞避开（　　）位置。
   A. 上止点   B. 下止点   C. 下行   D. 上行
48. JV型发动机缸盖螺栓应按顺序分四次拧紧，第二次的拧紧力矩为（　　）N·m。
   A. 40   B. 50   C. 60   D. 70
49. 大修后的发动机冷磨合时间不得少于（　　）h。
   A. 1   B. 2   C. 5   D. 3

50. 气门导管与承孔的配合过盈量一般为（　　）mm。
   A. 0.01~0.04　　B. 0.01~0.06　　C. 0.02~0.04　　D. 0.02~0.06

51. 补偿修复曲轴主轴轴颈时不可采用（　　）方法。
   A. 金属丝喷涂　　B. 气焊　　C. 镀铬　　D. 镀铁

52. 凸轮轴轴颈的圆柱度公差为（　　）mm。
   A. 0.005　　B. 0.010　　C. 0.015　　D. 0.020

53. 凸轮轴中间各轴颈的径向圆跳动公差为（　　）mm。
   A. 0.015　　B. 0.020　　C. 0.025　　D. 0.030

54. 发动机曲轴的（　　）号轴瓦是推力轴承，轴承盖中半片无油槽，气缸体轴承座上半片轴瓦上有油槽。
   A. 1　　B. 2　　C. 3　　D. 4

55. 柴油车废气排放检测的是（　　）。
   A. CO　　B. HC　　C. CO 和 HC　　D. 烟度值

56. 检测排放时，取样探头插入排气管的深度不小于（　　）mm，否则应加接排气管。
   A. 200　　B. 250　　C. 300　　D. 350

57. 烟度计活塞式吸气泵开关由（　　）控制。
   A. 电动　　B. 手　　C. 脚　　D. 脚或手

58. 发动机曲轴轴承异响发出（　　）声。
   A. 铛铛　　B. 啪啪　　C. 嗒嗒　　D. 噗噗

59. 下列（　　）不是点火过早现象。
   A. 手摇曲轴有倒转　　B. 严重爆燃
   C. 急速时易熄火　　D. 发动机温度过高

60. 电控燃油喷射系统中的急速旁通阀是（　　）组成部分。
   A. 空气供给系统　　B. 燃油供给系统　　C. 电子控制系统　　D. 空调系统

61. 空气供给系统中，检测进气压力的是（　　）。
   A. 急速旁通阀　　B. 进气压力传感器　　C. 空气滤清器　　D. 进气歧管

62. 电控发动机控制系统中，（　　）存放了发动机各种工况下的最佳喷油持续时间。
   A. 电子控制单元　　B. 执行器　　C. 温度传感器　　D. 压力调节器

63. 拆蓄电池负极接线后，发动机 ECU 所有故障码都会（　　）。
   A. 被保存　　B. 被清除　　C. 没有问题　　D. 乱套

64. 电控点火装置（Electronic Spark Advance，ESA）的控制主要包括点火提前角、通电时间及（　　）控制等方面。
   A. 燃油停供　　B. 废气再循环　　C. 防止爆燃　　D. 点火高压

65. 发动机运转不稳定的原因是（　　）。
    A. 个别火花塞工作不良　　　　B. 分火头烧蚀
    C. 发动机过冷　　　　　　　　D. 点火线圈过热
66. 柴油机喷油泵上柱塞偶件在（　　）机构上。
    A. 泵体　　　B. 传动　　　C. 油量调节　　　D. 分泵
67. 装有两速式调速器的柴油发动机的（　　）转速由人工控制。
    A. 怠速　　　B. 低速　　　C. 中间　　　D. 高速
68. 测量气缸的圆柱度、圆度误差时，首先要确定气缸的（　　），才能校对量缸表。
    A. 磨损尺寸　　B. 标准尺寸　　C. 极限尺寸　　D. 维修尺寸
69. 某零件经过维修后可完全恢复技术要求的标准，但维修成本非常高，该件应定为（　　）。
    A. 报废件　　B. 待修件　　C. 可用件　　D. 需修件
70. 校正发动机曲轴平衡时，一般是在曲轴（　　）用钻孔去除材料的方法获得平衡。
    A. 主轴颈　　B. 曲拐　　C. 曲柄臂　　D. 连杆轴颈
71. 活塞开口间隙过小时，会导致活塞环（　　）。
    A. 对口　　B. 折断　　C. 泵油　　D. 变形
72. 发动机气缸径向磨损量最大的位置一般在进气门（　　）略偏向排气门一侧。
    A. 侧面　　B. 后面　　C. 对面　　D. 下面
73. 在测量发动机气缸磨损程度时，为准确起见，应在不同位置和方向共测出至少（　　）个值。
    A. 2　　B. 4　　C. 6　　D. 8
74. 确定发动机曲轴维修尺寸时，除根据测量的圆柱度、圆度进行计算外，还应考虑（　　）对维修尺寸的影响。
    A. 裂纹　　B. 弯曲　　C. 连杆　　D. 轴瓦
75. 发动机凸轮轴变形的主要形式是（　　）。
    A. 弯曲　　B. 扭曲　　C. 弯曲和扭曲　　D. 圆度误差
76. 轴类零件发生疲劳，严重时会使零件（　　）。
    A. 弯曲　　B. 扭曲　　C. 断裂　　D. 严重磨损
77. 当燃油中（　　）含量高时，会加速发动机气缸壁、气门等的腐蚀。
    A. 碳　　B. 氢　　C. 硫　　D. 氧
78. 采用液压挺柱后，发动机配气机构气门传动组的冲击和噪声减小或消除了，其主要原因是在此结构中没有了（　　）。

A. 推杆　　　　　B. 摇臂　　　　　C. 气门间隙　　　D. 气门弹簧

79. 当发动机飞轮齿圈一侧磨损时（　　）。
A. 换新件　　　B. 可继续使用　　C. 换向后继续使用　D. 焊修

80. 铝合金发动机气缸盖的水道容易被腐蚀，轻者可（　　）修复。
A. 堆焊　　　　B. 镶补　　　　C. 环氧树脂粘补　D. 均可

81. 发动机气门座圈与座圈孔应为（　　）。
A. 过渡配合　　B. 过盈配合　　C. 间隙配合　　　D. 以上均可

82. 点火线圈中央高压线脱落，会造成（　　）。
A. 点火错乱　　B. 点火过火　　C. 高压无火　　　D. 高压火弱

83. 汽车冷却系统中降低冷却液温度的装置是（　　）。
A. 散热器盖　　B. 水泵　　　　C. 水套　　　　　D. 发动机

84. 发动机气缸垫带有 OPEN TOP 标记的一面应朝向（　　）。
A. 气缸盖　　　B. 气缸盖前方　C. 气缸体　　　　D. 气缸体前方

85. 检查水泵 V 带张紧度时，用大拇指压下 V 带，最大挠度是（　　）mm。
A. 5　　　　　B. 10　　　　　C. 15　　　　　　D. 20

86. 新修的发动机首先应进行（　　）磨合。
A. 热　　　　　B. 有负荷　　　C. 冷　　　　　　D. 无负荷

87. 气缸体上平面 50mm×50mm 测量范围内平面度误差应不大于（　　）mm。
A. 0.01　　　　B. 0.04　　　　C. 0.05　　　　　D. 0.10

88. 气缸套上端面应不低于气缸体上平面，也不高出（　　）mm。
A. 0.10　　　　B. 0.075　　　C. 0.05　　　　　D. 0.25

89. 曲轴各中间主轴颈的径向圆跳动公差为（　　）mm。
A. 0.025　　　B. 0.05　　　　C. 0.075　　　　D. 0.10

90. 凸轮表面累积磨损量不超过（　　）mm。
A. 0.2　　　　　B. 0.4　　　　C. 0.6　　　　　D. 0.8

91. 汽油机油中含铁量大于（　　）ppm[⊖] 时，更换机油。
A. 25.0　　　　B. 2.50　　　　C. 250　　　　　D. 25

92. 检测汽油车排放情况时，发动机应处于（　　）状态。
A. 中速　　　　B. 低速　　　　C. 急速　　　　　D. 加速

93. 在检测排放前，应调整好汽油发动机的（　　）。
A. 急速　　　　　　　　　　　B. 点火正时
C. 供油量　　　　　　　　　　D. 急速和点火正时

94. 检测柴油车废气时，发动机首先应（　　），以保证检测的准确性。

⊖ ppm=10⁻⁶。——编者注

A. 调整怠速　　B. 调整点火正时　C. 预热　　　　D. 加热

95. (　　) 不是电控燃油喷射系统中空气供给系统的组成构件。

A. 进气管　　　　　　　　　B. 空气滤清器
C. 怠速旁通阀　　　　　　　D. 进气压力传感器

96. 电控燃油喷射系统能实现 (　　) 的高精度控制。

A. 空燃比　　B. 点火高压　　C. 负荷　　　　D. 转速

97. 与传统化油器发动机相比，装有电控燃油喷射系统的发动机 (　　) 性能得以提高。

A. 综合　　　B. 有效　　　　C. 调速　　　　D. 负荷

98. 氧传感器检测发动机排气中氧的含量后，向 ECU 输入空燃比反馈信号，进行喷油量的 (　　)。

A. 开环控制　　　　　　　　B. 闭环控制
C. 控制　　　　　　　　　　D. 开环或闭环控制

99. 发动机相邻两高压分线插错，将会造成 (　　)。

A. 动力不足　B. 起动困难　　C. 不能起动　　D. 运转不稳

100. 柴油机喷油泵的出油阀减压环带的作用是 (　　)。

A. 供油敏捷、停油干脆　　　B. 停油干脆
C. 供油敏捷　　　　　　　　D. 供油时间短

101. 下列 (　　) 不是喷油泵组成部分。

A. 分泵　　　B. 调速器　　　C. 传动机构　　D. 泵体

102. 调速器是当柴油发动机的负荷改变时，自动改变 (　　)，以便维持发动机稳定运转。

A. 喷油泵供油量　B. 燃油泵供油量　C. 发动机转速　D. 加速踏板位置

103. 喷油器由喷油头、喷油器体和 (　　) 三大部分组成。

A. 针阀偶件　B. 高压油腔　　C. 调压装置　　D. 进油管路

104. 柴油机输油泵总成由 (　　)、活塞、手柄和弹簧等组成。

A. 手油泵体　B. 滚轮　　　　C. 顶杆　　　　D. 单向阀

105. YC6100Q 型柴油机采用 (　　) 式输油泵。

A. 膜片　　　B. 齿轮　　　　C. 叶片　　　　D. 活塞

106. 桑塔纳 2000 型轿车采用的电子点火模块具有恒能点火功能，初级电流恒定为 (　　) A。

A. 2.5　　　　B. 4.5　　　　C. 6.5　　　　D. 7.5

107. (　　) 是汽车发动机不能起动的主要原因。

A. 油路不过油　　　　　　　B. 混合气过稀或过浓
C. 点火过迟　　　　　　　　D. 点火过早

108. 电控发动机油压调节器是否有故障，可用（　　）来检查。
A. 模拟式万用表　　　　　　　　B. 万用表
C. 油压表　　　　　　　　　　　D. 油压表或万用表

（二）判断题

（　　）1. 检测气缸的圆度误差时，首先用分厘卡将量缸表校准到被测气缸的标准尺寸，目的是能准确计算出最大允许尺寸。

（　　）2. 进气压力传感器是电控发动机空气供给系统中的重要部件。

（　　）3. 发动机曲轴轴承间隙过大，会使轴瓦的冲击负荷增大，导致轴瓦损坏。

（　　）4. 发动机活塞在上止点时，第一道活塞环所对应的缸壁位置磨损量最大。

（　　）5. 对发动机气缸体进行水压试验时，未修补的缸体压力为 400～500kPa，已修补的缸体压力为 300~400kPa。

（　　）6. 检查发动机曲轴裂纹的最简单方法是敲击法。

（　　）7. 检测发动机凸轮轴时，必须测量凸轮的圆度误差和圆柱度误差。

（　　）8. 活塞气环的主要作用是密封、导热，因此一般活塞上只有一道气环，两道以上油环。

（　　）9. 发动机同步带传动的配气机构与链条传动相比较，可降低噪声和成本。

（　　）10. 发动机曲轴转速与分电器的转速比为 2：1。

（　　）11. 发动机曲轴轴承盖螺栓应一次紧固到位。

（　　）12. 发动机安装分电器时，分火头应指向 1 缸火花塞位置并与分电器壳上的 1 缸标记对准。

（　　）13. 凸轮轴轴颈的维修尺寸分 6 个级别，级差为 0.20mm。

（　　）14. 发动机气门座圈异响与转速有必然联系。

（　　）15. 电控发动机采用氧传感器反馈控制，能进一步精确控制点火时刻。

（　　）16. 检测压电式爆燃传感器，应选用汽车用万用表直流电压档。

（　　）17. 电控燃油喷射发动机燃油压力检测时，关闭点火开关，将油压表接在供油管和分配管之间。

（　　）18. 连杆轴颈与轴承的配合间隙应符合汽车维修厂规定。

（　　）19. 电动燃油泵只安装在油箱内。

（　　）20. 当发动机冷却液达到一定温度时，蜡式节温器主阀门开始打开，部分冷却液开始进行大循环。

（　　）21. 桑塔纳 2000 型轿车采用了四电极火花塞。

（　　）22. 汽车传动轴的旋转轴线与惯性轴线相重合，即可达到动平衡。

（　　）23. 发动机缸壁间隙过小会导致连杆弯曲和拉伤缸壁。

（　　）24. 在测量发动机气缸体孔径时，必须在每个缸上、中、下三个位置进行测量，其中下端位置是指活塞在下止点时，第一道环所对的缸壁位置。

（　　）25. 发动机曲轴弯曲校正一般可采用压床热压校正，这种方法可省去时效处理。

（　　）26. 传动轴一旦产生疲劳，可能会导致弯曲。

（　　）27. 零件在外载荷作用下，某一截面上的应力超过零件的强度极限时，就会造成严重弯曲。

（　　）28. 排气管冒黑烟的原因主要是喷油压力不足。

（　　）29. 采用电控燃油喷射系统使发动机综合性能得以提高。

（　　）30. 为提高发动机连杆的强度和刚度，要对其表面进行喷丸强化处理。

（　　）31. 发动机缸盖裂纹发生在受力较大或温度较高的部位，可用焊补法修复。

（　　）32. 冷型火花塞热值小。

（　　）33. 桑塔纳 2000GLS 型轿车 JV 型发动机曲轴的第 3 号轴承具有止推功能。

（　　）34. 对发动机进行冷磨合，可以及时发现油、电路故障。

（　　）35. 发动机气缸套承孔内径维修尺寸的级差为 0.5mm，共三个级别。

（　　）36. 曲轴位置传感器检测曲轴转角信号输入 ECU 作为点火控制主控信号，而不作为喷射信号。

（　　）37. 柴油发动机达到额定转速时，调速器开始减少供油量，目的是防止发动机飞车。

（　　）38. 用正时灯检查发动机点火提前角，应将正时记号对正上止点前 11°~13° 的地方。

（　　）39. 电控发动机在怠速运转时，油压表指示的系统压力应在 500kPa ± 20kPa 之间。

（　　）40. 理论上，当使活塞开口大小张大到活塞环厚度的 8 倍时，活塞环就有变形或折断的可能。

（　　）41. 连杆瓦严重偏磨会导致连杆两端孔轴线不平行。

（　　）42. 凸轮轴磨损到使用极限，可确定为待修件。

（　　）43. 二级维护行驶系统的主要检测项目是检查轮胎异常磨损。

（　　）44. 发动机进气门对面略偏向排气门一侧的缸壁磨损量较大的原因是排气门温度较高导致润滑变差。

（　　）45. 气缸体通常是用铸铁铸成的整体，在使用得当的情况下，是不容易变形失准的。

（　　）46. 通过检测发动机凸轮轴凸轮的高度可判断气门升程的变化。

（　　）47. 曲轴疲劳的原因是承受了突然的交变载荷后，其力学性能发生了突变。

（　　）48. 铰削气门座圈时，一定要按照角度顺序的要求铰削，以免座圈报废。

（　　）49. 发动机曲轴具有一定的轴向间隙是其正常运转的必要条件。

（　　）50. 发动机上置式配气机构中，摇臂和挺柱两者缺一不可。

（　　）51. 选配发动机曲轴轴承时，首选合金层加厚并可以镗削或刮削的轴承。

（　　）52. 发动机液力挺柱因为能自动补偿气门间隙，所以不再需要人工调整气门间隙。

（　　）53. 任何水都可以直接作为冷却液加注在汽车散热器内。

（　　）54. 新修发动机通过磨合可延长其使用寿命。

（　　）55. 曲轴的维修尺寸共计分为13个级别，常用的是前8个级别。

（　　）56.《汽油机油换油指标》中规定，在采样前应向机油箱内补加新机油。

四、参考答案及解析

（一）选择题

1. B　在正常情况下，气缸表面在活塞环运动的区域内形成不均匀磨损，沿高度磨成上大下小的锥形。磨损量最大的部位是活塞在上止点位置时与第一道活塞环相对应的气缸壁处，活塞环不接触的气缸上口，因几乎没有磨损而形成台阶。

2. B　3. D

4. C　将凸轮轴放在车床两顶尖间，或放在平台的V形块上，以两端轴颈为支点，将百分表触头抵在中间的轴颈上，并缓慢转动凸轮轴一周，如果百分表摆差超过0.10mm，应采用冷压法校正，校正后的弯曲度应不大于0.03mm。

5. C　本题主要考核零件疲劳失效的概念，即零件疲劳是指零件材料在交变载荷的长时间作用下产生裂纹和断裂的现象。

6. B　内燃机湿式缸套与冷却液接触的表面上常出现局部聚集穴群。这些蜂窝状的孔穴直径在1mm左右，深度为几毫米，严重的可达十几毫米，这种现象称为穴蚀或气蚀。

穴蚀（气蚀）通常发生在零部件与液体接触并伴有相对运动的条件下。缸套的高频振动是使其产生穴蚀（气蚀）的重要条件。缸套振动强度与发动机的平稳性和缸套厚度有着直接关系，随着缸套厚度的增加，发动机工作平稳性的提高，其刚度也相应提高，振动强度下降。

7. C

8. B　在活塞环上盖一个用比缸径略小的硬纸板做成的遮光板，在气缸下部放置灯光照明。观察活塞环外圆与气缸壁之间是否漏光，用塞尺和量角器测量其漏光度，应符合技术要求，即开口处左右对应圆心角30°范围内不允许漏光；同一活塞环上漏光不应多于两处，每处漏光弧长所对应的圆心角不得超过25°；同一活塞环上漏光弧长所对应的圆心角总和不超过45°，漏光缝隙不大于0.03mm。

9．D　气缸盖翘曲变形多用直尺和塞尺进行检测，检测气缸盖下平面平面度误差的方法如下：

1）翻转气缸盖，使其下平面朝上。

2）在图3-17所示的六个方位上放置直尺。

3）用宽尺测出直尺与气缸盖下平面间的间隙值，其值即为在该方位上的气缸盖平面度误差。若平面度误差超过许用极限，可用细磨石或砂纸将缸盖打磨平。如果翘曲过大，可进行磨削，但磨削量一般不得超过0.25mm，以免发动机压缩比变得过高。

10．C　11．A　12．B　13．C　14．B

15．C　本题主要考核曲轴飞轮组的装配。曲轴轴向间隙为0.07~0.21mm，磨损极限为0.30mm。

16．C　17．B　18．A　19．B　20．D　21．B

22．A

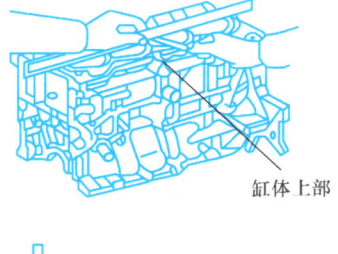
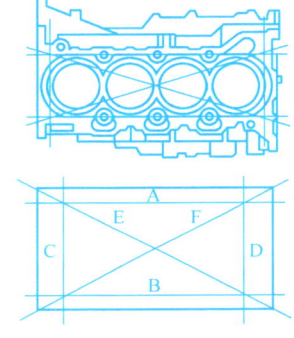

图3-17　缸体、缸盖测量方向及位置

级别	0	1	2	3	4	5	6
轴颈直径缩小量/mm	0	0.10	0.20	0.30	0.40	0.50	0.60

23．C　根据《汽油机油换油指标》，当机油酸值增加值大于2.0mgKOH/g时应更换机油。

24．A　25．B　26．A

27．D　电控燃油喷射系统由空气供给系统、燃油供给系统和电子控制系统三部分组成。

28．C　电子控制系统由传感器、电子控制单元（ECU）和执行器组成。怠速旁通阀是空气供给系统组成部分。

29．C　燃油压力调节器的作用是保障汽车油路中燃油压力正常。燃油压力的大小由弹簧和气室真空度两者协调，当油压高过标准值时，高压燃油会顶动膜片上移，球阀打开，多余的燃油会经回油管反流油箱；当油压低于标准值时，弹簧会下压膜片将球阀关闭，停止回油。

30．A　31．A　32．B　33．D

34．A　沿着气缸轴向截面的磨损，在活塞环有效行程范围内，呈上大下小的锥形，在第一道活塞环上止点较下处磨损最大，气缸上部活塞环接触不到的部位几乎没有磨损，于是形成缸肩，活塞下止点油环以下部位几乎也没有磨损。气缸磨成上大下小的主要原因是上部润滑最差，活塞环在上、下止点运行速度接近零，不易形成油膜。

35．D　气缸体和气缸盖的破裂多发生在气门座附近和水套薄壁处，其主要是由于水套壁过薄和铸造残余应力过大，以及使用和保养不当造成的。气缸体和气缸盖的严重破裂，一般容易发现，但对细小的裂纹，则难以观察出来。因此，在对其修补前，应通过水压试验对缸体、缸盖进行裂纹的检验。

36．C　曲轴的疲劳裂纹多发生于轴颈与曲柄臂相连的过渡圆角处以及轴颈中间油孔处。前一种裂纹为横向裂纹，是曲轴断裂的先兆，即从出现微细裂纹逐渐延伸，最后在特定条件下发生断裂；后一种裂纹为纵向裂纹，由油孔处往轴向展开。

37．D　凸轮轴轴颈磨损的检测方法是用外径千分尺测量轴颈的圆度误差及圆柱度误差，如果超过规定值，应按维修尺寸磨削轴颈，即缩小轴颈尺寸，配用相应维修尺寸的凸轮轴轴承。

38．D　配气机构的凸轮轴的传动方式有齿轮传动、链条传动和同步带传动三种。齿轮传动多用于下置式凸轮轴的驱动，链条传动和同步带传动多用于凸轮轴上置式配气机构。

39．A　40．A　41．B

42．C　调整供油角的常用方法如下：

（1）转动泵体调整　用正时齿轮和花键轴头直接装入驱动喷油泵，喷油泵大多用三角固定板或法兰盘与机体相连。三角固定板和法兰盘上分别有3个或4个长圆孔。

如果供油正时不准，只需松开相应的3个或4个固定螺栓，通过长圆孔，适当转动泵体来调整供油提前角即可。

调整时，将泵体逆着驱动轮的旋向转动一个角度，就可使供油提前角增大；如果将泵体顺着驱动轮旋向转动一个角度，则可使供油提前角减小。

（2）转动泵轴调整　用联轴器驱动的喷油泵，在连接盘上有两个长圆孔。调整供油提前角时，可松开连接盘上的两个固定螺栓，将喷油泵凸轮轴顺旋向转动一个角度，便可增大供油提前角；逆旋向转动一个角度，则可减小供油提前角。调整完毕，拧紧连接盘上的两个固定螺栓即可。

43．C　发动机冷却液必须是软水。软水通常有雨水、雪水和河水等，这些水含矿物质少，适宜发动机使用。而井水、泉水以及自来水中矿物质的含量高，这些矿物质受热易沉积在散热器壁、水套和水道壁上形成水垢和锈蚀物，使发动机散热能力变差，易导致发动机过热。加入的冷却液必须清洁，否则冷却液中杂质会堵塞水道，加剧水泵叶轮等部件的磨损。

44．C　国家标准将几何公差共分14个项目，其中形状公差分为四个项目，轮廓公差分为两个项目，定向公差分为三个项目，定位公差分为三个项目，跳动公差分为两个项目。每个公差项目都规定了专用符号。

45. B 安装曲轴时，将曲轴置于气缸体主轴承座上，按规定力矩依次从中间向两侧分三次拧紧固定螺栓。

46. A 47. A 48. C 49. B 50. D

51. B 补偿修复曲轴轴颈时，可采用金属丝喷涂、电振动堆焊、镀铁、镀铬等方法。其他部位磨损逾限后，根据情况，除可采用上述方法外，也可以采用焊条电弧焊等方法进行恢复性维修。补偿修复层应均匀适当，使力学性能满足使用要求。

如果采用气焊的方法，就会改变曲轴的力学性能，同时会使曲轴变形，加工变得更加复杂。

52. A 53. C

54. C 3号轴瓦是推力轴承，轴承盖中半片无油槽，气缸体轴承座上半片轴瓦上有油槽，装配时应记清。3号轴瓦两端有半圆形止推环，注意定位及开口的安装方向必须朝向轴瓦。

55. D 56. C 57. D 58. A

59. D 发动机点火过早，容易出现爆燃，怠速时容易熄火。当手摇曲轴时，有倒转现象。

60. A 61. B

62. A 电子控制单元（ECU）是发动机的综合控制装置。它的功用是根据自身存储的程序对发动机各传感器输入的各种信息进行运算、处理、判断，然后输出指令控制有关执行器动作，达到快速、准确、自动控制发动机工作的目的。

ECU 的工作过程如下：

当发动机起动时，ECU 进入工作状态，将某些程序和步骤从只读存储器（Read-Only Memory，ROM）中取出，进入中央处理器（Central Processing Unit，CPU）。这些程序可以控制点火时刻、控制汽油喷射、控制怠速等。通过 CPU 的控制，一个个指令逐个进行循环。执行程序中所需的发动机信息，来自各传感器。从传感器来的信号，首先进入输入回路，对其信号进行处理。如果是数字信号，根据 CPU 的安排，经输入/输出（In/Out，I/O）接口，直接进入 ECU。如果是模拟信号，还要经过模/数（Analog/Digital，A/D）转换器，转换成数字信号后，才能经 I/O 接口进入 ECU。大多数信息，暂存在随机存储器（Random Access Memory，RAM）内，根据指令再从 RAM 送至 CPU。下一步是将 ROM 中参考数据引入 CPU，使输入传感器的信息与之比较。对来自有关传感器的每个信号，依次取样，并与参考数据进行比较。CPU 对这些数据比较运算后，做出决定并发出输出指令信号，经 I/O 接口进行放大，必要的信号还经数/模（Digital/Analog，D/A）转换器变成模拟信号，最后经输出回路去控制执行器动作。

63．B　64．C　65．A

66．D　柱塞式喷油泵由泵体、分泵（泵油机构）、油量调节机构和传动机构四部分组成。柱塞式喷油泵利用柱塞在柱塞套内的往复运动进行吸油和压油，每一副柱塞和柱塞套向一个气缸供油。单缸柴油机由一柱塞偶件组成单体泵；多缸柴油机由多副柱塞偶件在同一壳体中组成多缸泵，分别向各缸供油。

67．C　两速式调速器只能自动稳定、限制柴油机的最低和最高转速，而在所有的中间转速范围内则由驾驶人控制，所以称为两速式调速器。

68．B　气缸测量的主要内容是它的圆度和圆柱度。具体内容见第三部分　理论模块 2——发动机检修的知识点 13。

69．A　当维修成本超过购买新零件的价格时，此零件就不能修复而应该购买新的，此零件应定为报废件。

70．C　曲轴的动平衡试验，应在专用的动平衡机上进行。曲轴一般都带有平衡重，进行动平衡试验时，可在曲轴平衡重或曲柄臂上用钻孔或铣削的方法取得平衡。曲柄臂上钻孔深度不宜过深，否则使平衡效果减弱。应在曲柄臂外缘表面上对称钻孔，深度一般不超过 15mm。

71．B　活塞环开口的间隙是活塞环膨胀的余地。间隙的大与小取决于膨胀系数的大与小。活塞环开口间隙应按规定标准留出，不得任意改动。一些人认为将间隙留小一些，活塞环可以耐久一些，但实际上活塞环间隙留小后往往发生活塞环折断或被轧住的现象。因为活塞环受气缸高温的影响会膨胀，但受气缸控制膨胀不能自由发展，只有向间隙开口处伸展，如果已经没有间隙了而膨胀还在继续，便会发生轧环或折环的现象，最后形成拉缸。所以活塞环开口间隙过小是有害而无益的。

72．C　发动机气缸径向磨损量最大的位置一般在进气门对面略偏向排气门一侧。

73．C　测量时用适当量程的量缸表按图 3-3 所示的部位和要求进行测量。即：在气缸上部距气缸上平面 10mm 处、气缸中部和气缸下部距缸套下平面 10mm 处等三点，按 A、B 两个方向分别测量一次。

74．B　75．A　76．C

77．C　汽车发动机的磨损程度，主要取决于燃料中硫的含量以及气缸的冷却程度。发动机温度越低，酸性物质越易在缸壁生成，腐蚀作用强烈；当温度升高时，这些酸性物质呈蒸气状态随废气排出，腐蚀要小得多；但温度过高时，机油黏度变低，油膜不易形成，耐腐作用减小，使磨损加剧。

78．C　发动机在冷态下，当气门处于关闭状态时，气门与传动件之间的间隙称为气门间隙。气门间隙造成发动机配气机构气门传动组的冲击和噪声。由于液压挺柱没有气门间隙，冲击和噪声便减小或消除了。

79．C　80．C　81．B　82．C　83．C　84．A　85．A　86．C　87．C　88．A
89．B　90．D　91．C　92．C　93．D　94．C

95. D 进气压力传感器是电子控制系统组成部分。

96. A 97. A 98. B

99. D 发动机相邻两高压分线插错，点火顺序错乱，将会造成发动机运转不稳，产生振动。

100. D 柴油机喷油泵出油阀的下部呈十字断面，既能导向，又能通过柴油。出油阀的锥面下有一个小的圆柱面，称为减压环带，其作用是在供油终了时，使高压油管内的油压迅速下降，避免喷孔处产生滴油现象。减压环带落入阀座内时则使上方容积迅速增大，压力迅速减小，停喷迅速。

101. B 喷油泵由泵油机构（分泵）、供油量调节机构、传动机构和泵体组成。

102. A 调速器是一种自动调节装置，它根据柴油机负荷的变化，通过自动调节喷油泵的供油量，使其维持在一个相对稳定的范围内，柴油机因此能够得以在稳定的转速状况下运行。

103. C 104. A 105. D 106. D 107. A 108. C

（二）判断题

1. × 检测气缸的圆度误差时，首先用千分尺将量缸表校准到被测气缸的标准尺寸，目的是能准确读出误差值的大小。

2. × 进气压力传感器是电控发动机电子控制系统中的重要部件。

3. √

4. √ 气缸在使用过程中，其表面在活塞环运动的区域内形成不均匀的磨损。沿气缸轴线方向磨成上大下小的锥形，磨损最大部位是当活塞在上止点位置时第一道活塞环相对应的缸壁。活塞环不接触的上口，因几乎没有磨损而形成台阶。气缸沿圆周方向磨损也不均匀，形成不规则的椭圆形，最大径向磨损区通常接近于进气门的对面。

5. × 缸体表面裂纹及破损检测的最常用方法是水压试验法，检测时对未修补过的缸体、缸盖水压为300~400kPa，对已修补过的则为400~500kPa，3min内不得有渗漏。

6. √

7. × 凸轮轴常见的损伤形式是凸轮轴的弯曲变形、凸轮轮廓磨损、支承轴颈表面的磨损以及正时齿轮驱动件的耗损等。这些耗损会使气门的最大开度和发动机的充气系数降低，配气相位失准，并改变气门上下运动的速度特性，从而影响发动机的动力性、经济性等。检测发动机凸轮轴时，必须测量凸轮的磨损程度。

8. × 气环可以保证气缸与活塞间的密封性，防止漏气，并且要把活塞顶部吸收的大部分热量传给气缸壁，由冷却液带走。气环密封效果与其数量有关，汽油机一般采用2道气环，柴油机一般多采用3道气环。

9. √

10. √　发动机曲轴转两圈，发动机气缸完成一个工作循环，分电器轴转 1 圈，对气缸点火 1 次。所以，发动机曲轴转速与分电器的转速比为 2 : 1。

11. ×　发动机曲轴轴承盖螺栓的拧紧顺序是从中间向两边按顺序拧紧，拧紧分三次进行。每一次的拧紧力矩不同，逐渐增加。

12. ×　发动机安装分电器时，发动机 1 缸转到上止点位置，分火头指向分电器壳体上的 1 缸标志。

13. ×　凸轮轴轴颈的维修尺寸分 6 个级别，级差为 0.10mm。

14. ×　发动机气门座圈异响可能是松动、有裂纹等，和转速没有必然联系。

15. ×　在使用三元催化转换器以减少排气污染的发动机上，氧传感器是必不可少的元件。由于混合气的空燃比一旦偏离理论值，三元催化剂对 CO、HC 和 NO_x 的净化能力将急剧下降，故在排气管中安装氧传感器，用以检测排气中氧的浓度，并向 ECU 发出反馈信号，再由 ECU 控制喷油量的增减，从而将混合气的空燃比控制在理论值附近。

16. ×　汽车上使用的压电式爆燃传感器检测方法基本相同，主要检测传感器线圈电阻值是否符合规定，检查传感器有无脉冲电压输出（当发动机工作时）。

检测电阻时，应关闭点火开关，拔下爆燃传感器的插接器插头，用万用表电阻档测量爆燃传感器接线端子与外壳间电阻，接着用万用表电阻档检查传感器两接线端子间电阻。

检查爆燃传感器输出信号时，应关闭点火开关，拔下传感器插接器插头，再打开点火开关，起动发动机使之怠速运转，用万用表电压档检查爆燃传感器的两个接线端子，应有脉冲电压输出。

17. √

18. ×　连杆轴颈与轴承的配合间隙应符合厂家规定。

19. ×　电动燃油泵有安装在油箱内的，也有安装在油箱外的。

20. √　21. √　22. √　23. √

24. ×　测量发动机气缸体孔径时，用适当量程的量缸表进行测量。在气缸上部距气缸上平面 10mm 处、气缸中部和气缸下部距缸套下平面 10mm 处等三点，按 A、B 两个方向分别测量一次。

25. ×　曲轴弯曲超过允许极限时，应进行校正，校正通常采用冷压校正法和表面敲击法。

26. ×　零件疲劳是指在交变载荷的长时间作用下产生裂纹和断裂的现象。

27. ×　零件在外载荷作用下，某一危险截面上的应力超过零件的强度极限时，就会造成断裂失效。

28. √　29. √　30. √　31. √

32. √　火花塞一般会掺有一些陶瓷，目的是隔离高电压，确保电流只会在电极尖端，而不是在其他地方产生电弧。但是陶瓷在使用过程中热性极差，因此其温度会特别高。

33. √

34. ×　对发动机进行热磨合，可以及时发现油、电路故障。

35. √

36. ×　曲轴位置传感器（Crankshaft Position Sensor，CPS）又称为发动机转速与曲轴转角传感器，其功用是采集曲轴转动角度和发动机转速信号，并输入ECU，以便确定点火时刻和喷油时刻。

37. √

38. ×　用正时灯检查点火提前角的方法是将发动机第一缸置于压缩行程上止点，将点火正时灯的触发线接在第一缸的高压线上，将正时灯的两个电源接头接在蓄电池的正负极上。起动发动机，至正常工作温度状态，保持在怠速下稳定运转。打开正时灯并对准正时标记（正时刻度盘或正时指针），调整正时灯电位器，使正时标记清晰可见，此时表头读数即为发动机怠速运转时的点火提前角。用同样的方法可分别测出不同工况、转速时的点火提前角并记录。

39. ×　电控发动机在怠速运转时，油压表指示的系统压力应在250kPa±20kPa之间。

40. √

41. ×　连杆弯曲和扭曲才会导致连杆两端孔轴线不平行。

42. ×　当零件磨损到使用极限时，可确定为报废件。

43. ×　二级维护时的行驶系统检测，主要检查轮胎异常磨损；检查悬架衬套磨损状况，检查车身的螺栓有无松动、锈蚀、变形情况，检查车身外表锈蚀和脱漆情况。

44. ×　发动机工作时，气缸上部压力大，温度高，机油膜易被破坏，磨损较气缸下部大。另外，气缸表面还存在着腐蚀磨损和磨料磨损。腐蚀磨损主要是由燃烧过程中产生的二氧化硫等物质引起的，磨料磨损主要是由空气中的灰尘、机油中的机械杂质和发动机自身的磨屑等硬质颗粒造成的。

45. √　气缸体通常是用铸铁铸成的整体，在使用得当的情况下，是不容易变形失准的。气缸体变形失准大部分是因为发动机多次严重缺冷却液产生故障，机油中断发生故障，缸体内外铆补焊接，强力压配承孔等使缸壁应力发生变化。尤其是气缸体加热焊补时，整体变形更为严重。

46. √

47. ×　零件产生疲劳的原因是承受了较长时间的交变载荷后，其力学性能发生了突变。

48. √

49. √　发动机曲轴具有一定的轴向间隙是其正常运转的必要条件，但是有了轴向间隙后，在汽车上下坡时，曲轴受轴向力的作用，会产生前后窜动。如果窜动量过大，将影响发动机正常工作。为了限制曲轴的前后窜动量，通常在曲轴的前端或中部装有轴向限位装置，也就是我们常说的止推垫片。

50. ×　新式汽车发动机基本都取消了摇臂，减少了凸轮轴到气门的传动距离，使发动机的转速可以更高。

51. ×　选配发动机曲轴轴承时，根据轴颈选配轴承，即先按规定维修尺寸光磨曲轴后，选用规定维修尺寸的轴承装配，使其符合规定的配合间隙。这种方法所得轴承质量好，操作简便，且可缩短工时。

52. √

53. ×　冷却液不足加注水时应加软水

54. √　55. √

56. ×　《汽油机油换油指标》中规定，取样前200km或运转4h内不得向机油箱内补加新油。

理论模块3　底盘检修

一、考核范围

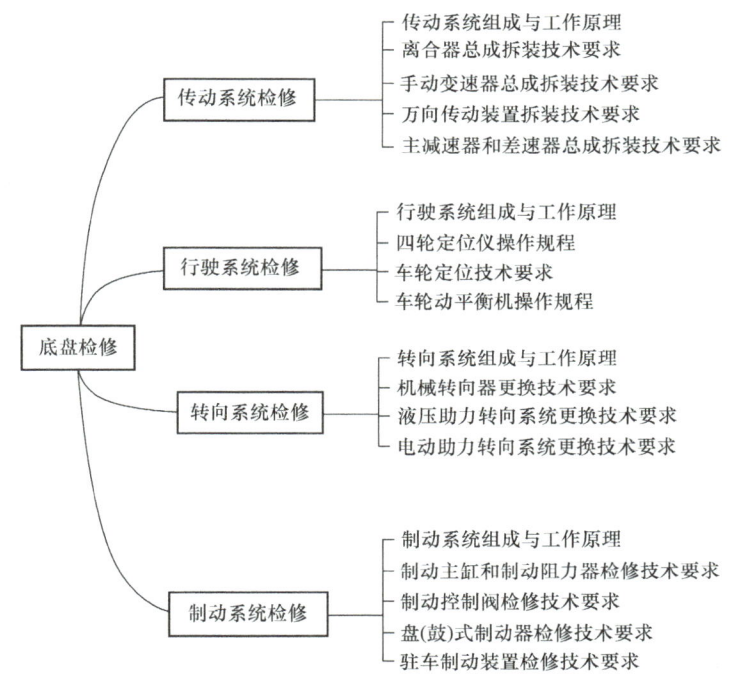

二、考核要点详解

知识点1　传动系统的功用和组成

汽车传动系统的基本功用是将发动机提供的动力传给驱动车轮。汽车传动系统最常用的传动形式有机械式和液力机械式两种。

机械式传动系统由离合器、变速器、万向传动装置，以及驱动桥中的主减速器、差速器和半轴组成。

知识点2　传动系统布置形式

汽车底盘的总体布置与发动机的位置及汽车的驱动方式有关，一般有发动机前置后轮驱动、发动机前置前轮驱动、发动机后置后轮驱动、发动机前置全轮驱动等。

知识点 3　离合器的作用及要求

离合器的作用是使发动机与传动系统平顺接合，保证汽车平稳起步；暂时切断发动机的动力传递，保证变速器换档平顺；限制所传递的转矩，防止传动系统过载。

对离合器的要求是既能保证可靠地传递发动机的最大转矩又能防止传动系统过载；接合时应平顺柔和，保证汽车平稳起步；分离时应迅速彻底，便于起动和换档；旋转部分的平衡性好，且从动部分的转动惯量小；具有良好的通风散热能力，防止离合器温度过高；操纵轻便，以减轻驾驶人的疲劳。

知识点 4　离合器的结构

摩擦式离合器通常分螺旋弹簧式、膜片弹簧式两种。膜片弹簧式离合器由主动部分、从动部分、压紧机构和操纵机构组成。

主动部分包括飞轮、离合器盖和压盘、膜片弹簧等。

从动部分包括从动盘和从动轴，从动盘一般都带有扭转减振器。

压紧机构是膜片弹簧，膜片弹簧由碟簧部分（压紧弹簧）和分离指（分离杠杆）组成。

操纵机构主要有机械式和液压式。液压式离合器操纵机构由踏板、总泵、储液罐、分泵、分离轴承及管路系统等组成。

知识点 5　手动变速器

手动变速器由变速传动机构和变速操纵机构两大部分组成。变速传动机构的主要作用是在传递发动机动力过程中改变转速、转矩和转向；变速操纵机构的作用是控制传动机构实现转速、转矩和转向的变换。变速传动机构分为二轴式和三轴式变速器。

知识点 6　手动变速器总成拆装注意事项

1）安装新变速器时，必须加足润滑油，加油量和润滑技术要求见各车技术要求。安装时，确保定位销正确定位。

2）更换纸基密封垫，更换 O 形密封环。安装前，轻轻地用润滑油润滑外圆周，并用润滑脂填满油封唇口之间的空间。密封剂要涂抹均匀，不要太厚。

3）不要过分拉伸弹性挡圈，必要时更换。

4）按对角线顺序松开和拧紧固定盖和壳体的螺栓或螺母。

5）更换所有的自锁螺栓和螺母。

6）安装滚针轴承时，将有标志的一面朝向安装工具。

7）安装轴承前，用变速器油润滑所有变速器轴承。

8）同一轴上的一对圆锥滚子轴承一般应同时更换，轴承型号必须相同。

9）按公差范围选用厚度正确的调整垫片。

知识点 7 万向传动装置

发动机前置后轮驱动的汽车，变速器与驱动桥之间距离较远，两轴中心线相交，且相对位置经常变化。为了实现两者之间的动力传递，必须设有万向传动装置。万向传动装置主要包括万向节和传动轴，对于传动距离较远的分段式传动轴，为了提高传动轴的刚度，还设置有中间支承。

知识点 8 万向节

万向节按其刚度大小，可分为刚性万向节和柔性万向节。刚性万向节按其速度特性分为不等速万向节（常用的为十字轴式）和等速万向节（包括球叉式、球笼式和三销式）。

十字轴式刚性万向节由万向节叉、十字轴、滚针轴承、油封和油嘴等组成。

知识点 9 万向传动装置安装注意事项

1）清洗零件。待装零件应彻底清洗，特别是十字轴的油道、轴颈和滚针轴承，最好用清洁的煤油清洗后，再用压缩空气吹干。装配时，应防止磕碰，并注意平衡片是否脱落。

2）核对零件的装配标记。认真核对万向节、伸缩节等处的装配记号。在安装传动轴时，传动轴按记号原位装复；同一传动轴两端的万向节叉应装在同一平面内。

3）十字轴的安装。十字轴上的加油孔要朝向传动轴，以便加注润滑脂。两偏置油嘴应相隔180°以保持传动轴的平衡。螺栓应按规定的力矩拧紧。

4）中间支撑的安装。将中间支撑轴承对正压入中间传动轴的花键凸缘内，安装中间轴承，其轴承盖固定螺栓不可先拧紧。应在装配完毕，试车走一段，使轴承自动找准中心后，再进行旋紧。注意不可拧得过紧，以免将橡胶垫环压坏。

5）加注润滑脂。用油枪加注汽车所规定的润滑脂。加注时，既要充分又不过量，以从油封刃口处或中间支撑的气孔能见到少量润滑脂被挤出为止。

知识点 10 驱动桥

驱动桥的功用是将万向传动装置（或变速器）传来的动力经降速增矩，改变动力传递方向后，分配到左右驱动轮，使汽车行驶，并允许左右驱动轮以不同的转速旋转。驱动桥是传动系统的最后一个总成，它由主减速器、差速器、半轴和桥壳等组成。

知识点 11 主减速器

主减速器的作用是将力的传递方向改变90°，并将输入转速降低、转矩增大。

主减速器一般有两种结构：一种是单级主减速器，由一对经常啮合的减速齿轮组成；另一种是双级主减速器，由两对经常啮合的齿轮组成。

知识点 12　差速器

差速器分为普通行星齿轮式差速器和防滑差速器两大类。最常用的是行星齿轮式差速器，其主要由行星齿轮、行星齿轮（轴十字）轴、半轴齿轮和差速器壳等组成。

知识点 13　主减速器和差速器拆装技术要求

1）拆卸时做好装配记号。
2）拆卸的零件分开放置以防错乱。
3）解体前应对齿轮啮合间隙、轴承轴向间隙做初步检查。
4）安装时，将差速器总成装入主减速器壳内，将轴承外圈套上，再将调整螺母装在主减速器壳螺纹部分，然后将左右轴承盖仔细装上，注意对好螺纹，装上锁片并用螺母紧固（注意左右盖按记号装复，切不可调换位置）。慢慢拧动两端的调整螺母，调整差速器轴承的预紧度至规定值。
5）将已经调整好的主动轴总成装到主减速器壳上。主减速器壳内已装上主动锥齿轮后轴承外圈及滚子总成。装配时，应先用润滑脂涂抹滚子，使其紧贴于轴承外圈。同时，轴承座装入时不要偏斜，否则主动轴总成不可顺利装入。
6）在紧固油封座和轴承座的螺栓时，应选择均匀分布的3~4个螺栓（不装弹簧垫圈），对角交叉均匀拧紧。忌用铜棒敲击凸缘端面的方法进行装配。
7）调整主、从动锥齿轮的啮合印迹和啮合间隙至规定值。
8）在差速器轴承盖上装上调整螺母的止动片，用螺栓紧固，并用锁片将螺栓头部锁住，同时将差速器轴承盖紧固螺栓的锁片锁好，再将紧固主动锥齿轮轴承座和油封座的螺栓装上弹簧垫圈并拧紧(前面谈到为便于调整，装入时只装了3~4个螺栓，且不带弹簧垫圈）。
9）将从动锥齿轮支承螺栓调整至距从动锥齿轮背面0.3~0.5mm的位置。
10）主减速器装复后应转动自如，无卡滞、无松旷现象。

知识点 14　行驶系统

汽车行驶系统的功用是支承全车的质量并保证汽车正常行驶。行驶系统一般由车架（或承载式车身）、车桥（前后车桥）、车轮和悬架（前后悬架）等组成。
车架的功用是安装汽车的各总成和部件，并使它们保持正确的相对位置，同时承受来自车上和地面的各种静、动载荷。车架按其结构形式可分为边梁式、中梁式、综合式。
车桥通过悬架与车架相连，两端安装车轮，其功用是传递车架与车轮之间的各种力和力矩。按配用悬架的结构不同，车桥分为整体式和断开式两种。按车桥上车轮作用的不同，车桥分为转向桥、驱动桥、转向驱动桥和支持桥四种类型。

知识点 15　悬架

悬架就是车架（或车身）与车桥（或车轮）之间的一切传力连接装置的总称。其作用是把路面作用于车轮上的垂直反力、纵向反力（牵引力和制动力）和侧向反力以及这些反力所造成的转矩传递到车架（或车身）上，减少汽车振动，以保证汽车正常行驶。

汽车悬架一般由弹性元件、减振器和导向机构（横向稳定杆、摆臂、纵向推力杆等）组成。悬架采用的弹性元件有钢板弹簧、螺旋弹簧、空气弹簧和油气弹簧等。减振器用来衰减弹性系统引起的振动。导向机构用来使车轮按一定运动轨迹相对车身运动，同时起传递力的作用，通常导向机构由摆臂式控制杆件组成。根据导向机构的不同，悬架又可分为独立悬架和非独立悬架。

知识点 16　车轮定位技术

车轮定位，就是汽车的每个车轮（或通过转向节）和车桥、车架的安装应保持一定的相对位置。传统车轮定位主要是指前轮定位，但越来越多的现代汽车同时对后轮进行定位，即四轮定位。前轮定位参数有主销后倾角、主销内倾角、前轮外倾角和前轮前束；后轮定位参数有后轮外倾角和后轮前束。

1）主销后倾角。在汽车的纵向平面内（汽车的侧面），主销上部向后倾的一个角度 γ，称为主销后倾角。主销后倾角的存在能产生回正的稳定力矩，保证汽车能稳定地沿直线行驶。γ 一般不超过 3°。现代汽车为了提高行驶速度普遍采用扁平低压胎，轮胎变形增加，引起稳定力矩增加，因此 γ 可以减小或接近于零，甚至为负值。

2）主销内倾角。

在汽车的横向平面内（汽车的前后方向），主销上部向内倾斜一个角度，主销轴线与垂线之间的夹角 β 称为主销内倾角。主销内倾角也具有使车轮自动回正的作用，还能使转向轻便。一般主销内倾角 β 不大于 8°，也有部分汽车较大。

3）前轮外倾角。在汽车的横向平面内，前轮中心平面向外倾斜一个角度 α 称为前轮外倾角，轮胎呈现"八"字形张开时称为负外倾，而呈现"V"字形张开时称正外倾。前轮外倾角也具有提高转向操纵的轻便性和车轮工作安全性的作用。现代汽车将外倾角一般设定为 1° 左右，也有的接近垂直或为负值。

4）前轮前束。俯视车轮，汽车的两个前轮的旋转平面并不完全平行，而是稍微带一些角度，这种现象称为前轮前束。前轮前束具有使车轮回正的作用。

知识点 17　转向系统的功用和类型

转向系统的功用是使汽车在行驶中能按驾驶人的操纵要求适时地改变其行驶方向,当车轮受到路面传来的偶然冲击,意外偏离行驶方向时,能与行驶系统配合共同保持汽车稳定地沿直线行驶。转向系统按转向动力源的不同,分为机械转向系统和动力转向系统两大类。

知识点 18　齿轮齿条转向器间隙调整方法

将车轮着地并处于直线行驶位置,松开锁紧螺母,向里拧动调整螺栓,直至调整螺栓与压块接触为止。检查转向盘,应处于间隙啮合状态,转动灵活。调好后,拧紧锁紧螺母。

知识点 19　循环球式转向器结构

循环球式转向器有两级传动副,一级是与转向轴连接的螺杆和转向螺母,另一级是齿条和齿扇。转向螺母既是第一级传动副的从动件,又是第二级传动副的主动件。

知识点 20　循环球式转向器间隙调整

需要调整时,齿条与齿扇的啮合必须处在中间位置才能进行,否则间隙不准确。一般利用调整螺钉来调整摇臂轴轴向位移。旋进调整螺钉,啮合间隙减小,反之增大。当齿扇在中间位置时,不允许有间隙但应转动自如,无轻重不均匀感觉或卡滞现象,最后拧紧锁紧螺母。

知识点 21　液压助力转向系统拆装注意事项

1)拆装时不得划伤阀套和阀芯的表面及转子和定子的齿廓。
2)不能损坏进出油口之间的单向阀。
3)为保证质量,弹簧片应使用原厂的产品;阀芯上的O形密封圈要使用新的。
4)从阀体内拔出阀芯和阀套时应处于水平位置。
5)进、回油管千万不能装反。
6)安装好的转向器应能灵活转动,无卡滞、无漏油现象。

知识点 22　电动助力转向系统组成

电动助力转向系统通常由转矩传感器、车速传感器、电动机、电磁离合器、减速机构、电子控制单元等组成。

知识点 23　制动系统的组成

制动系统一般由制动操纵机构和制动器两个主要部分组成。制动操纵机构产生制动动作，控制制动效果并将制动能量传输到制动器的各个部件，如制动踏板、制动主缸、制动轮缸和制动管路等。

制动器是产生阻碍车辆运动或运动趋势的力（制动力）的部件。汽车上常用的制动器都利用固定元件与旋转元件工作表面的摩擦而产生制动力矩，称为摩擦制动器。它有鼓式制动器和盘式制动器两种结构。

知识点 24　制动主缸

制动主缸又称为制动总泵，它处于制动踏板与管路之间，其功用是将制动踏板输入的机械力转换成液压力。串联式双腔制动主缸主要由储液罐、制动主缸外壳、前活塞、后活塞、前后活塞弹簧、推杆和皮碗等组成。

知识点 25　制动轮缸

制动轮缸的作用是将制动主缸传来的液压力转变为使制动蹄张开的机械推力。制动轮缸主要由缸体、活塞、皮碗、弹簧和放气螺钉组成。

知识点 26　制动主缸和制动轮缸检修技术要求

1）液压制动主缸，活塞与缸筒的配合间隙应符合原产品的规定，一般情况下当超过 0.12mm 时，应进行修复或更新换件。

2）主缸、轮缸缸筒和活塞外径公差应符合规定，轮缸缸筒内孔尺寸公差应按规定选取。

3）主缸和轮缸的皮碗、弹簧密封圈应满足要求。如果出现磨损或老化现象，应更换新件。

4）主缸、轮缸的回位弹簧安装位置应正确，其弹性应符合该弹簧的技术要求。

5）零件在装配前应清洗干净，总成内部不允许有杂物存在，主缸补偿孔和加油盖的通气孔必须畅通。

6）主缸、轮缸总成密封性能。

① 当制动液加至储液室最高位置时，在制动过程中主缸总成不得发生渗油、溅油和溢油等现象。

② 按规定的试验方法，在制动回路中建立起最高工作压力，稳定后 30s 各制动腔压力下降不大于 0.3MPa。

7）主缸、轮缸总成耐压性能。按规定的试验方法进行试验，各部位无任何泄漏及异常现象。

知识点 27　鼓式车轮制动器

简单的鼓式车轮制动器由旋转部分、固定部分、促动装置和定位调整机构组成。

旋转部分多为制动鼓，制动鼓通常为铸件，对于受力小的制动鼓也可用钢板冲压而成；固定部分是制动底板和制动蹄，制动底板固定在车桥的凸缘盘上，通过支承销与制动蹄相连。制动蹄常用钢板冲压后焊接而成或由铸铁或轻合金铸成，采用T形截面，以增大刚度，摩擦片采用粘接或铆接的方式固定于制动蹄上；促动装置的作用是对制动蹄施加力使其向外张开，常用的促动装置有制动凸轮和制动轮缸；定位调整机构的作用是保持和调整制动蹄和制动鼓间正确的相对位置。

知识点 28　浮钳盘式制动器

浮钳盘式制动器由制动盘、制动块、制动钳、制动钳支架和制动轮缸等组成。

知识点 29　鼓式制动器检修技术要求

（1）制动蹄摩擦衬片厚度　用游标卡尺或直尺测量制动蹄片的厚度，标准值为5mm，使用极限为2.5mm。其铆钉与摩擦片表面距离不得小于1mm。在未拆下车轮时，制动蹄摩擦片的厚度可从制动底板上的观察孔目测。

（2）制动鼓

1）检查制动鼓内表面有无烧损、刮痕和凹陷，若不能修磨，应更换新件。

2）检查制动鼓内表面直径。方法为用游标卡尺或专用仪器检查内表面直径，标准值为 ϕ180mm，使用极限为 ϕ181mm。

3）检查制动鼓内表面圆度误差。方法为用仪器测量制动鼓内表面的圆度误差，使用极限为 0.03mm，超过极限应更换新件。

（3）鼓蹄接触面积检查　将后制动鼓摩擦衬片表面打磨干净后，靠在后制动鼓上，检查两者的接触面积，应不小于摩擦衬片总面积的60%，否则应继续打磨摩擦衬片的表面。

（4）回位弹簧的检查　若弹簧自由长度增加5%，则应更换新弹簧。

知识点 30　盘式制动器检修技术要求

1）检查衬块厚度。用直尺测量衬块厚度，标准厚度为12.0mm，最小厚度为1.0mm。如果衬块厚度小于最小厚度，更换盘式制动器衬块。换上新的制动衬块后，务必检查前制动盘的磨损。

2）检查前盘式制动器衬块支撑板。确保盘式制动器衬块支撑板有足够的弹性，没有变形、裂纹或磨损，并清除所有的锈迹和污垢。如有必要，更换盘式制动器衬块支撑板。

3）检查制动盘厚度。用千分尺测量制动盘厚度，标准厚度为22.0mm，最小厚度为19.0mm。如果制动盘厚度小于最小值，更换前制动盘。

4）检查制动盘径向圆跳动误差。用专用工具固定制动盘，并用2个螺母紧固制动盘。检查前桥轮毂轴承的松弛度和前桥轮毂的径向圆跳动误差，用百分表在距离前制动盘外缘 10mm 的地方测量制动盘的径向圆跳动误差。制动盘最大径向圆跳动误差不得大于 0.05mm。

知识点 31　驻车制动装置检修技术要求

1）检查连接机构有无变形、松旷。

2）驻车制动器的摩擦衬片铆钉距表面 0.50mm 时应更换。

3）驻车制动鼓表面磨损起槽超过 0.50mm 时可对制动鼓进行修磨，其内径加大不超过 4mm。

4）调整拉杆长度。即：①调拉杆上的调整螺母。②将调整螺母拧紧，蹄鼓间隙减小；反之，蹄鼓间隙增大。调整完毕后，将锁紧螺母锁紧。

5）调整摇臂与凸轮的相对位置

① 将驻车制动杆向前放松至极限位置。

② 将摇臂从凸轮轴上取下，逆时针方向错开一个或数个齿后，再将摇臂装于凸轮轴上，并将夹紧螺栓紧固。

③ 重新调整拉杆上的调整螺母，直到有合适的驻车制动拉杆行程为止。调好后，制动间隙应为 0.2~0.4mm。

④ 驻车制动器调好后，完全放松驻车制动杆时，制动器蹄鼓间隙为 0.2~0.4mm。向后拉驻车制动杆时，应有两"响"的自由行程，从第三"响"时应开始产生制动力，第五"响"时汽车应能在规定的坡道上停住。

6）制动器性能的检查

汽车每行驶 12 000km 左右时，应对驻车制动器的性能进行检查。驻车制动器应满足以下性能：

① 在空载状态下，驻车制动装置应能保证车辆在坡度为 20%（总质量为整备质量的 1.2 倍以下的车辆为 15%），轮胎与路面间的附着系数不小于 0.7 的坡道上正、反两个方向保持固定不动的时间应不小于 5min。

② 拉紧驻车制动器，空车平地用二档应不能起步。

③ 驻车制动杆的工作行程不能超过全行程的 3/4。

④ 放松驻车制动杆，变速器处于空档，支起一支驱动轮，制动鼓应能用手转动且无摩擦声。

三、练习题

（一）选择题

1. 汽车传动系统的基本功用是将发动机产生的动力传给（　　）。

A. 车轮　　　　B. 离合器　　　　C. 变速器　　　　D. 驱动车轮

2. 汽车变速器（　　）装置用于防止驾驶人误挂倒档。
   A. 自锁　　　　B. 互锁　　　　C. 倒档锁　　　　D. 中央差速锁
3. 主减速器的功用是（　　）。
   A. 降速增矩　　B. 降速降矩　　C. 增速增矩　　D. 增速降矩
4. 汽车转向过程中，两后轮以（　　）转速旋转。
   A. 不同　　　　B. 相同　　　　C. 较大　　　　D. 较小
5. （　　）的作用是传递车架与车轮之间的各方向作用力及其所产生的弯矩和转矩。
   A. 车架　　　　B. 车桥　　　　C. 悬架　　　　D. 车轮
6. 汽车前轮、前轴、转向节与车架的相对安装位置称为（　　）。
   A. 转向车轮定位　　　　　　B. 主销后倾
   C. 主销内倾　　　　　　　　D. 后轮定位
7. 循环球式汽车转向器一般由（　　）套传动副组成。
   A. 1　　　　　B. 2　　　　　C. 3　　　　　D. 4
8. 机动车转向轮转向后应有（　　）能力，以保持机动车稳定地沿直线行驶。
   A. 行驶　　　　B. 转弯　　　　C. 回正　　　　D. 自动回正
9. 用侧滑仪检验前轮的侧滑量，其值不得超过（　　）m/km。
   A. 1　　　　　B. 3　　　　　C. 5　　　　　D. 10
10. 转向轮定位值的室内台架检测，常在静态的车轮定位仪或动态的（　　）上进行。
    A. 测功仪　　　　　　　　　B. 侧滑试验台
    C. 汽车微测量型检测仪　　　D. 发动机综合测试仪
11. 制动系统可分为行车制动系统、驻车制动系统、（　　）制动系统及辅助制动系统等。
    A. 高速　　　　B. 手　　　　C. 脚　　　　D. 应急
12. 变速器壳体后端面对输入、输出轴承孔的公共轴线的轴向圆跳动公差为（　　）mm。
    A. 0.10　　　　B. 0.15　　　　C. 0.20　　　　D. 0.30
13. 汽车后桥壳裂纹检测的最普通方法一般用（　　）法。
    A. 水压试验　　　　　　　　B. 磁力探伤
    C. 荧光探伤　　　　　　　　D. 敲击
14. 膜片弹簧离合器通过（　　）将离合器盖与压盘连接起来。
    A. 传动销　　　B. 传动片　　　C. 传动螺栓　　　D. 传动块
15. 变速器（　　）装置可防止同时挂上两个档。
    A. 互锁　　　　B. 自锁　　　　C. 倒档锁　　　　D. 锁止销

16. 单个十字轴式刚性万向节在主动轴和从动轴之间有夹角的情况下，当主动叉等角速度转动时，从动叉是不等角速度的，这称为十字轴式刚性万向节的（　　）特性。

　　A. 等圆周　　　　B. 等转速　　　　C. 不等速　　　　D. 等速

17. 主减速器的功用是将变速器输出的动力进一步（　　），并改变旋转方向，然后传递给驱动轮，以获得足够的汽车牵引力和适当的车速。

　　A. 降速降矩　　　B. 降速增矩　　　C. 增速增矩　　　D. 增速降矩

18. 当左右两侧车轮阻力不同时，差速器内行星齿轮（　　）。

　　A. 开始公转　　　B. 开始自转　　　C. 开始反转　　　D. 开始滑动

19. 汽车的装配基体是（　　）。

　　A. 车架　　　　　B. 车身　　　　　C. 车轮　　　　　D. 车梁

20. （　　）轮辋主要用于轿车及轻型越野客车，适宜安装尺寸小、弹性较大的轮胎。

　　A. 深槽　　　　　B. 平底　　　　　C. 对开式　　　　D. 圆形式

21. 为避免汽车转向沉重，主销后倾角一般不超过（　　）。

　　A. 2°　　　　　　B. 4°　　　　　　C. 5°　　　　　　D. 3°

22. （　　）不是盘式制动器的优点。

　　A. 散热能力强　　B. 抗水衰退能力强　C. 制动平顺性好　D. 管路液压低

23. （　　）的作用是使储气筒保持在规定的气压范围内，以减小发动机的功率消耗。

　　A. 泄压阀　　　　B. 单向阀　　　　C. 限压阀　　　　D. 调压器

24. 当主、挂车因故脱挂时，挂车（　　）。

　　A. 不制动　　　　B. 自行制动　　　C. 停车　　　　　D. 制动力减小

25. 离合器踏板自由行程过大，会造成离合器（　　）。

　　A. 打滑　　　　　B. 分离不彻底　　C. 起步发抖　　　D. 半接合状态

26. 变速器自锁装置的主要作用是防止（　　）。

　　A. 变速器乱档　　B. 变速器跳档　　C. 变速器误挂倒档　D. 挂档困难

27. 汽车转弯时，差速器中的行星齿轮（　　）。

　　A. 只公转　　　　　　　　　　　　B. 只自转

　　C. 既公转又自转　　　　　　　　　D. 既不公转又不自转

28. 国家检验标准规定，最高车速小于100km/h的汽车，转向盘向左、向右的自由转角不得大于（　　）。

　　A. 30°　　　　　B. 40°　　　　　C. 15°　　　　　D. 35°

29. 前轮定位的调整顺序为先检测调整（　　）。

　　A. 主销后倾角　　B. 前轮外倾角　　C. 调整前束　　　D. 主销内倾角

30. 将汽车主减速器壳前端面修平，放在检验平板上，用百分表检查主减速器壳上安装差速器轴承承孔的同轴度，其误差不大于（   ）mm。
   A. 0.03   B. 0.04   C. 0.02   D. 0.025

31. 汽车主减速器的主、从动锥齿轮正确的啮合间隙为（   ）mm。
   A. 0.15~0.4   B. 0.20~0.30   C. 0.20~0.40   D. 0.15~0.30

32. 汽车制动蹄支承销孔与支承销配合间隙不超过（   ）mm。
   A. 0.5   B. 0.05   C. 0.15   D. 0.10

33. 离合器压盘固定螺栓应按（   ）顺序分别拧紧。
   A. 由里向外   B. 由中间向两端   C. 对角线交叉   D. 由外向里

34. 制动主缸装配前，用（   ）清洗缸壁。
   A. 酒精   B. 汽油   C. 柴油   D. 防冻液

35. 安装转向盘时，车轮应处于直线行驶位置，（   ）应处在中间位置。
   A. 转向柱   B. 转向器   C. 转向灯开关   D. 转向桥

36. 车纵梁侧面对车架上平面的垂直度公差为纵梁高度的（   ）。
   A. 1%   B. 1‰   C. 2%   D. 2‰

37. 变速器壳体上平面长度大于250mm，平面度公差为（   ）mm。
   A. 0.10   B. 0.15   C. 0.20   D. 0.25

38. 变速叉端面对变速叉轴孔轴线的垂直度公差为（   ）mm。
   A. 0.20   B. 0.15   C. 0.10   D. 0.08

39. 转向节各部位螺纹的损伤不得超过（   ）。
   A. 一牙   B. 二牙   C. 三牙   D. 四牙

40. 主、从动锥齿轮啮合间隙为（   ）mm。
   A. 0.15~0.25   B. 0.15~0.35   C. 0.15~0.45   D. 0.15~0.50

41. 变速器竣工验收时，应进行（   ）试验。
   A. 有负荷
   B. 无负荷
   C. 热磨合
   D. 无负荷和有负荷

42. 变速器验收时，各档噪声一般均不得高于（   ）dB。
   A. 83   B. 85   C. 88   D. 90

43. （   ）不是导致变速器异响的原因。
   A. 壳体变形   B. 油少   C. 轴变形   D. 密封不良

44. 在任何档位和车速条件下，均有"嗡嗡"声，说明（   ）。
   A. 变速器缺油   B. 中间轴弯曲
   C. 第一轴变形   D. 啮合齿轮间隙过大

45. 离合器使（   ）与传动系统逐渐接合，保证汽车平稳起步。
   A. 发动机   B. 变速器   C. 车轮   D. 车架

46. 汽车万向传动装置一般由万向节、（　　）和中间支撑组成。
A. 传动轴　　　　B. 半轴　　　　C. 横拉杆　　　　D. 纵拉杆

47. 汽车（　　）将万向传动装置传来的动力传给驱动车轮。
A. 前桥　　　　B. 后桥　　　　C. 支承桥　　　　D. 驱动桥

48. （　　）将汽车构成一个整体，支撑汽车全部质量。
A. 传动系统　　　B. 制动系统　　　C. 转向系统　　　D. 行驶系统

49. 主销安装到汽车前轴上后，其上端略向内倾斜，称为（　　）。
A. 主销后倾　　　B. 主销内倾　　　C. 主销前倾　　　D. 主销外倾

50. 汽车的制动装置都是利用（　　）来产生制动作用。
A. 机械摩擦　　　B. 吸引　　　　C. 固定　　　　D. 磨合

51. （　　）离合器操纵机构主要由主缸、工作缸和管路系统组成。
A. 机械式　　　　B. 液压式　　　　C. 气压式　　　　D. 气动式

52. 传动比（　　）时，降速传动。
A. $i > 1$　　　B. $i < 1$　　　C. $i = 1$　　　D. $i \leq 1$

53. 汽车单级主减速器多采用一对大小不等的（　　）传动机构。
A. 直齿轮　　　　B. 斜齿轮　　　　C. 锥齿轮　　　　D. 花键

54. 汽车（　　）和支持桥都属于从动桥。
A. 转向桥　　　B. 驱动桥　　　C. 转向驱动桥　　　D. 中桥

55. 汽车应用的非独立悬架，广泛采用（　　）作为弹性元件。
A. 螺旋弹簧　　　B. 钢板弹簧　　　C. 减振器　　　　D. 扭杆弹簧

56. 汽车转向直拉杆是连接（　　）和转向节臂的杆件。
A. 转向器　　　　B. 转向盘　　　　C. 转向摇臂　　　D. 前轮

57. 变速器壳体轴承孔上、下轴线平行度误差应不能大于（　　）mm。
A. 0.075　　　　B. 0.10　　　　C. 0~0.10　　　　D. 0~0.125

58. 汽车后桥壳弯曲校正时一般采用（　　）方法校正。
A. 敲击　　　　B. 热压　　　　C. 冷压　　　　D. 火焰

59. 膜片弹簧离合器的压盘（　　），热容量大，不易产生过热。
A. 较大　　　　B. 较小　　　　C. 较薄　　　　D. 较厚

60. 变速器直接挡的传动比为（　　）。
A. $i=0$　　　B. $i=1$　　　C. $i > 0$　　　D. $i > 1$

61. 十字轴式万向节允许相邻两轴的最大交角为（　　）。
A. 10°~15°　　B. 15°~20°　　C. 20°~25°　　D. 25°~30°

62. 单级主减速器（　　）齿轮安装在差速器壳上。
A. 主动锥　　　B. 从动锥　　　C. 行星　　　　D. 半轴

63. 差速器具有转矩平均分配的特点，因此当左轮打滑时，右轮获得的转矩

（　　）。

  A. 大于左轮转矩 B. 小于左轮转矩 C. 等于左轮转矩 D. 等于零

64. （　　）的作用是使汽车直线行驶时保持方向稳定，汽车转弯时前轮自动回正。

  A. 主销后倾 B. 主销内倾 C. 前轮外倾 D. 前轮前束

65. 盘式制动器，制动盘固定在（　　）。

  A. 轮毂上 B. 转向节上 C. 制动鼓上 D. 活塞上

66. 踩下汽车制动踏板时，双腔制动主缸中（　　）。

  A. 后腔液压先升高   B. 前腔液压先升高

  C. 前后腔同时升高   D. 都有可能

67. 气压制动系统中气压调节器上的螺钉旋入时（　　）。

  A. 气压降低 B. 气压升高 C. 气压不变 D. 不可调

68. 离合器传动钢片的主要作用是（　　）。

  A. 将离合器盖的动力传给压盘 B. 将压盘的动力传给离合器盖

  C. 固定离合器盖和压盘   D. 减小振动

69. 桑塔纳2000型轿车主减速器的主、从动齿轮的啮合间隙为（　　）mm。

  A. 0.15 B. 0.20 C. 0.25 D. 0.30

70. 汽车转向时，其内轮转向角（　　）外轮转向角。

  A. 大于 B. 小于 C. 等于 D. 大于或等于

71. 将汽车主减速器的主动锥齿轮装到差速器壳上，用螺栓紧固，螺母的拧紧力矩为（　　）N·m。

  A. 137~157 B. 200~215 C. 157~197 D. 137~167

72. 在制动时，液压制动系统中制动主缸与制动轮缸的油压关系是（　　）。

  A. 主缸高于轮缸 B. 主缸低于轮缸 C. 轮缸和主缸相同 D. 不确定

73. 膜片弹簧离合器的膜片弹簧，其磨损宽度不得超过（　　）mm。

  A. 3 B. 4 C. 5 D. 6

74. 液压制动泵的安装程序是安装真空助力器、制动主缸、（　　）和制动踏板。

  A. 制动传动装置 B. 拉杆 C. 制动分泵 D. 制动软管

75. 安装传动轴时，应先将外等速万向节（　　）涂上一圈5mm宽的防护剂D6，再装传动轴。

  A. 防尘套 B. 花键齿面 C. 接头 D. 外表面

76. 车架主要横梁对纵梁的垂直公差不大于横梁长度的（　　）。

  A. 1‰ B. 2‰ C. 3‰ D. 5‰

77. 车架按要求分段检查时，各段对角长度差不大于（　　）mm。

  A. 1 B. 5 C. 10 D. 15

78. 各齿轮的啮合印痕应在轮齿啮合面中部，且不小于啮合面的（　　）。
A. 55%　　　　B. 60%　　　　C. 70%　　　　D. 75%

79. 前轴钢板弹簧座上U形螺栓承孔及定位孔的磨损量不得大于（　　）mm。
A. 0.5　　　　B. 1　　　　　C. 1.5　　　　D. 2

80. 驱动桥钢板弹簧座厚度减少量不大于（　　）mm。
A. 1.0　　　　B. 1.5　　　　C. 2.0　　　　D. 2.5

81. 主动锥齿轮与凸缘键槽的侧隙不大于（　　）mm。
A. 0.10　　　 B. 0.20　　　 C. 0.25　　　 D. 0.30

82. 变速器验收时各密封部位不得漏油，润滑油温度不得超过室温（　　）℃。
A. 40　　　　 B. 50　　　　 C. 80　　　　 D. 90

83. 手动变速器异响，（　　）不是其现象。
A. 踏下离合器发响　B. 低速档发响　C. 个别档位异响　D. 温度过高

84. 变速器中某常啮合齿轮副只更换了一个齿轮，可导致（　　）。
A. 异响　　　 B. 挂不上档　　C. 脱档　　　 D. 换档困难

85. 汽车离合器压盘及飞轮表面烧蚀的主要原因是离合器（　　）。
A. 打滑　　　　　　　　　　B. 分离不彻底
C. 动平衡破坏　　　　　　　D. 踏板自由行程过大

86. 变速器壳体与变速器盖接合面的（　　）可用直尺和塞尺进行测量。
A. 平面度误差　B. 平行度误差　C. 直线度误差　D. 粗糙度

87. 将汽车标准半轴安装在经修整过的轮毂上，然后在桥壳中部检视两半轴轴心未对正，则说明桥壳（　　）。
A. 扭曲变形　B. 弯曲变形　　C. 磨损严重　　D. 装配有误

88. 当膜片弹簧离合器的从动盘磨损，压盘前移，膜片弹簧对压盘的压力将（　　）。
A. 减小　　　 B. 增大　　　 C. 不变　　　 D. 消失

89. 变速器通过不同的齿轮啮合传动，得到不同的（　　），保证汽车克服不同的道路阻力。
A. 转矩　　　 B. 力矩　　　 C. 转速　　　 D. 传动比

90. 前驱动轿车的半轴上均安装（　　）万向节。
A. 普通　　　 B. 十字轴　　 C. 准等速　　 D. 等速

91. 单级主减速器有（　　）齿轮组成。
A. 一对锥　　 B. 两对锥　　 C. 一对圆柱　 D. 一组行星

92. 差速器壳上安装着行星齿轮、半轴齿轮、从动锥齿轮和行星齿轮轴，其中不属差速器的是（　　）。
A. 行星齿轮　 B. 半轴齿轮　 C. 从动锥齿轮　D. 行星齿轮轴

93. 越野汽车的前桥属于（　　）。
    A. 转向桥　　　　B. 驱动桥　　　　C. 转向驱动桥　　D. 支承桥
94. 轮胎的尺寸 34×7，其中 × 表示（　　）。
    A. 低压胎　　　　B. 高压胎　　　　C. 超低压胎　　　D. 超高压胎
95. 鼓式制动器可分为非平衡式、平衡式和（　　）。
    A. 自动增力式　　　　　　　　　B. 单向助势
    C. 双向助势　　　　　　　　　　D. 双向自动增力式
96. 现代汽车必须采用（　　）制动装置。
    A. 双回路　　　　B. 单回路　　　　C. 都可以　　　　D. 没有要求
97. 汽车拖带挂车，解除挂车制动时，要（　　）主车制动。
    A. 同时或早于　　B. 同时　　　　　C. 晚于　　　　　D. 晚于或同时
98. 当发动机与离合器处于完全接合状态时，变速器的输入轴（　　）。
    A. 不转动　　　　　　　　　　　B. 高于发动机转速
    C. 低于发动机转速　　　　　　　D. 与发动机转速相同
99. 变速器挂入传动比大于 1 的档位时，变速器实现（　　）。
    A. 减速增矩　　　B. 增扭升速　　　C. 增速增矩　　　D. 减速减矩
100. 汽车后桥壳钢板弹簧定位孔的磨损偏移量不得超过（　　）mm。
    A. 1　　　　　　 B. 2　　　　　　 C. 3　　　　　　 D. 5
101. 桑塔纳 2000 轿车的转向系统采用（　　）转向器。
    A. 液压助力　　　B. 循环球式　　　C. 齿轮齿条式　　D. 指销式
102. 现代汽车上采用了各种制动力调节装置来调节前后车轮制动管路的工作压力，常用的有（　　）。
    A. 限压阀　　　　B. 感载比例阀　　C. 惯性阀　　　　D. 以上三个都是
103. 汽车主减速器的主动锥齿轮的螺纹，损坏应不多于（　　）。
    A. 2 牙　　　　　B. 3 牙　　　　　C. 1 牙　　　　　D. 4 牙
104. 并列双腔制动主缸中前活塞回位弹簧的弹力（　　）后活塞回位弹簧弹力。
    A. 大于　　　　　B. 小于　　　　　C. 等于　　　　　D. 大于或等于
105. 膜片弹簧离合器的分离指的翘曲变形引起的平面度误差不得大于（　　）mm。
    A. 0.1　　　　　B. 0.5　　　　　C. 1.0　　　　　D. 1.5
106. 液压制动系统在（　　）之前，一定要排气。
    A. 装车　　　　　B. 检修　　　　　C. 维修后　　　　D. 装配
107. 汽车转向液压泵安装完毕后，应调整（　　）V 带的张紧度，并加注自动变速器油（Automatic Transmission Fluid，ATF）。
    A. 转向器　　　　B. 转向阀　　　　C. 转向液压泵　　D. 转向助力器
108. 维修竣工的车架所增加的重量不得越过原设计重量的（　　）。

A. 1%　　　　B. 5%　　　　C. 8%　　　　D. 10%

109. 变速器壳上各承孔轴线的平行度公差允许比原设计规定增加（　　）mm。
A. 0.01　　　B. 0.02　　　C. 0.03　　　D. 0.04

110. 前轴主销孔端面维修后，厚度减少量不得大于（　　）mm。
A. 1.0　　　　B. 1.5　　　　C. 2　　　　D. 5

111. 前轴与转向节装配应适度，转动转向节的力一般不大于（　　）N。
A. 20　　　　B. 15　　　　C. 10　　　　D. 5

112. 主、从动锥齿轮接触痕迹的长度不小于齿长的（　　）%。
A. 50　　　　B. 60　　　　C. 70　　　　D. 75

113. 变速器无负荷试验时，（　　）轴的转速应在1000~1400r/min范围内。
A. 第一　　　B. 第二　　　C. 中间　　　D. 倒档

114. 自锁装置失效，将导致变速器（　　）。
A. 自动掉档　B. 乱档　　　C. 异响　　　D. 挂不上档

（二）判断题

（　　）1. 变速器壳前端面对第一、二轴轴承孔轴线的轴向圆跳动应小于0.15mm，后端面应小于0.10mm。

（　　）2. 汽车后桥壳的检测重点是检测其有无变形和磨损。

（　　）3. 汽车转向轮定位值的检测，有静态检测法和动态检测法两种。

（　　）4. 膜片弹簧离合器在分离时，膜片弹簧会产生反向锥形变形，使压盘与从动盘分离。

（　　）5. 为了能使十字轴万向节轴承良好地润滑，十字轴应制有油道。

（　　）6. 单级主减速器的常啮合锥齿轮不使用直齿齿轮。

（　　）7. 汽车现在一般均采用实心胎。

（　　）8. 一般助势蹄的制动力矩为减势蹄的5倍。

（　　）9. 制动主缸的作用是将由制动踏板输入的机械推力转变成制动力。

（　　）10. 汽车主减速器主动锥齿轮工作面上出现明显斑点、剥落，可用磨石修磨后继续使用。

（　　）11. 汽车气压制动器的制动齿轮轴磨损严重时，可用堆焊法修复。

（　　）12. 变速器第一轴的轴向间隙不大于0.15mm，其他各轴的轴向间隙不大于0.20mm。

（　　）13. 传动轴中间支承轴承散架必然造成万向传动装置异响。

（　　）14. 膜片弹簧离合器在高速旋转时，压盘的压紧力不会产生变化。

（　　）15. 汽车变速器中所有常啮合齿轮均为斜齿轮。

（　　）16. 双级主减速器共有三对啮合齿轮。

（　　）17. 汽车在良好平坦的公路上直线行驶时，差速器的行星齿轮只做公转而无自转。

（　　）18. 转向轮定位只包括前轮前束。

（　　）19. 前后独立方式的双回路液压传动装置，由双腔主缸通过两套独立回路分别控制车轮制动器。

（　　）20. 变速器互锁装置的作用是防止变速器同时挂上两个档位。

（　　）21. 汽车制动凸轮轴与底板支座承孔的配合间隙不得大于 0.05mm。

（　　）22. 液压制动系统排气要在装车之前。

（　　）23. 车架纵梁上平面及侧面的纵向直线度公差在全长上为其长度的 1‰。

（　　）24. 若变速器壳体上平面长度不大于 250mm，其平面度公差为 0.15mm；若平面长度大于 250mm，平面度公差为 0.20mm。

（　　）25. 零件在高温条件下不易产生氧化磨损。

（　　）26. 后桥壳内的齿轮润滑油不足，不会导致后桥异响。

（　　）27. 汽车变速器自锁装置可防止自动脱档和挂错档。

（　　）28. 等速万向节只能用于转向驱动桥的半轴上。

（　　）29. 差速器可保证两侧驱动轮在任何道路条件下均能保持纯滚动和等角速度转动。

（　　）30. 所有汽车的转向轮前束值不能为负值。

（　　）31. 浮动钳型盘式制动器的制动间隙由轮缸活塞上的橡胶密封圈实现。

（　　）32. 在检查汽车离合器壳时，要检查其变形量。

（　　）33. 离合器主、从动盘之间摩擦面积越大，所传递的转矩越大。

（　　）34. 差速器行星齿轮与差速器壳的间隙为 0.15~0.25mm。

（　　）35. 膜片弹簧离合器的膜片弹簧分离指均应在同一平面上。

（　　）36. 安装转向柱和转向盘，车轮应处于直线行驶位置。

（　　）37. 变速器验收时不得有自行脱档、跳档和乱档现象，但变速杆可以抖动。

四、参考答案及解析

（一）选择题

1. D

2. C　倒档锁是安装在换档轴上的一个拨块，作用是防止从高档直接挂入倒档，发生车毁人亡的惨剧，不过只要挂回空档，还是能挂入倒档的，只是避免从高档直接挂入倒档。

3. A　主减速器的功用是将变速器输出的动力进一步降低转速，增大转矩，并改变旋转方向，然后传递给驱动轮，以获得足够的汽车牵引力和适当的车速。

4. A　汽车转向行驶时，两侧驱动车轮所受到的地面阻力不同。如果车辆右转，右侧（内侧）驱动车轮所受的阻力大，左侧（外侧）驱动车轮所受的阻力小。行星齿轮除了随差速器壳公转外还顺时针自转。左侧（外侧）车轮转得快，右侧（内侧）车轮转得慢，实现纯滚动。

5. B 车桥通过悬架和车架（或承载式车身）相连，两端安装汽车车轮。车桥的作用是安装车轮，传递车架与车轮之间的各方向作用力及其产生的弯矩和转矩。

6. A 为了使汽车直线稳定行驶，转向轻便，减少轮胎和转向机件的磨损，要求装配后的转向车轮、转向节主销具有一定的相对位置。转向车轮、转向节主销和转向轴之间安装的相对位置，称作转向轮定位。它包括主销后倾、主销内倾、转向轮外倾和转向轮前束四个内容。一般汽车多采用前轮转向，故转向轮定位过去常称为前轮定位。现代汽车也有后轮转向，或前、后轮转向，以适应高速行驶的要求。

7. B 循环球式转向器有两级传动副：第一级传动副是转向螺杆和转向螺母；螺母的下平面加工成齿条，与扇齿轴内的扇齿相啮合，构成齿条—扇齿第二级传动副。

8. D 9. C 10. B

11. D 制动系统可分为行车制动系统、驻车制动系统、应急制动系统及辅助制动系统等。用以使行驶中的汽车降低速度甚至停车的制动系统称为行车制动系统；用以使已停驶的汽车驻留原地不动的制动系统则称为驻车制动系统；在行车制动系统失效的情况下，保证汽车仍能实现减速或停车的制动系统称为应急制动系统；在行车过程中，辅助制动系统降低车速或保持车速稳定，但不能将车辆紧急制停的制动系统称为辅助制动系统。上述各制动系统中，行车制动系统和驻车制动系统是每一辆汽车都必须具备的。

12. B

13. D 驱动桥壳体是重要的基础件，为可锻铸铁材质，使用中易产生弯曲变形或裂纹。在检测过程中，应先将驱动桥壳洗净，在磁力探伤机上检查有无裂纹，须进行磁粉探伤，确定裂纹的起止点。无磁力探伤设备时，可用放大镜在上述部位查看，或用检查曲轴裂纹的油渍法、粉渍法进行检查，用小锤敲击，可以发现裂纹。

14. B 膜片弹簧离合器主动部分包括飞轮、离合器盖、压盘等机件。这部分与发动机曲轴连在一起。离合器盖与飞轮通过螺栓连接，压盘与离合器盖之间是通过3~4个传动片传递转矩的。

15. A

16. C 单个十字轴式刚性万向节在主动轴和从动轴之间有夹角的情况下，当主动叉等角速度转动时，从动叉是不等角速度的，这称为十字轴式刚性万向节的不等速特性。两转轴之间的夹角α越大，不等速性就越大。十字轴式刚性万向节的不等速特性，将使从动轴及其相连的传动部件产生扭转振动，从而产生附加的交变载荷，影响部件寿命。

17. B

18. B 主减速器传来的动力带动差速器壳转动，经过行星齿轮轴、行星齿轮、半轴齿轮、半轴，最后传给两侧驱动车轮。

1）汽车直线行驶时，两侧驱动车轮所受到的地面阻力相同，行星齿轮不自转，只随差速器壳和行星齿轮轴一起公转，两半轴无转速差。

2）汽车转向行驶时，两侧驱动车轮所受到的地面阻力不同。如果车辆右转，右侧（内侧）驱动车轮所受的阻力大，左侧（外侧）驱动车轮所受的阻力小。行星齿轮除了随差速器壳公转外还顺时针自转。左侧（外侧）车轮转得快，右侧（内侧）车轮转得慢，实现纯滚动。

19. A 车架的功用是支承连接汽车的各零部件，并承受来自车内外的各种载荷。车架是整个汽车的装配基体，汽车的绝大多数部件和总成都是通过车架来固定其位置的。

20. A 轮辋用于安装和固定轮胎。按其结构不同，轮辋的常见结构形式有深槽轮辋、平底轮辋和对开式轮辋。此外，还有半深槽轮辋、深槽宽轮辋、平底宽轮辋、全斜底轮辋等。

深槽轮辋主要用于轿车及轻型越野客车，适宜安装尺寸小、弹性较大的轮胎。因为尺寸较大、较硬的轮胎很难装进这样的整体轮辋内。深槽轮辋有带肩的凸缘，用以安放外胎的胎圈，其肩部通常略向中间倾斜，倾斜部分的最大直径即称为轮胎胎圈与轮辋的着合直径。为便于外胎的拆装，断面的中部制成深凹槽。深槽轮辋的结构简单，刚度大，质量较小。

21. D 主销在前轴上安装，其上端略向后倾斜，称为主销后倾。在纵向垂直平面内，主销轴线与垂线之间的夹角叫作主销后倾角。主销后倾的作用是当汽车直线行驶时，保持其方向稳定性，当汽车转向时能使前轮自动回正。为避免汽车转向沉重，主销后倾角一般不超过30°。

22. D 盘式制动器的优点是散热能力强、抗水衰退能力强、制动平顺性好。

23. D 调压器的作用是使储气筒保持在规定的气压范围内，并在超过规定气压后，实现空气压缩机的卸荷空转，以减小发动机的功率消耗。

24. B 汽车拖带挂车时，挂车必须装有可靠的制动装置，以保证行车安全。当主车有压缩空气的气源时，挂车采用气压制动装置。

对挂车制动系统的要求如下：

1）挂车制动应与主车同步制动，或略早于主车制动。否则，制动时挂车将冲撞主车，甚至产生汽车列车折叠（轴线偏斜）的危险现象。

2）当挂车因故自行脱挂时，挂车应能自行制动。

25. B 26. B 27. C 28. C

29. A 前轮定位的调整顺序为先检测调整主销的后倾角，然后调整前轮外倾角，最后调整前束。

30. A　31. A　32. B　33. C　34. A　35. C　36. A　37. C　38. A　39. B　40. D
41. D　42. C　43. D　44. A

45. A　离合器的作用是使发动机与传动系统逐渐接合，保证汽车平稳起步；暂时切断发动机与传动系统的联系，便于变速器顺利换档；防止传动系统过载。

46. A　万向传动装置主要包括万向节和传动轴，对于传动距离较远的分段式传动轴，为了提高传动轴的刚度，还设置有中间支承。

47. D

48. D　汽车行驶系统一般由车架、车桥、车轮和悬架组成。车架是全车的装配基体，它将汽车的各相关总成连接成一个整体。车轮经轮毂轴承安装在车桥上，为减少车辆在不平路面上行驶时车身所受到的冲击和振动，车桥又通过悬架与车架相连，这样，行驶系统就连接成为一个整体。

49. B　主销在前轴上安装，其上端向内倾斜，称为主销内倾。在横向垂直平面内，主销轴线与垂线之间的夹角叫作主销内倾角。

50. A　固定在轮毂上并同车轮一起旋转的制动鼓或制动盘与摩擦衬片在外力的作用下，产生摩擦作用使汽车减速。鼓式制动器由摩擦衬片压紧旋转的制动鼓内侧产生制动力，盘式制动器由摩擦衬块夹紧制动盘产生制动力。

51. B

52. A　对于手动变速器，各档的传动比 i 就是变速器输入轴转速与输出轴转速之比，即

$$i = n_{输入}/n_{输出} = T_{输出}/T_{输入}$$

1）当 $i > 1$ 时，为变速器的低档位，且 i 越大，档位越低。

2）当 $i = 1$ 时，为变速器的直接档。

3）当 $i < 1$ 时，为变速器的超速档。

53. C

54. A　根据作用的不同，车桥又可分为转向桥、支持桥、驱动桥和转向驱动桥四种类型。其中，转向桥和支持桥都属于从动桥。一般汽车多以前桥为转向桥，以后桥或中后两桥为驱动桥；越野汽车的前桥则为转向驱动桥；挂车上的车桥都是支持桥。

55. B

56. C　尽管现代汽车转向系统的结构形式多种多样，但都包括转向操纵机构、转向器和转向传动机构三个基本组成部分。

57. B　变速器壳体承孔的检测要求如下：

1）各轴承承孔本身的磨损不能超过规定值，表面粗糙度值应在 $Ra1.6$ 以下，圆

度、圆柱度公差应不大于0.01mm。

2）变速器壳体承孔上、下轴线平行度误差应不能大于0.10mm。

3）变速器承孔轴线与壳体端面的垂直度误差在全长内应不大于0.07mm。

58. B 驱动桥壳弯曲超限时应进行校正。校正时，校正变形量应不大于原有弯曲变形量，并将校正压力保持一段时间，使桥壳得到一定的塑性变形。如果变形过大，弯曲变形大于2mm时，可预热后校正，但加热温度不允许超过700℃。

59. D 膜片弹簧离合器的分离指起分离杠杆的作用，故不需要专门的分离杠杆，使离合器的结构大大简化。由于膜片弹簧轴向尺寸小，所以可以适当增加压盘的厚度，提高热容量，而且还可以在压盘上增设散热筋及在离合器盖上开设较大的通风孔来改善热条件。

60. B

61. B 十字轴式刚性万向节，它允许相邻两轴的最大交角为15°~20°。十字轴式刚性万向节主要由十字轴、万向节叉等组成。万向节叉上的孔分别套在十字轴的四个轴颈上。在十字轴轴颈与万向节叉孔之间装有滚针和套筒，用带有锁片的螺钉和轴承盖使之轴向定位。

62. B 单级主减速器主动齿轮与轴制成一体，通过三个轴承以跨置式支承在主减速器壳上；从动齿轮以止口定位用螺栓紧固于差速器壳上，差速器壳再通过两侧两个锥轴承支承于主减速器壳的瓦盖式轴承座中。

63. C 64. A

65. A 盘式制动器的旋转元件是制动盘，它和车轮固定在一起旋转，以其端面为摩擦工作表面。其固定元件是制动块、导向支承销和轮缸及活塞，它们均被安装于制动盘两侧的钳体上，总称为制动钳。制动钳用螺栓与转向节或桥壳上的凸缘固定，并用调整垫片来调整钳与盘之间的相对位置。

66. A 踩下汽车制动踏板时，后腔的压力先升高，因为制动踏板先推动后腔活塞前移，再依靠后腔油液和后缸弹簧力的作用，推动前腔活塞前移。

67. B 68. A 69. A

70. A 每一个内轮转向角β都对应着一个外轮转向角α。这个对应关系是由左右梯形臂、横拉杆和前轴所组成的转向梯形机构来保证的。

汽车实现正常转向，内转向轮的偏转角β必须大于外转向轮的偏转角α。内外转向轮偏转角之间的关系是由转向梯形机构来保证的。

71. A 72. C 73. C 74. B 75. B 76. B 77. B 78. B 79. B 80. C 81. B
82. A 83. D 84. A

85. A 汽车有明确的载荷限制和规定的容量储备，超载会使汽车起步、换档时打滑时间长，摩擦片和飞轮、压盘表面之间因摩擦产生高温（300~400℃），加上飞轮壳内散热性能不好，加剧过热状态，造成飞轮表面及离合器压盘的烧蚀和翘曲，表面发生龟裂及局部擦伤。

86. A　变速器壳体与变速器盖接合面的平面度误差检测方法是将壳体上平面（含变速器盖平面）的毛刺用细锉刀或砂轮推磨干净，用软布擦净，均匀地在平面上涂上一层红铅油，用平板推磨数下，观察接触印痕是否均匀，并塞入塞尺检查最大间隙。一般平面度误差应不大于 0.30mm。超差不大时，可铲刮修理；超差较大时，须用平面磨床磨修。

87. B　在桥壳中部检视两半轴轴心未对正，两半轴不同心，说明桥壳弯曲变形。

88. B

89. A　齿轮变速器利用不同齿数的齿轮啮合传动来实现转矩和转速的改变。设主动齿轮转速为 n_1，齿数为 z_1，从动齿轮转速为 n_2，齿数为 z_2。主动齿轮（即输入轴）转速与从动齿轮（即输出轴）转速之比值称为传动比，用字母 i_{12} 表示。即由 1 传到 2 的传动比

$$i_{12} = \frac{n_1}{n_2} = \frac{z_2}{z_1}$$

1）当小齿轮为主动齿轮，带动大齿轮转动时，输出转速降低，即 $n_2 < n_1$，称为减速传动，此时传动比 $i > 1$；

2）当大齿轮驱动小齿轮时，输出转速升高，即 $n_2 > n_1$，称为增速传动，此时传动比 $i < 1$。这就是齿轮传动的变速原理。

汽车变速器就是根据这一原理利用若干大小不同的齿轮副传动而实现变速的。

90. D　等速万向节的常见结构形式有球笼式和球叉式。球笼式万向节工作时六个钢球都参与传力，故承载能力强、磨损小、寿命长，它被广泛应用于各种型号的转向驱动桥和独立悬架的驱动桥。球叉式万向节在工作的时候，只有两个钢球传力，磨损快，影响使用寿命，现在应用越来越少。

91. A　单级主减速器，它由一对锥齿轮及其支承装置组成。

92. C　差速器由差速器壳体、行星齿轮轴、行星齿轮、半轴齿轮、复合式推力垫片等组成。行星齿轮轴装入差速器壳体后用止动销定位。行星齿轮和半轴齿轮的背面制成球面，与复合式的推力垫片相配合，以减摩、耐磨。螺纹套用于紧固半轴齿轮。差速器通过一对圆锥滚子轴承支承在变速器壳体中。从动锥齿轮属于主减速器结构。

93. C　能实现车轮转向和驱动两种功能的车桥称为转向驱动桥，一般应用于全轮驱动的越野汽车和一些轿车的前桥上。在结构上它具有一般驱动桥所具有的主减速器、差速器和半轴，也具有一般转向桥所具有的转向节、主销和轮毂。

94. B　充气轮胎尺寸目前一般以英制为单位，但欧洲国家则常用公制。高压胎一般用 $D \times B$ 来表示，其中 D 表示轮胎直径的英寸数，B 表示轮胎断面宽度的英寸数。

例如，$34×7$ 即表示轮胎外径 D 为 34in（1in≈2.54cm），断面宽度 B 为 7in。

95．A 鼓式制动器按其制动蹄促动装置的形式可分为轮缸式和凸轮式。

根据制动时两制动蹄对制动鼓径向作用力之间的关系，鼓式制动器可分为简单非平衡式、平衡式和自增力式。

96．A 我国车辆安全法规规定，现代汽车必须采用双回路制动装置，即所有的车轮制动器分别由两套彼此独立的传动装置控制，一套管路损坏时，另一套仍然起作用。

97．A 汽车拖带挂车，解除挂车制动时，要同时或早于主车制动，否则挂车就会撞击主车。

98．D

99．A 变速器的传动比 $i>1$ 时，为变速器的低档位，变速器实现减速增矩。

100．A 101．C

102．D 汽车在制动过程中，前后车轮所受载荷是变化的，加上轮胎气压、胎面花纹磨损状况不同而使前后轮的附着系数也不同。为使前后轮获得最理想的制动力，现代汽车上采用了各种制动力调节装置来调节前后车轮制动管路的工作压力，常用的有限压阀、感载比例阀和惯性阀等。

103．A 104．C 105．B 106．A 107．C 108．D 109．B 110．C 111．C 112．A 113．A 114．A

（二）判断题

1．× 变速器壳前端面对第一、第二轴轴承孔轴线的轴向圆跳动应小于 0.10mm，后端面应小于 0.15mm。

2．× 对汽车后桥壳的检测重点是检测其有无弯曲变形和裂纹。

3．√ 详见 28 页题 21 解析。

4．√ 5．√

6．√ 为了改变转矩的传递方向，单级主减速器一般由一对锥齿轮及其支承装置组成。

7．× 现代汽车都采用充气式轮胎，轮胎安装在轮辋上，直接与路面接触。

8．× 助势蹄和减势蹄作用到制动鼓上的法向力不相等，两制动蹄对制动鼓所施加的制动力矩也不相等。一般助势蹄的制动力矩为减势蹄的 2~2.5 倍。

9．× 制动主缸又称为制动总泵，它处于制动踏板与管路之间，其功用是将制动踏板输入的机械力转换成液压力。

10．× 国家标准规定，汽车主减速器主动锥齿轮工作面上不得有明显斑点、剥落现象。如果出现上述现象，应换新。

11．√

12．× 变速器第一轴的轴向间隙不大于 0.15mm，其他各轴的轴向间隙不大于

0.30mm。

  13.√　14.√　15.√

  16.×　一些中型或重型汽车采用双级主减速器，第一级为锥齿轮传动，第二级为圆柱斜齿轮传动。

  17.√　汽车在良好平坦的公路上直线行驶时，差速器的行星齿轮只做公转而无自转，差速器不起作用。

  18.×　为了使汽车沿直线稳定行驶，转向轻便，减少轮胎和转向机件的磨损，要求装配后的转向车轮、转向节主销具有一定的相对位置。转向车轮、转向节及主销和转向轴之间安装的相对位置，称作转向轮定位。它包括主销后倾、主销内倾、转向轮外倾和转向轮前束四个内容。

  19.√　20.√

  21.×　汽车制动凸轮轴与底板支座承孔的配合间隙应不得大于0.20mm。

  22.√　23.√　24.√

  25.×　摩擦表面与氧气相互作用，在摩擦过程中，氧吸附在摩擦表面上，并向内层扩散，其作用过程与摩擦条件有关。在摩擦表面发生塑性变形的同时，表面形成化学吸附膜、氧的固溶体膜和金属氧化物。这些脆性的氧化物在切向力和正压力的作用下与表面分离，使摩擦表面产生磨损。一般说来，氧化磨损在汽车零件中是普遍存在的。影响氧化磨损的主要因素有滑动速度、接触载荷、介质、润滑条件和材料的性质等。当温度升高时，极易产生氧化磨损。

  26.×　后桥壳内的齿轮润滑油不足，将导致后桥异响。

  27.×　汽车变速器自锁装置可防止自动脱档，互锁装置防止挂错档。

  28.×　独立悬架的后驱动桥中也采用等速万向节。

  29.×　差速器的功用是将主减速器传来的动力传给左、右两半轴，并在必要时允许左、右半轴以不同转速旋转，以满足两侧驱动轮差速的需要。

  30.×　前轮前束值一般不大于8mm，其值由调节横拉杆的长度来保证。现代轿车的前束值有缩小的趋势，前轮外倾为负值时，前束也为负值，即变为前轮后束。

  31.√　32.√　33.√　34.√　35.√　36.√

  37.×　变速器验收时不得有自行脱档、跳档和乱档现象，变速杆不得有抖动现象。

理论模块 4　汽车电器检修

一、考核范围

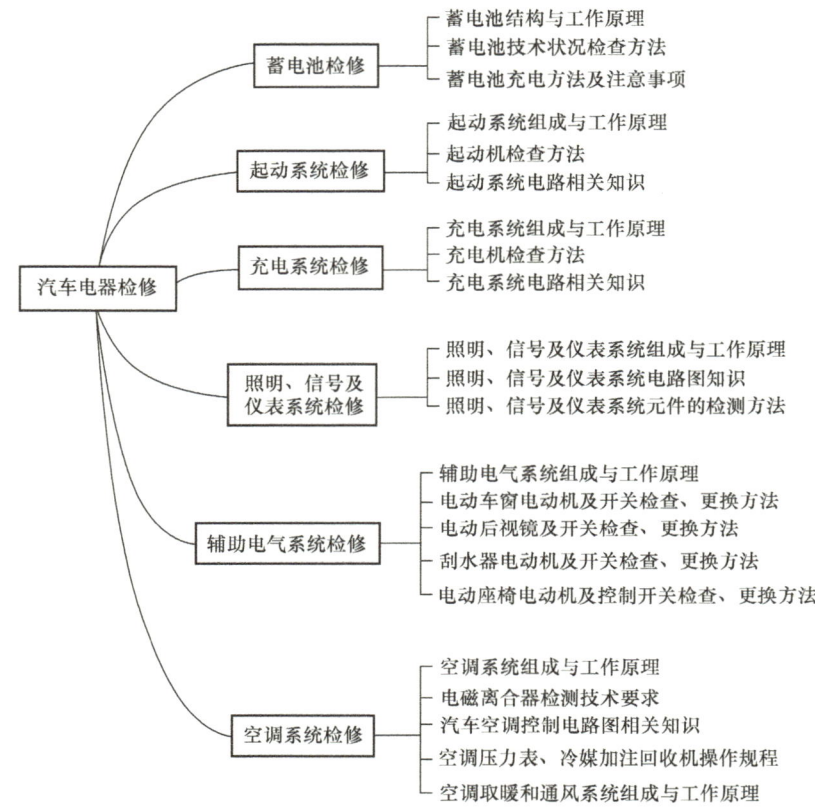

二、考核要点详解

知识点 1　蓄电池的结构

蓄电池由极板组（正负极板）、隔板、电解液、外壳、连接条、极柱、蓄电池盖及加液孔盖等部分组成。12V 蓄电池一般由 3 个或 6 个单格电池串联而成，每个单格额定电压为 4V 或 2V。

知识点 2　蓄电池的原理

蓄电池的工作过程就是化学能与电能的相互转化过程。当蓄电池向外供电时，化学能转化为电能向外供电，此时称为放电过程。当蓄电池与外部直流电源并联进

行充电时，将电能转化为化学能，称为充电过程。两个过程是一个可逆反应，可通过以下反应方程式表示，即

$$PbO_2 + 2H_2SO_4 + Pb \underset{充电}{\overset{放电}{\rightleftharpoons}} PbSO_4 + 2H_2O + PbSO_4$$

正极板　电解液　负极板　　　正极板　电解液　负极板

知识点 3　检查电解液液面高度

用一根内径为 6~8mm、长约 150mm 的玻璃管，垂直插入加液口内，直至极板边缘为止，然后用拇指压紧管上口，用食指和无名指将玻璃管夹出，玻璃管中电解液的高度即为蓄电池内电解液高出极板的高度，应为 10~15mm，最后再将电解液放入原单格电池中。

知识点 4　测量电解液密度的方法

1）打开蓄电池的所有加液孔盖，把密度计下端橡胶管插入单格电池加液孔内的电解液中。

2）将橡胶球捏扁，再慢慢放松，电解液就会被吸进玻璃管中，如图 3-18 所示。注意，控制吸入的电解液不要过多或过少，使密度计芯管既能浮起，又不被上端顶住，以保证测量的准确性。

3）使密度计芯管浮在玻璃管中央（不要与管壁接触），然后读取电解液密度值。

4）将测量换算后的电解液密度值与上次充电终了的电解液密度进行对比，根据两次的密度差来判断蓄电池的放电程度。

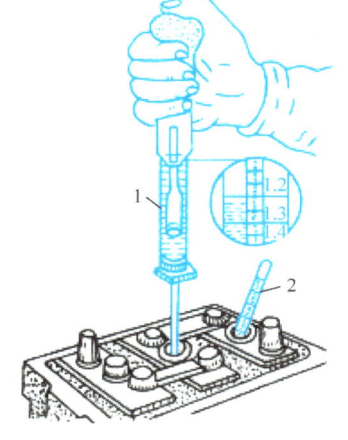

图 3-18　电解液密度测量
1—密度计　2—温度计

知识点 5　蓄电池充电方法

蓄电池的充电方法有三种：定电流充电、定电压充电和快速脉冲充电。

知识点 6　蓄电池充电与维护注意事项

1）严格遵循各种充电种类与方法的充电规范。

2）新蓄电池在充电之前，应先注入标准相对密度的电解液，当电解液温度下降到 35℃以下时，再进行充电。

3）蓄电池就车充电时，必须拆下与车上连接的电源线。

4）充电时，要先选择充电电压，再连接电池充电线路并将其接牢（以防止接触

不良产生火花），然后接通交流电源，最后按要求调整好充电电流；停止充电时，应先将充电电流值调至最小，再关闭充电机电源，切断交流电源后再拆下充电连接线。

5）充电过程中，必须打开蓄电池的加液孔盖，使电池内产生的氢气和氧气顺利排出。

6）在充电过程中，要经常检查电解液的温度，当充电温度上升到40℃时，应将电流减半，若继续上升到45℃，应立即停止充电，并采取降温措施（采用风冷或水冷方式），待冷却至35℃以下再进行充电。减小充电电流时，应适当延长充电时间。

7）充电过程中，要经常测量各单格电池的电压与电解液相对密度，判断充电程度和技术状况，并进行及时处理。初充电作业应连续进行，不得长时间中断。

8）充电室要安装通风设备，并严禁用明火取暖，防止失火；充电设备和蓄电池应分开房间放置；充电室要经常备有清水、10%的碳酸钠溶液或10%的氨水溶液。

9）拆卸蓄电池两极接线柱导线接头时，可先用热水冲洗，待氧化物溶解后再进行拆卸，严禁硬撬与敲击，以防止损坏蓄电池壳体或造成极板活性物质脱落。连接蓄电池两极接线柱导线接头时，要用稍粗一些的砂纸将接线部位打磨干净，拧紧螺栓后涂一层润滑油脂，以防氧化。

10）配制电解液时，要严格执行安全操作规程，将浓硫酸徐徐倒入蒸馏水中，并不断搅拌，严防腐蚀事故的发生。一旦发生腐蚀，应立即用清水或碳酸钠溶液进行冲洗，以消除或减少硫酸灼伤。

知识点 7　起动系统的组成

起动系统的功用是在控制装置的作用下，以蓄电池为动力电源，将直流电动机产生的电磁转矩，经传动机构带动发动机曲轴运转，从而实现发动机的起动。

起动系统由蓄电池、起动机、点火开关等组成。部分功率较大的起动系统会安装起动继电器，以保护点火开关。

知识点 8　起动机

起动机由直流串励式电动机、传动机构、控制装置（即电磁开关）三部分组成。

直流串励式电动机的作用是将蓄电池输入的电能转换为机械能，产生电磁转矩。为获得较大的起动力矩，一般均采用直流串励式电动机，少数采用复励式电动机，还有的初始时为串励式起动，然后改变为复励式起动。直流串励式电动机由电枢、磁极、电刷、壳体等主要部件构成。

传动机构的作用是当发动机起动时，将直流电动机的转矩传递给发动机曲轴；在发动机起动后，而与飞轮啮合的小齿轮没有及时回位的情况下，保护起动机不被飞轮反拖。传动机构主要由单向离合器、减速机构（有些起动机不具有减速机构）、驱动齿轮等组成。

轿车起动机一般采用滚柱式单向离合器。

控制装置的作用是通过控制起动电磁开关及杠杆机构（或其他某种装置），实现起动机传动机构与飞轮齿圈的啮合与分离，并接通和断开起动机与蓄电池之间的电路。控制装置主要由电磁开关和拨叉组成。

电磁开关主要由吸引线圈、保持线圈、铁心、开关触点、回位弹簧及外壳等组成。电磁开关上有"30"端子、"C"端子、"50"端子等。

知识点 9　充电系统的组成和功用

汽车充电系统也称为电源系统，由发电机、调节器、蓄电池及充电指示装置等组成。充电系统的作用是向全车所有用电设备供电和向蓄电池充电储能。

知识点 10　硅整流发电机

硅整流发电机主要由转子、定子、整流器、电刷及电刷架、前后端盖、风扇与带轮等部件组成。

硅整流发电机的工作原理是利用电磁感应原理产生交流电。

整流器的作用就是利用二极管的单向导电性，通过三相桥式整流电路，将定子绕组产生的三相交流电转换成直流电。

知识点 11　电压调节器

电压调节器是把发电机输出电压控制在规定范围内的调节装置，其功用是在发电机转速和发电机上的负载发生变化时自动控制发电机输出电压，使其保持恒定，防止发电机电压过高而烧坏用电设备和导致蓄电池过量充电。

知识点 12　汽车车身照明灯具

常见车身外部照明灯具有前照灯、雾灯、牌照灯等。

车身内部照明灯具有厢灯、顶灯、阅读灯、仪表灯、工作灯、踏步灯等。

知识点 13　前照灯的结构

前照灯的光学系统包括反射镜、配光镜、灯泡三部分。

反射镜俗称反光镜，表面呈旋转抛物面形状。反射镜的作用是最大限度地将灯泡发出的光线聚合成强光束，达到照射距离远而明亮的目的，一般照射距离可达150m 或更远。少部分光线（直射光或散射光）射向侧方、下方、上方，射向侧方、下方的光线可照明车前 5~10m 的路面和路缘，射向上方的光线可造成炫目。

配光镜俗称散光玻璃，其作用是将反射镜反射出的平行光束折射，进行扩散分布，使车前路面和路缘都有清晰而均匀的照明，使平行光束在水平方向扩散，使竖直光束向下折射。

知识点 14　信号系统

转向灯、示廓灯、警告灯、停车灯、制动灯、倒车灯等。

知识点 15　仪表系统

汽车常见的仪表有冷却液温度表、机油压力表、燃油表、发动机转速表及车速里程表等。

知识点 16　汽车照明、信号及仪表检修方法

1）直观检查法。
2）检测传感器。
3）电压测量法。
4）断路试验法。
5）替代法。

知识点 17　刮水器

刮水器的作用就是除去风窗玻璃上的水、雪及沙尘，保证在不良天气时驾驶人仍具有良好的视线。

目前在汽车上广泛采用的电动刮水器，普遍具有高速、低速及间歇三个工作档位，而且除了变速之外，还有自动回位的功能。

电动刮水器由电动机、传动机构和刮水片三部分组成。

知识点 18　电动后视镜

电动后视镜主要由调整开关、双电动机、传动和执行机构、外壳及连接件等组成。反射镜的背后装有两套电动机和驱动器，可操纵反射镜上下及左右转动。通常上下方向的转动用一个电动机控制，左右方向的转动用另一个电动机控制。通过改变电动机的电流方向，就可完成对后视镜上下左右方向的调整。

知识点 19　电动车窗

电动车窗主要由车窗升降器、电动机、继电器、开关等组成。车窗升降器主要有钢丝滚筒式升降器、齿扇式升降器及齿条式升降器。

知识点 20　电动座椅

电动座椅是指以电动机为动力，通过传动机构和执行机构来调节座椅的各种位

置，使驾驶人或乘员乘坐舒适的座椅。

常用的电动座椅有三种：

1）两方向：往前和往后移动座椅。

2）四方向：往前、往后、往上和往下移动座椅。

3）六方向：往前、往后、往上、往下、前俯和后仰调整座椅。

电动座椅前后方向的调节量一般为 100~160mm，上下方向一般为 30~50mm，全程移动所需时间为 8~10s。

知识点 21　汽车空调制冷系统的组成及工作原理

汽车空调制冷系统由压缩机、冷凝器、储液干燥器、膨胀阀、蒸发器和鼓风机等组成。各部件之间采用铜管（或铝管）和高压橡胶管连接成一个密闭系统。

制冷系统工作时，制冷剂以不同的状态在这个密闭系统内循环流动，每个循环有四个基本过程：

1）压缩过程。压缩机吸入蒸发器出口处的低温低压的制冷剂气体，把它压缩成高温高压的气体排出压缩机。

2）散热过程。高温高压的过热制冷剂气体进入冷凝器，由于压力及温度的降低，制冷剂气体冷凝成液体，并排出大量的热量。

3）节流过程。温度和压力较高的制冷剂液体通过膨胀装置后体积变大，压力和温度急剧下降，以雾状（细小液滴）排出膨胀装置。

4）吸热过程。雾状制冷剂液体进入蒸发器，因此时制冷剂沸点远低于蒸发器内温度，故制冷剂液体蒸发成气体。在蒸发过程中吸收周围大量的热量，而后低温低压的制冷剂蒸气又进入压缩机。上述过程周而复始地进行，达到降低蒸发器周围空气温度的目的。

知识点 22　空调制冷系统主要零部件

（1）压缩机　汽车空调压缩机是汽车空调制冷系统的心脏，起着压缩和输送制冷剂蒸气的作用。根据工作原理的不同，空调压缩机分为定排量压缩机和变排量压缩机。根据工作方式的不同，压缩机分为往复式和旋转式，常见的往复式压缩机有曲轴连杆式和轴向活塞式，常见的旋转式压缩机有旋转叶片式和涡旋式。汽车空调压缩机最常用的是轴向活塞式压缩机。压缩机的气缸均以主轴为中心布置，活塞运动方向与压缩机的主轴平行。

（2）冷凝器　冷凝器的作用是将压缩机送来的高温、高压的气态制冷剂转变为液态制冷剂，制冷剂在冷凝器中散热而发生状态的改变。因此，冷凝器是一个热交换器，将制冷剂在车内吸收的热量通过冷凝器散发到大气当中。

（3）储液干燥器和集液器　储液干燥器用于膨胀阀式的制冷循环，其作用是暂时存储制冷剂，使制冷剂的流量与制冷负荷相适应，同时去除制冷剂中的水分和杂质，确保系统正常运行。

（4）膨胀阀和膨胀管　膨胀阀的结构形式有三种，分别为外平衡式膨胀阀、内平衡式膨胀阀和H形膨胀阀。膨胀阀安装在蒸发器的入口处，其作用是将储液干燥器送来的高温、高压液态制冷剂从膨胀阀的小孔喷出，使其降压，体积膨胀，转化为雾状制冷剂，在蒸发器中吸热变为气态制冷剂，同时还可根据制冷负荷的大小调节制冷剂的流量，确保蒸发器出口处的制冷剂全部转化为气体。

（5）蒸发器　蒸发器也是一个热交换器，膨胀阀喷出的雾状制冷剂在蒸发器中蒸发，吸收通过蒸发器的空气中的热量，使其降温，达到制冷目的。在降温的同时，溶解在空气中的水分也会随温度降低凝结出来，蒸发器还要将凝结的水分排出车外。蒸发器安装在驾驶室仪表台的后面，主要由管路和散热片组成，在蒸发器的下方还有接水盘和排水管。

知识点23　电磁离合器结构

电磁离合器是发动机和空调压缩机之间的一个动力传递装置即空调，压缩机是由发动机通过电磁离合器来驱动的。电磁离合器一般都由带轮总成、线圈总成和驱动盘总成这三个部分组成。电磁离合器受空调开关、温控器、空调放大器、压力开关等控制，在需要的时候接通或切断发动机与空调压缩机之间的动力传递。另外，当空调压缩机过载时，它还能起到一定的保护作用。

三、练习题

（一）选择题

1. 汽车发动机起动时，（　　）向起动机提供强大的起动电流。
A. 蓄电池　　　　　　　　B. 发电机
C. A和B　　　　　　　　D. 以上答案都不对

2. （　　）的作用就是利用二极管的单向导电性，通过三相桥式整流电路，将电枢绕组产生的三相交流电转换成直流电。
A. 发电机　　　B. 起动机　　　C. 调节器　　　D. 整流器

3. 交流发电机的（　　）用于产生交流电动势。
A. 定子　　　　B. 转子　　　　C. 铁心　　　　D. 线圈

4. 汽车起动机电磁开关通电，活动铁心完全吸入驱动齿轮时，驱动齿轮与止推环之间的间隙一般为（　　）mm。
A. 5~2.5　　　B. 5　　　　C. 5~10　　　D. 5~7

5. 对储存期超过2年的干式铅蓄电池，使用前应补充充电，充电时间应为（　　）h。

A. 2~3　　　B. 3~5　　　C. 5~10　　　D. 10

6. 蓄电池电解液密度一般为（　　）g/cm³，使用中应根据地区、气候条件和制造厂要求而定。

A. 1.24~1.30　　　　　　　B. 1.34~1.40
C. 1.44~1.50　　　　　　　D. 1.54~1.60

7. 在汽车制冷循环系统中，被吸入压缩机的制冷剂是（　　）状态。

A. 低压液体　　B. 高压液体　　C. 低压气体　　D. 固体

8. 起动机换向器圆周上径向圆跳动量超过 0.05mm，应在（　　）上修复。

A. 车床　　　B. 压力机　　　C. 磨床　　　D. 铣床

9. 点火时间过早会使发动机（　　）。

A. 功率下降　　B. 功率提高　　C. 省油　　D. 不工作

10. 使用汽车空调时，（　　）影响制冷效果。

A. 乘客过多　　　　　　　B. 汽车快速行驶
C. 大负荷　　　　　　　　D. 门窗关闭不严

11. 起动机的空转试验不得超过（　　）min。

A. 0.5　　　B. 1　　　C. 5　　　D. 2

12. 汽油机（　　）将高压电引入燃烧室，产生电火花，点燃混合气。

A. 高压线　　　　　　　　B. 火花塞
C. 分电器　　　　　　　　D. 电源

13. 无触点电子点火系统采用点火信号传感器取代传统点火系统中的（　　）。

A. 断电触点　　B. 配电器　　C. 分电器　　D. 点火线圈

14. 霍尔元件产生的霍尔电压为（　　）级。

A. mV　　　B. V　　　C. kV　　　D. μV

15. 用汽车万用表测量发动机转速时，红表笔应连（　　），黑表笔搭铁。

A. 点火线圈负接线柱　　　B. 点火线圈正接线柱
C. 转速传感器　　　　　　D. 分电器中央高压线

16. 汽车行驶时，充电指示灯由亮转灭，说明（　　）。

A. 发电机处于他励状态　　B. 发电机处于自励状态
C. 充电系统有故障　　　　D. 指示灯损坏

17. 发动机急速运转不稳，拔下第二缸高压线后，运转状况无变化，故障在（　　）。

A. 第二缸　　B. 相邻缸　　C. 中央高压线　　D. 化油器

18. 普通汽车交流发电机一般由三相（　　）交流发电机和硅二极管整流器组成。

A. 同步　　　　　　　　　B. 异步

C. 同步或异步　　　　　　　　　　D. 以上答案都不对

19. 电压调节器触点控制的电流是发电机的（　　）。
A. 励磁电流　　　　　　　　　　B. 电枢电流
C. 充电电流　　　　　　　　　　D. 点火电压

20. 小功率起动机广泛使用的是（　　）离合器。
A. 滚柱式　　　B. 摩擦片式　　　C. 弹簧式　　　D. 带式

21. 汽车发动机需要传递较大转矩且起动机尺寸较大时，应使用（　　）单向离合器。
A. 滚柱式　　　B. 摩擦片式　　　C. 弹簧式　　　D. 带式

22. 在汽车制冷循环系统中，经膨胀阀送往蒸发器管道中的制冷剂是（　　）状态。
A. 高温、高压液体　　　　　　　B. 低温、低压液体
C. 低温、高压气体　　　　　　　D. 高温、低压液体

23. 硅整流发电机的中性点电压等于发电机极柱直流输出电压的（　　）倍。
A. 1/2　　　　B. 1　　　　C. 1/3　　　　D. 1/4

24. 中心引线为负极，管壳为正极的二极管是（　　）。
A. 负极二极管　　　　　　　　　B. 励磁二极管
C. 正极二极管　　　　　　　　　D. 稳压二极管

25. 起动机电磁开关吸引线圈的电阻值为（　　）Ω。
A. 1.5~6　　　　　　　　　　　B. 1.6~6
C. 6~7　　　　　　　　　　　　D. 7~9

26. 点火线圈高压线脱落会造成（　　）。
A. 点火错乱　　　　　　　　　　B. 点火过迟
C. 高压无火　　　　　　　　　　D. 高压火弱

27. 起动发动机时，每次接通起动机的时间不应超过（　　）s。
A. 5　　　　B. 10　　　　C. 15　　　　D. 20

28. （　　）在汽车制冷系统中冷却吸热、冷凝放热起着极其重要的作用。
A. 制冷剂　　　　　　　　　　　B. 冷凝剂
C. 化学试剂　　　　　　　　　　D. 冷却液

29. 检查汽车空调压缩机性能时，应使发动机转速达到（　　）r/min。
A. 1000　　　　　　　　　　　　B. 1500
C. 1600　　　　　　　　　　　　D. 2000

30. 拆卸和安装传感器及信号开关的插接器前，应首先（　　）。
A. 将点火开关关闭　　　　　　　B. 拆卸蓄电池
C. 起动发动机　　　　　　　　　D. 检查线路是否完好

31. 验收发电机时，检查其有无机械和电路故障，可采取（　　）试验。
A. 负载　　　　B. 起动　　　　C. 空转　　　　D. 手动
32. 起动机在做全制动试验时，除测试电流、电压外，还应测试（　　）。
A. 转速　　　　B. 转矩　　　　C. 功率　　　　D. 电阻值
33. 电控发动机可用（　　）检查进气压力传感器或电路是否有故障。
A. 油压表　　　　　　　　　　B. 数字式万用表
C. 模拟式万用表　　　　　　　D. 油压表或数字式万用表
34. 用（　　）检查电控燃油发动机各缸是否工作。
A. 数字式万用表　　　　　　　B. 单缸断火法
C. 模拟式万用表　　　　　　　D. 双缸断火法
35. 用诊断仪读取故障码时，应选择（　　）。
A. 故障诊断　　　　　　　　　B. 数据流
C. 执行元件测试　　　　　　　D. 基本设定
36. 蓄电池隔板夹在相邻的（　　）之间，防止两者短路。
A. 正、负极板　　　　　　　　B. 正、负接线柱
C. 极板　　　　　　　　　　　D. 连接条
37. 交流发电机单相桥式硅整流器每个二极管，在一个周期内的导通时间为（　　）周期。
A. 1/2　　　　B. 1/3　　　　C. 1/4　　　　D. 1/6
38. 汽车起动机电磁开关将起动机主电路接通后，活动铁心靠（　　）线圈产生的电磁力保持在吸合位置上。
A. 吸引　　　　B. 保持　　　　C. 吸引和保持　　　　D. 都不是
39. 汽车空调系统中，电磁离合器的作用是用来控制（　　）之间的动力传递。
A. 发动机与电磁离合器　　　　B. 发动机与空调压缩机
C. 空调压缩机与电磁离合器　　D. 空调压缩机与起动机
40. 汽车空调操纵面板上的 A/C 开关是用来控制（　　）系统的。
A. 采暖　　　　B. 通风　　　　C. 制冷　　　　D. 转换
41. 装于汽车发电机内部的调节器是（　　）。
A. FT61型调节器　　　　　　　B. JFT106型调节器
C. 集成电路调节器　　　　　　D. 晶体管调节器
42. 起动机电枢轴弯曲超过（　　）mm时，应进行校正。
A. 0.05　　　　B. 0.10　　　　C. 0.15　　　　D. 0.25
43. 检查起动机电枢绕组换向器是否断路，应用（　　）检查。
A. 电流表　　　　B. 电压表　　　　C. 绝缘电阻表　　　　D. 伏安表
44. 点火线圈的温度一般不得超过（　　）。

A. 60℃ B. 80℃ C. 100℃ D. 120℃

45. 不是"自行放电"而蓄电池没电的原因是（　　）。

　　A. 电解液不纯　　　　　　　　B. 蓄电池长期存放

　　C. 正、负极柱导通　　　　　　D. 电解液不足

46. 汽车空调系统低压压力开关在（　　）时起作用。

　　A. 系统压力过高　　　　　　　B. 系统压力过低

　　C. 过高或过低　　　　　　　　D. 以上都不是

47. 发电机转子端隙应不大于（　　）mm。

　　A. 0.10 B. 0.20 C. 0.25 D. 0.30

48. 起动机的驱动齿轮与止推垫之间的间隙应为（　　）mm。

　　A. 1~4 B. 1~2 C. 0.5~1 D. 0.5~0.9

49. 严禁在电控燃油喷射发动机运转时将（　　）从电路中断开。

　　A. 蓄电池　　　　　　　　　　B. 传感器

　　C. 点火线圈　　　　　　　　　D. 电动汽油泵

50. 测试汽车有关电阻及传感器必须用（　　）万用表进行。

　　A. 模拟式　　　　　　　　　　B. 高阻抗数字式

　　C. 低阻抗数字式　　　　　　　D. 模拟式或数字式

51. 检测线路是否断路应选择万用表（　　）档。

　　A. 直流电压　　　　　　　　　B. 交流电压

　　C. 电阻　　　　　　　　　　　D. 蜂鸣

52. 将220V交流试灯接在点火线圈一次绕组两端的接线柱上，灯亮则表示（　　）故障。

　　A. 有断路　　　　　　　　　　B. 有搭铁

　　C. 无断路　　　　　　　　　　D. 有断路或搭铁

53. 检查蓄电池电解液液面高度，若电解液不足，且极板上有白色结晶物质，则很可能是（　　）。

　　A. 极板硫化　　　　　　　　　B. 电解液不足

　　C. 电解液密度不够　　　　　　D. 电池老化

54. 对于内装式集成电路调节器，则应先（　　），再拆检发电机，进而区分发电机和调节器故障。

　　A. 测量电阻　　　　　　　　　B. 测量电压

　　C. 探磁　　　　　　　　　　　D. 检查线路

（二）判断题

（　　）1. 起动机通过空转试验可检查其是否有故障。

（　　）2. 灰铸铁中碳主要以片状石墨形式存在。

（　　）3. 交流发电机的电磁不需他励。

（　　）4. 汽油机急加速时爆燃严重，说明点火过迟。

（　　）5. 有熄火征兆或着火后又逐渐熄火的一般是发动机电路故障。

（　　）6. 模拟触发叶轮叶片在气隙中动作，如果高压线端部跳火，说明霍尔发生器有故障。

（　　）7. 验收发电机时应做无负载试验。

（　　）8. 对起动机换向器表面进行修复时，换向器最小直径应不大于 29.0mm。

（　　）9. 汽车空调温度控制器称为温度调节器、恒温器等。

（　　）10. 安装发动机活塞销时，应先将活塞加热且温度越高越好。

（　　）11. 凸轮轴位置传感器向 ECU 输入凸轮轴转速信号，是点火和燃油喷射的主控信号。

（　　）12. 当电控发动机出现故障时，必须将蓄电池从电路中断开，用"解码器"进行测试。

（　　）13. 将 220V 交流试灯一端接点火线圈低压接线柱，一端接外壳，如果灯亮则表示有断路故障。

（　　）14. 进行柴油机喷油器密封试验时，喷油器允许有微量的滴油现象。

（　　）15. 检测电控发动机燃油泵工作电压时，接通点火开关，应能听到燃油泵起动的声音。

四、参考答案及解析

（一）选择题

1. A　蓄电池的主要功能如下：

1) 车辆起动时为车辆提供电能。

2) 发动机停止运转时为车上用电设备提供电能，使其能在发电机不发电的情况下继续工作。

3) 在发电机发电量满足车上用电设备还有剩余时，储存发电机发出的多余电能。

4) 在发电机发电量不足的情况下，联合发电机一起为车上用电设备提供电能，保证车上用电设备正常使用。

2. D　整流器的作用就是利用二极管的单向导电性，通过三相桥式整流电路，将电枢绕组产生的三相交流电转换成直流电。其中二极管的导通原则为：电枢绕组输出的三相交流电，在某一瞬间，有一相电压最高，同时还有一相电压最低，接在电压最高相线上的正极管获得正向电压导通。同时，接在电压最低相线上的负极管获得正向电压导通（其余四个二极管皆因承受反向电压而截止）。由于这两个二极管的导通，整流器的"+"端电位最高，"-"端电位最低，将发电机两相线之间的电压（线电压）加在负载电阻上。

3. A 发电机定子总成由铁心和定子绕组组成。固定的定子绕组切割转子产生旋转的磁场（磁力线），定子绕组上就产生交流电动势。

4. B 5. C 6. A

7. C 汽车空调制冷原理如下：

1）用户按操作程序起动汽车空调系统之后，空调压缩机在发动机带动下开始工作，驱使制冷剂在密封的空调系统中循环流动，空调压缩机将气态制冷剂压缩成高温、高压的制冷剂气体后排出压缩机。

2）高温、高压制冷剂气体经管路流入冷凝器后，在冷凝器内散热、降温，冷凝成低温、低压液态制冷剂流出。

3）高温、高压液态制冷剂经管路进入干燥储液器内，经过干燥、过滤后流进膨胀阀。

4）高温、高压液态制冷剂经膨胀阀节流，状态发生急剧变化，变成低温、低压的液态制冷剂。

5）低温、低压液态制冷剂立即进入蒸发器内，在蒸发器内吸收流经蒸发器的空气热量，使空气温度降低，吹出冷风，产生制冷效果，制冷剂本身因吸收了热量而蒸发成低温、低压的气态制冷剂。

6）低温、低压的气态制冷剂经管路被空调压缩机吸入，进行压缩，进入下一个循环。

8. A

9. A 点火时间过早会造成发动机爆燃，冷却液温度过高，回火，从而使发动机功率下降。

10. D 11. B

12. B 火花塞的作用是将点火线圈所产生的脉冲高压电引进燃烧室，利用电极产生的电火花点燃混合气，完成燃烧。

13. A 14. A 15. A

16. B 打开点火.开关，发动机不起动时，充电指示灯亮起；起动发动机后，充电指示灯熄灭，说明发电机正常。如果在行驶的时候，充电指示灯亮起，证明发电机有故障了。汽车行驶时，充电指示灯由亮转灭，说明发电机处于自励状态。

17. A

18. A 普通汽车交流发电机一般由三相同步交流发电机和硅二极管整流器组成，现多为内调式交流发电机。内调式交流发电机除三相同步交流发电机和硅二极管整流器外，发电机内部还装有集成电路调节器。

19. A 由交流发电机的工作原理可知，交流发电机的三相绕组产生的相电动势

的有效值 $E_\phi=C_e\Phi n$。

这里 C_e 为发电机的结构常数，n 为转子转速，Φ 为转子的磁极磁通。也就是说交流发电机所产生的感应电动势与转子转速和磁极磁通成正比。

当转速升高时，E_ϕ 增大，输出端电压 U_B 升高，当转速升高到一定值时（空载转速以上），输出端电压达到极限，要想使发电机的输出电压 U_B 不再随转速的升高而上升，只能通过减小磁通 Φ 来实现。因为磁极磁通 Φ 与励磁电流 I_f 成正比，所以减小磁通 Φ 也就是减小励磁电流 I_f。所以，交流发电机调节器的工作原理是：当交流发电机的转速升高时，调节器通过减小发电机的励磁电流 I_f 来减小磁通 Φ，使发电机的输出电压 U_B 保持不变。

20. A

21. B 常见起动机单向离合器的结构主要有滚柱式、弹簧式和摩擦片式三种。汽车发动机需要传递较大转矩且起动机尺寸较大时，应使用摩擦片式单向离合器。

22. B 23. C 24. A 25. C 26. C 27. A

28. A 制冷剂又称为制冷工质，是在制冷系统中不断循环并通过其本身的状态变化以实现制冷的工作物质。制冷剂在蒸发器内吸收冷却介质（水或空气等）的热量而汽化，在冷凝器中将热量传递给周围空气或水而冷凝。

29. B 30. A

1）拆卸和安装传感器及信号开关的插接器前应首先将点火开关关闭。

2）拆卸和安装发动机 ECU 插接器前应首先将点火开关关闭，然后拆下蓄电池负极柱上的极桩线。

3）安装蓄电池时应特别注意正、负极不可接反。

4）拆蓄电池负极桩线后，发动机 ECU 所有故障码都会被清除，因此，如有必要，应在拆蓄电池负极线前读取故障码。

5）不可用起动电源帮助起动。

6）不可用水冲洗发动机室。

7）检测控制系统中输入信号和发动机控制系统输出信号，不可用汽车上的灯泡作为试灯。

8）万用表有指针型和液晶显示两种，检测控制系统电阻必须使用内阻在 10MΩ 以上的液晶显示万用表。

31. C 32. B 33. B 34. B 35. A

36. A 普通型铅蓄电池由正极板、负极板、隔板、电解液、电池盖板、加液孔盖和外壳等组成。

极板是蓄电池的核心部分，它分为正极板和负极板。正极板上的活性物质是棕褐色二氧化铅（PbO_2），负极板上的活性物质是青灰色海绵状铅（Pb）。蓄电池充放电过程中，电能和化学能的相互转换，就是依靠极板上活性物质和电解液中硫酸的化学反应来实现的。

隔板放置在正、负极板之间,以避免正、副极板之间接触而短路。

37．A　38．B　39．B　详见 90 页知识点 23。

40．C　41．C　42．B　43．C

44．B　点火线圈的工作温度不宜过高,一般不应超过 80℃;否则,会导致跳火能力减弱,影响发动机的点火性能,增加汽油消耗,同时还会引起线圈内部绝缘老化,线圈内阻增加,致使发动机高速易断火,热车难起动,且会缩短点火线圈的使用寿命。

45．D

46．B　汽车空调系统低压压力开关在系统压力过低时起作用。低压开关通常用螺纹接头直接安装在高压管路中,串联在电磁离合器电路中。当制冷剂压力正常时,动触点接通空调压缩机电磁离合器电路。当空调压缩机排出的制冷剂压力过低时,低压开关断开,切断电磁离合器电路,空调压缩机停止运行,防止受到损坏。

47．B　48．A　49．A　50．B　51．D　52．C

53．A　检查电解液液面高度,若不足,且极板上有白色结晶物质,则很可能是极板硫化,可通过去硫化充电予以排除,硫化严重的应报废。

54．C

（二）判断题

1．√　2．√

3．×　发电机的定子安装在转子的外面,与发电机的前后端盖固定在一起。发动机曲轴通过传动带带动发电机转子轴转动。当转子在定子内部转动时,引起定子绕组中磁通的变化,定子绕组中就产生交变的感应电动势,此时,发电机属于他励。

4．√

5．×　有熄火征兆或着火后又逐渐熄火的一般是发动机油路故障。

6．×　关闭点火开关,打开分电器盖,转动曲轴,使分电器触发叶轮不在空气隙中,拔出分电器盖上的中央高压线,使其端部距气缸 5~7mm,接通点火开关,用小号螺钉旋具在信号发生器的气隙中轻轻地插入和拔出,模拟触发叶轮在气隙中的动作。此时,若高压线端部跳火,说明信号发生器性能良好;若不跳火,说明信号发生器有故障。

7．√

8．×　对起动机换向器表面进行修复时,最小直径应大于 29.0mm。

9．√

10．×　安装发动机活塞销时,将活塞置于水中加热至 70~80℃取出,擦拭干净。在座孔、连杆小头衬套孔和活塞销上涂上薄薄一层机油,用大拇指把活塞销推入座孔，并迅速通过连杆小头衬套孔，直至另一侧销座孔的锁环槽边。

11.× 凸轮轴位置传感器（Camshaft Position Sensor，CPS）又称为气缸识别传感器（Cylinder Identification Sensor，CIS），为了区别于曲轴位置传感器（CPS），凸轮轴位置传感器一般都用 CIS 表示。凸轮轴位置传感器的功用是采集配气凸轮轴的位置信号，并输入 ECU，以便 ECU 识别气缸1压缩上止点，从而进行顺序喷油控制、点火时刻控制和爆燃控制。此外，凸轮轴位置信号还用于发动机起动时识别出第一次点火时刻。因为凸轮轴位置传感器能够识别哪一个气缸活塞即将到达上止点，所以称为气缸识别传感器。

12.× 汽车的 ECU 是控制系统的中枢神经，它不仅有控制功能，而且还有记忆功能。当汽车电控系统出现故障时，ECU 会记忆储存对应的故障信息。维修人员便可从汽车的故障自诊断系统（通过诊断插座）读取故障信息，它是以故障码的形式输出的。可依据故障码查找与之相对应的故障原因和故障部位。

如果在读取故障码之前，拆下了蓄电池或蓄电池连接线（或者拔掉电源的熔丝），相当于中断了 ECU 的电源，储存其内的故障码便会自动消失。若再想获取故障信息及故障发生时的工作状况和环境条件（比如：特定条件下的发动机转速及负荷、发动机的某种冷却液温度、某种进气温度以及有关传感器的某种工况等）是非常麻烦和费时的。因此，万不可随意拆下蓄电池连接线。在维修汽车之前应先读取故障码，然后才能进行蓄电池的拆装和其他维修作业。

13.× 将 220V 交流试灯一端接点火线圈低压线柱，另一端接外壳，如果灯亮则表示无断路故障。

14.× 进行柴油机喷油器密封试验时，喷油器不允许有微量的滴油现象。

15.√

Chapter 4

第四部分 操作技能考核指导

实训模块 1　汽车维护

技能训练一　检查、更换燃油滤清器

1. 训练准备

1）轿车 1 辆（燃油滤清器集成于油泵总成中）。

2）常用维修工具 1 套。

3）棉纱。

2. 训练要求

1）掌握燃油滤清器的结构。

2）掌握燃油滤清器的更换方法。

3. 训练时间

训练时间为 60min。

4. 基本操作步骤

更换燃油滤清器步骤框图如图 4-1 所示。

图 4-1　更换燃油滤清器步骤框图

1）首先，拔出车钥匙，断开车辆的燃油泵熔丝或断开车辆电源，避免在拆卸燃油泵时燃油泵动作泵出燃油。

2）拆除后排座椅的坐垫以及燃油泵盖板，此时便可以看到燃油泵总成的位置，如图 4-2 所示。

3）燃油泵总成被一个黑色的卡环固定，拆除燃油泵上的插接器以及油管，使用专用工具拆卸卡环。拆卸卡环后可取出燃油泵总成，如图 4-3 所示。

4）检查燃油滤清器是否能用。

5）用新的燃油滤清器组件（见图4-4）替换旧的燃油滤清器上的相应组件。

6）把更换好燃油滤清器的燃油泵总成装回油箱中，如图4-5所示。

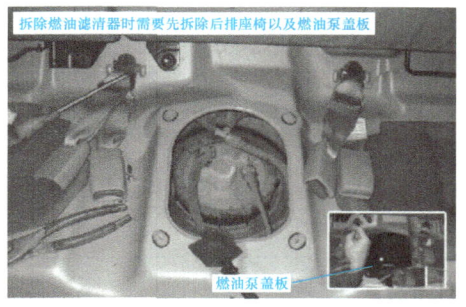

图4-2　燃油泵总成的位置

图4-3　燃油泵总成

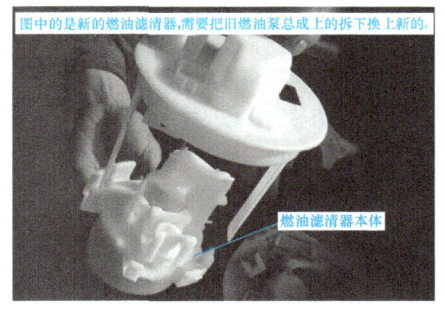

图4-4　新的燃油滤清器组件

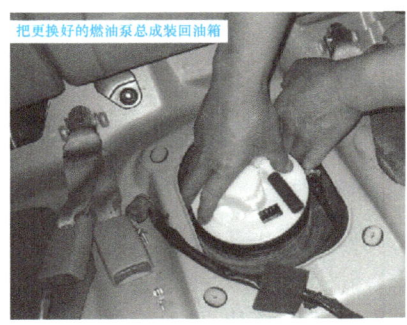

图4-5　将燃油泵总成装回油箱

在燃油泵的密封胶圈上涂上凡士林，避免密封胶圈扭曲后密封不严造成燃油或者燃油气体泄漏。然后，装上燃油泵的固定卡环，并用专用工具按照维修手册上的标准拧紧力矩预紧卡环。最后，装上燃油泵插接器以及燃油泵上的燃油管即可试车检查是否存在泄漏。如果无泄漏则可安装座椅，有泄漏的话则要重装密封胶圈。

操作提示

> 更换燃油滤清器时应注意安装位置，燃油滤清器上的箭头表示燃油流动的方向。此外，在更换燃油滤清器的同时要更换两端的夹箍。

5. 评分标准

检查、更换燃油滤清器评分标准见表4-1。

表 4-1 检查、更换燃油滤清器评分标准

序号	作业项目	考核内容	配分	评分标准	评分记录	扣分	得分
1	断电	拔出钥匙	5 分	没有做,扣除 5 分			
2	拆卸	拆卸坐垫、燃油泵盖板等	10 分	操作方法不规范扣 5 分			
		拆卸燃油泵	30 分	拆卸方法不规范扣 15 分			
3	检查	检查燃油滤清器组件	10 分	检查方法不正确扣 5 分			
4	更换	检查完毕,更换燃油滤清器	40 分	操作方法不规范扣 20 分			
5	安全文明生产	遵守安全操作规程,正确使用工量具,操作现场整洁	5 分	每项扣 1 分,扣完为止			
		安全用电;防火;无人身、设备事故		因违规操作发生重大人身和设备事故,此题按 0 分计			
6	分数合计		100 分				

评分人:　　　年　月　日　　　核分人:　　　年　月　日

技能训练二　检查、调整及更换发动机传动带

1. 训练准备

1)实训轿车 1 辆。

2)常用维修工具 1 套。

3)传动带挠度计 1 只。

4)棉纱。

2. 训练要求

1)正确检查传动带的张紧度。

2)正确调整传动带的张紧度。

3. 训练时间

训练时间为 30min。

4. 技术要求

传动带挠度为 8~15mm。

5. 基本操作步骤

1)检查传动带状况与张紧度。检查传动带有无损伤、剥落。传动带在断裂之前,会出现滑磨声,其表面会出现龟裂纹、磨损以及剥落等现象。因此,应仔细观察,如果出现上述现象应及时更换传动带。

检查传动带张紧度时,用拇指以 98~147N 的力按压传动带中间部位,挠度应为 8~15mm,或使用专用仪器检测,如图 4-6 所示。如果不符合要求,应进行调整。

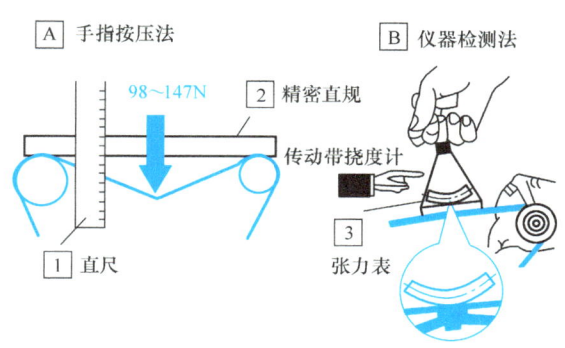

图 4-6 检查传动带状况与张紧度

2）调整传动带张紧度。调整时，用调整螺栓将整个交流发电机向里或向外移位以调整传动带的张紧度。调整后，应可靠地拧紧固定螺栓。

6. 评分标准

检查、调整及更换发动机传动带评分标准见表 4-2。

表 4-2 检查、调整及更换发动机传动带评分标准

序号	作业项目	考核内容	配分	评分标准	评分记录	扣分	得分
1	检查	检查传动带状况	20 分	检查方法不规范扣 10 分			
		使用仪器检查传动带张紧度	30 分	检查方法不规范扣 15 分			
2	调整	移动发电机方向	30 分	移动方法不正确扣 15 分			
		紧固螺栓	15 分	紧固螺栓不规范扣 10 分			
3	安全文明生产	遵守安全操作规程，正确使用工量具；操作现场整洁	5 分	每项扣 1 分，扣完为止			
		安全用电；防火；无人身、设备事故		因违规操作发生重大人身和设备事故，此题按 0 分计			
4	分数合计		100 分				

评分人： 年 月 日 核分人： 年 月 日

技能训练三 前轮前束的检测

1. 训练准备

1）桑塔纳轿车 1 辆。

2）前束尺 1 只。

3）常用维修工具 1 套。

4）棉纱。

2. 训练要求

1）按正确的操作规程检查前束。

2）调整前轮前束,使之符合技术标准。

3. 训练时间

训练时间为 30min。

4. 技术标准

前轮前束为 -1~-3mm。

5. 基本操作步骤

1）检查前束时,要求轮胎气压、轮毂轴承松紧度及转向系统各拉杆应符合技术要求,并将汽车停放在平地上。测量前束常用的仪器是指针式前束尺。其测量方法如下:

① 顶起前轴,使车轮处于平行、直线行驶位置。

② 将前束尺安装在前轴后面两车轮内侧的中心位置,如图 4-7 所示。

③ 将前束尺两端调整到同一高度,调整刻度至零,拧紧锁紧螺钉。

④ 同时转动两车轮 180°,使前束尺在前轴前端的位置与在前轴后端时的位置处于相同的高度,由前束尺刻度盘指针的移动方向和距离读出前束值。

2）前束值的调整是靠改变横拉杆长度来实现的,各种车辆的调整方法基本相同。

① 拧松横拉杆两端接头的夹紧螺栓。

② 用管钳扭转横拉杆,改变其长度,从而调整前束值。横拉杆伸长,前束值增大;横拉杆缩短,前束值减小,直到前束值符合规定,如图 4-8 所示。

③ 最后拧紧夹紧螺栓。

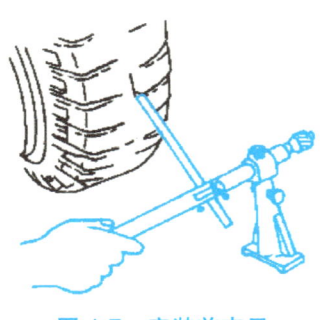

图 4-7 安装前束尺

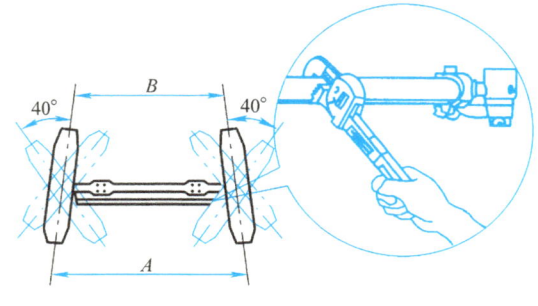

图 4-8 调整前束值

6. 评分标准

前轮前束的检测评分标准见表 4-3。

表 4-3 前轮前束的检测评分标准

序号	作业项目	考核内容	配分	评分标准	评分记录	扣分	得分
1	检查	在每一前轮轴线的胎面中心做记号	5分	操作方法不正确扣2分			
		测量前轮前束值	30分	测量方法不正确扣10分			
				测量结果不正确扣10分			
2	调整	调整前轮前束值	40分	调整方法不正确扣15分			
				调整结果不正确扣15分			
		调整完毕，再次检查前轮前束值	20分	检查方法不正确扣5分			
				检查结果不正确扣5分			
3	安全文明生产	遵守安全操作规程，正确使用工量具；操作现场整洁	5分	每项扣1分，扣完为止			
		安全用电；防火；无人身、设备事故		因违规操作发生重大人身和设备事故，此题按0分计			
4	分数合计		100分				

评分人：　　　　年　月　日　　　核分人：　　　　年　月　日

技能训练四　检查调整离合器踏板自由行程

1. 训练准备

1）桑塔纳 LX 轿车一辆。

2）常用维修工具一套。

3）直尺一把。

4）棉纱。

2. 训练要求

1）按正确的操作规程检查离合器踏板自由行程。

2）正确调整离合器踏板自由行程，使之符合技术标准。

3. 训练时间

训练时间为 20min。

4. 技术标准

离合器踏板自由行程为 15~20mm。

5. 基本操作步骤

1）离合器踏板自由行程的检查。

① 将有刻度的直尺支在驾驶室地板上，首先测出离合器踏板在完全放松时的高度。

② 用手轻轻推压离合器，当感觉阻力增大（即分离轴承端面与分离杠杆内端面刚刚接触）时，停止推压，测出离合器高度。

③ 前后两次测得的高度差即为离合器踏板自由行程的数值。测量离合器踏板自由行程如图 4-9 所示。

2）离合器踏板自由行程的调整。

① 先旋松锁紧螺母 3，当自由行程太大时，须将调整螺母 1 旋入，使拉杆有效长度缩短，如图 4-10 所示。

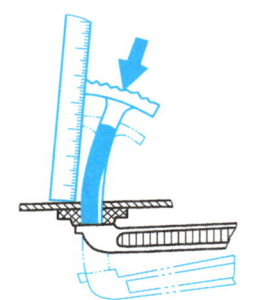

图 4-9 测量离合器踏板自由行程

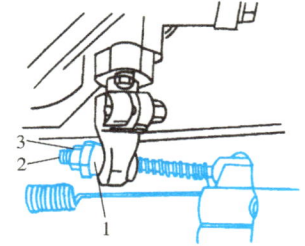

图 4-10 离合器踏板自由行程的调整

1—调整螺母 2—分离杠杆 3—锁紧螺母

② 当自由行程太小时，须将调整螺母 1 旋出，使拉杆有效长度加长。

③ 调好后将锁紧螺母拧紧，同时检查分离杠杆与分离轴承的间隙是否符合规定。

3）分离杠杆与分离轴承间隙的调整。分离杠杆与分离轴承的间隙是靠改变分泵推杆的长度来进行调整。调整时，拧松推杆上的锁紧螺母，转动推杆改变其长度，达到规定标准后，使分离叉端的自由行程为 3~4mm，拧紧锁紧螺母。

6. 评分标准

检查调整离合器踏板自由行程评分标准见表 4-4。

表 4-4 检查调整离合器踏板自由行程评分标准

序号	作业项目	考核内容	配分	评分标准	评分记录	扣分	得分
1	检查	量出离合器踏板完全放松时,其至地板的距离	10 分	测量方法不正确扣 5 分			
				测量结果不正确扣 5 分			
		量出用手轻推离合器踏板感到稍有阻力时,离合器踏板至地板的距离	10 分	测量方法不正确扣 5 分			
				测量结果不正确扣 5 分			
		计算离合器踏板自由行程	10 分	计算结果错误扣 5 分			
2	调整	调整离合器踏板自由行程	50 分	调整方法不正确扣 20 分			
				调整结果不正确扣 20 分			
		调整完毕,再次检查离合器踏板自由行程	15 分	检查方法不正确扣 10 分			
				未检查扣 15 分			
3	安全文明生产	遵守安全操作规程,正确使用工量具;操作现场整洁	5 分	每项扣 1 分,扣完为止			
		安全用电;防火;无人身、设备事故		因违规操作发生重大人身或设备事故,此题按 0 分计			
4	分数总计		100 分				

评分人:　　　年　月　日　　　核分人:　　　年　月　日

实训模块 2　发动机检修

技能训练一　发动机点火提前角的检测与调整

1. 训练准备

1)桑塔纳 LX 型轿车一辆。

2)点火正时灯一只。

3)常用维修工具 1 套。

4)棉纱。

2. 训练要求

1)按正确的操作规程,利用点火正时灯检查点火提前角。

2)调整点火提前角,使之符合技术标准要求。

3. 训练时间

训练时间为 30min。

4. 技术标准

JV 型发动机怠速转速应为 (800±50)r/min,点火提前角应为 11°~13°。

5. 基本操作步骤

1)检查点火提前角。

① 通过变速器壳体上的观察窗，将发动机第一缸置于压缩行程上止点。

② 将点火正时灯的触发线接在第一缸的高压线上，将正时灯的两个电源接头接在蓄电池的正负极上。

③ 起动发动机，运转到正常工作温度，保证在急速转速下稳定运转。用正时灯照射正时记号处，应使记号对正上止点前 11°~13° 的位置。

④ 测出的点火提前角应与规定标准值进行对照，判断点火提前角的大小是否符合要求。若不符合要求，应调整点火提前角。

2）调整点火提前角。旋松分电器固定螺钉，旋转分电器盘调整提前角，直到校准 11°~13° 为止，旋紧固定螺钉。

操作提示

使用点火正时灯或点火正时仪时，应按规定方式连接仪器，按规程操作。

6. 评分标准

发动机检修评分标准见表 4-5。

表 4-5　发动机检修评分标准

序号	作业项目	考核内容	配分	评分标准	评分记录	扣分	得分
1	检查	在飞轮或曲轴前端做上正确的点火提前角标记	50分	操作方法不正确扣 5 分			
				操作不熟练扣 5 分			
		将点火正时灯连接到汽车上并起动发动机检查		操作方法不正确扣 10 分			
				检查方法不正确扣 10 分			
		判断点火提前角的大小		判断错误扣 10 分			
2	调整	调整点火提前角	45分	调整方法不正确扣 10 分			
				调整结果不正确扣 10 分			
		调整完毕，再次检查点火提前角		检查方法不正确扣 10 分			
				检查结果不正确扣 10 分			
3	安全文明生产	遵守安全操作规程，正确使用工量具；操作现场整洁	5分	每项扣 1 分，扣完为止			
		安全用电；防火；无人身、设备事故		因违规操作发生重大人身和设备事故，此题按 0 分计			
4	分数合计		100分				

评分人：　　　年　月　日　　　核分人：　　　年　月　日

技能训练二 检测发动机气缸压缩压力

1. 训练准备
1）能运转的发动机 1 台。
2）火花塞套筒及气缸压力表各 1 个。
3）常用维修工具 1 套。
4）棉纱。

2. 训练要求
运用气缸压力表检测发动机气缸压缩压力。

3. 训练时间
训练时间 15min。

4. 技术标准
汽车发动机的压缩比和气缸压缩压力可以从汽车的使用说明书中查到。当被测气缸的压缩压力比表上所给定的数值低 15% 以上，或该缸的压缩压力比各缸的平均压缩压力低 10% 以上时，基本可以认定该缸的密封性已经不能达到正常的使用要求了。需要注意的是，所规定的缸压值仅适用于海拔 500m 以下的地区，当海拔超过 1000m 以上时，每升高 1000m，缸压大约下降 0.06MPa。

5. 基本操作步骤
1）检测前的准备。
① 使发动机运转到冷却液温度为正常温度（80~90℃），熄火。
② 拆下全部火花塞，使阻风门和节气门全开（加速踏板全部踏下）。
2）检测。
① 手持气缸压力表，把它的锥形橡胶头紧压在火花塞孔上，逐缸测量气缸压缩压力；测量时用起动机带转发动机（转速应不低于 150r/min）。
② 为了测量得更准确，一般每缸应测量 2~3 次，每次测量时应让曲轴旋转 4~6 圈。
3）判断。判断气缸压力是否正常，要根据具体车型来确定，但在一定情况下，也可以根据发动机的压缩比来估计。

操作提示

当出现单缸密封性较差时，为了进一步证实该缸是否还能正常工作，可以用发动机空载停缸测试法来检查和判断。检查只需一个转速表，检查和判断的方法是使发动机以 1200r/min 的转速空转，然后用拔下一个缸火花塞高压线的方法使之断火而停缸，再检查此时发动机的转速，如果此时发动机的转速变化不明显，则说明该缸已不能正常发出动力了。

6. 评分标准

检测发动机气缸压缩压力评分标准见表4-6。

表4-6 检测发动机气缸压缩压力评分标准

序号	作业项目	考核内容	配分	评分标准	评分记录	扣分	得分
1	测量	拆除全部火花塞或喷油器及空气滤清器	15分	操作方法不正确扣2分			
				操作不熟练扣1分			
		检验气缸压力表	15分	检验方法不正确扣3分			
		逐缸测量气缸压力	40分	测量方法不正确扣4分			
				读取不正确每次扣1分,共4分			
				每漏测一个扣1分,共4分			
2	复检	测完一次后,再复检一次取其平均值	25分	检查方法不正确扣4分			
				每漏检一个扣1分,共4分			
3	安全文明生产	遵守安全操作规程,正确使用工量具;操作现场整洁	5分	每项扣1分,扣完为止			
		安全用电;防火;无人身、设备事故		因违规操作发生重大人身和设备事故,此题按0分计			
4	分数合计		100分				

评分人: 　　年　月　日　　核分人: 　　年　月　日

技能训练三　检测发动机进气管真空度

1. 训练准备

1）能运转的发动机1台。

2）真空表1只。

2. 训练要求

运用真空表检测发动机进气管真空度。

3. 训练时间

训练时间为15min。

4. 技术标准

用真空表检测发动机进气管真空度时，其指示值见表4-7。

表4-7 真空表指示值及含义

表针显示	故障性质	故障原因	故障分析
急速时，表针在16~64kPa之间大幅摆动	大缝隙变量漏气	气缸垫松动、烧毁	工作气压影响着缝隙的变化，漏气量较大，ΔPx波动大
急速时，表针指在16kPa以下	大缝隙定量漏气	进气管垫漏气	缸外漏气比缸内漏气对ΔPx影响更大，重则熄火
急速时，ΔPx低于正常值（64~71kPa），降低程度取决于磨损程度，快开节气门时，表针指示值下降为零	大缝隙定量漏气	活塞环、缸壁磨损、黏结对口、拉缸	活塞的密封性变差，ΔPx降低，导致功率下降，机油冒烟（蓝、黑烟）
急速时，ΔPx的跌落值更大	大缝隙定量漏气	液力挺柱顶死	液力挺柱损坏时易顶死气门或加大噪声
急速时，表针跌落值为6kPa以上，摆幅不大	小缝隙定量漏气	气门座、气门烧蚀、结胶	气门和气门座不严，导致ΔPx降低。进气门回火，排气门放炮
急速时，表针在47~60kPa之间摆动	小缝隙变量漏气	气门导管磨损漏气	气门随机偏摆运动，缝隙变化无常
急速时，表针在33~74kPa之间缓慢摆动，且随转速的升高而摆动	小缝隙变量漏气	气门弹簧弹力不足、关不严	燃烧情况欠佳，发动机功率下降所致
急速时，表针在44~57kPa之间缓慢摆动		混合气过浓	燃烧情况欠佳，发动机功率下降所致
急速时，表针跌落值大于过浓状态，摆幅较大，且不规则		混合气过稀或个别缸工作不良	燃烧情况恶劣，发动机功率下降值大，造成急速游车
急速时，表针在46~57kPa之间轻微摆动		点火过迟或配气相位滞后	燃烧不及时，功率下降，经调整能恢复正常
急速时，表针在45.5~57kPa之间大幅摆动		点火过早或配气相位提前	燃气最高压力形成过早，ΔPx波动大，加速时爆燃甚至熄火
急速时，表针指示值有时可达55kPa，但又快速跌落为零或很低		排气系统堵塞	排气系统有较大的反向压力，导致ΔPx波动较大，且异常

5. 基本操作步骤

1）检测前准备。将真空表接在节气门的后方。

2）检测。

① 汽油发动机在正常状态下，按规定的急速值无负荷运转。

② 拆下空气滤清器，查看真空表的读数和指示状态。

3）判断。根据技术数据，判断所测发动机的技术状况。

操作提示

有的真空表的指示值需进行转换。

6. 评分标准

检测发动机进气管真空度评分标准见表4-8。

表4-8 检测发动机进气管真空度评分标准

序号	作业项目	考核内容	配分	评分标准	评分记录	扣分	得分
1	准备	安装真空表	30分	安装方法不正确扣20分			
2	检测	按规定值怠速运转发动机	25分	检测方法不正确扣20分			
3	判断	根据技术数据，判断所测发动机的技术状况	40分	根据判断情况酌情扣分，扣完为止			
4	安全文明生产	遵守安全操作规程，正确使用工量具；操作现场整洁	5分	每项扣1分，扣完为止			
		安全用电；防火；无人身、设备事故		因违规操作发生重大人身和设备事故，此题按0分计			
5	分数合计		100分				

评分人：　　　　年　月　日　　　　核分人：　　　　年　月　日

技能训练四　检测电控发动机燃料供给系统的燃油压力

1. 训练准备

1）桑塔纳2000GSI型轿车1辆。

2）燃油压力表1只。

3）常用工具1套。

4）棉纱。

2. 训练要求

运用燃油压力表检测发动机燃油压力。

3. 训练时间

训练时间为15min。

4. 技术标准

1）将点火开关打到"ON"位，燃油压力为265~304kPa。

2）怠速时测量燃油压力，燃油压力为 265~304kPa。

5. 基本操作步骤

1）检测前的准备。

① 检查电源电压是否高于 12V。

② 从蓄电池的负极端拆下电缆。

③ 断开冷起动喷油器接头。

④ 将适当的容器或擦车布放在冷却起动喷油器管道（2号燃油管）下面。

⑤ 拆下燃油管接头螺栓及两个密封垫，从冷起动喷油器上将冷起动喷油器管拆下。

⑥ 用三个新的密封垫及燃油管接头螺栓将压力表连接在冷起动喷油器上。

⑦ 擦净所有溅出的汽油。

⑧ 使用跨接线，连接检查接口的 +B 和 FP 接口。

⑨ 重新接上蓄电池负极电缆。

2）检测。

① 将点火开关打到"ON"位。

② 测量燃油压力。

③ 如果压力偏高，更换燃油压力调节器。

④ 如果压力偏低，检查燃油管及接头、燃油泵、燃油滤清器、燃油压力调节器、喷油器。

⑤ 拆下跨接线。

⑥ 起动发动机。

⑦ 从燃油压力调节器中拆下真空检测管，并将管口堵住。

⑧ 在怠速时测量燃油压力。

⑨ 将真空检测管重新接到燃油压力调节器上。

⑩ 在怠速时测量燃油压力。

⑪ 如果压力不符合上述规定，检查真空检测管和燃油压力调节器。

⑫ 将发动机熄火。5min 后检查燃油压力是否保持在 147kPa 或更高。

⑬ 如果压力不符合上述规定，检查燃油泵、压力调节器或喷油器。

3）清理现场。

① 检查油压之后，拆下蓄电池负极电缆，并小心地拆下压力表，以防汽油飞溅出来。

② 用两个新的密封垫和油管接头螺栓将冷起动喷油器（2号管）重新装上。

③ 重新接上冷起动喷油器接头。

④ 重新接上蓄电池负极电缆。

⑤ 检查有无燃油泄漏。

操作提示

必须在点火开关转到 LOCK 位置,负极电缆被拆下后超过 30s 方可开始作业。

6. 评分标准

检测电控发动机燃料供给系统的燃油压力评分标准见表 4-9。

表 4-9 检测电控发动机燃料供给系统的燃油压力评分标准

序号	作业项目	考核内容	配分	评分标准	评分记录	扣分	得分
1	准备	检查电源电压,从蓄电池的负极端拆下电缆,断开冷起动喷油器接头	5 分	操作方法不正确扣 2 分			
		拆下油管接头螺栓,从冷起动喷油器上将冷起动喷油器管拆下	10 分	操作方法不正确扣 5 分			
		将压力表连接在冷起动喷油器上。使用跨接线,连接检查接口的 +B 和 FP 接口。重新接上蓄电池负极电缆	10 分	操作方法不正确扣 5 分			
2	检测	正确测量燃油压力	20 分	测量方法不正确扣 10 分			
		正确检查燃油管及接头、燃油泵、燃油滤清器、燃油压力调节器、喷油器	20 分	每检查一项不正确扣 2 分,扣完为止			
		正确更换燃油压力调节器	20 分	更换方法不正确扣 10 分			
3	清理现场	接上冷起动喷油器、负极电缆,恢复发动机原样	10 分	不能正确清理现场扣 5 分			
4	安全文明生产	遵守安全操作规程,正确使用工量具;操作现场整洁	5 分	每项扣 1 分,扣完为止			
		安全用电;防火;无人身、设备事故		因违规操作发生重大人身和设备事故,此题按 0 分计			
5	分数合计		100 分				

评分人: 　年　月　日　　核分人: 　年　月　日

技能训练五　柴油机喷油提前角的检测与调整

1. 训练准备

1) A 型喷油泵、喷油泵试验台各 1 个。

2) 常用工具 1 套。

2. 训练要求

正确检测并调整喷油提前角。

3. 训练时间

训练时间为 15min。

4. 技术标准

YC6105Q 型柴油机喷油提前角为 16°~20°，各缸喷油间隔角误差为 ±0.5°。

5. 基本操作步骤

1）喷油提前角的检测。

① 拧松喷油泵的第一缸高压油管接头螺母。

② 用手摇把或其他可以使曲轴转动的工具顺时针慢慢转动曲轴，直至出油阀的油面开始有动作为止。

③ 观察 V 带轮减振器上的刻度盘指针所指的刻度值是否在 16°~20° 范围之内。

2）喷油提前角的调整。

① 松开空气压缩机与喷油泵之间联轴器的两个紧固螺栓。

② 缓缓地转动喷油自动提前器，如果想加大喷油提前角，则将喷油自动提前器向外旋转，反之向里旋转。

6. 评分标准

柴油机喷油角的检测与调整评分标准见表 4-10。

表 4-10　柴油机喷油角的检测与调整评分标准

序号	作业项目	考核内容	配分	评分标准	评分记录	扣分	得分
1	检测	从喷油泵上拆下第一缸的高压油管，在出油阀座上安装测试用的玻璃管	50 分	操作方法不正确扣 10 分			
				操作不熟练扣 5 分			
		转动曲轴，使喷油泵供油，直至玻璃管中能看到油面		操作方法不正确扣 10 分			
		慢慢转动曲轴，仔细观察玻璃管油面，当油面刚刚发生波动开始上升的瞬间，即停止转动		操作方法不正确扣 10 分			
		检查正时记号是否对正，以判定喷油提前角		检查方法不正确扣 5 分			
				判断错误扣 5 分			
2	调整	调整喷油提前角	45 分	调整方法不正确扣 15 分			
				调整结果不正确扣 15 分			
		调整完毕，再次检查喷油提前角		检查方法不正确扣 5 分			
				检查结果不正确扣 5 分			
3	安全文明生产	遵守安全操作规程，正确使用工量具；操作现场整洁	5 分	每项扣 1 分，扣完为止			
		安全用电；防火；无人身、设备事故		因违规操作发生重大人身和设备事故，此题按 0 分计			
4	分数合计		100 分				

评分人：　　　　　年　月　日　　　核分人：　　　　　年　月　日

技能训练六　柴油机喷油压力的检查

1. 训练准备
1）喷油器试验台 1 台，喷油器 1 只。
2）常用工具 1 套。

2. 训练要求
按要求调校喷油器。

3. 训练时间
训练时间为 40min。

4. 技术标准
喷油压力应为 23.0MPa ± 0.5MPa。

5. 基本操作步骤
1）压力的检测。
① 压动压油手柄，排除留在油管和喷油器内的空气。
② 以 60 次 /min 的速度压动压油手柄，同时观察喷油过程中压力表上的读数。

2）压力的调整。如果压力不符合规定，可调整喷油器上的喷油压力调节螺钉。调整后拧紧锁止螺母，喷油器试验器如图 4-11 所示。

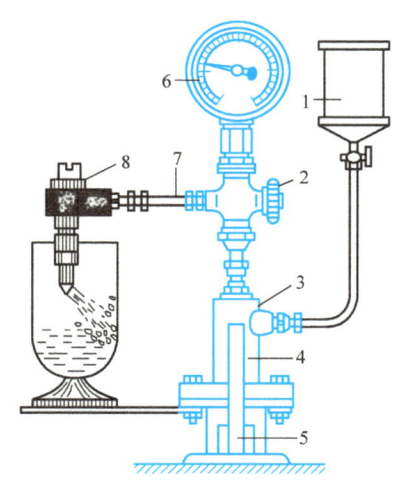

图 4-11　喷油器试验器

1—油箱　2—单向阀　3—放气螺钉　4—油泵体　5—压油手柄　6—油压表
7—高压油管　8—喷油压力调节螺钉

6. 评分标准
柴油机喷油压力的检查评分标准见表 4-11。

表 4-11 柴油机喷油压力的检查评分标准

序号	作业项目	考核内容	配分	评分标准	评分记录	扣分	得分
1	检测	压动压油手柄,排除留在油管和喷油器内的空气	50 分	操作方法不正确扣 20 分			
		正确压动手柄,正确读数		操作方法不正确酌情扣分			
2	调整	调整喷油压力	45 分	调整方法不正确扣 10 分			
				调整结果不正确扣 10 分			
		调整完毕,再次检查喷油压力		检查方法不正确扣 10 分			
				检查结果不正确扣 10 分			
3	安全文明生产	遵守安全操作规程,正确使用工量具;操作现场整洁	5 分	每项扣 1 分,扣完为止			
		安全用电;防火;无人身、设备事故		因违规操作发生重大人身和设备事故,此题按 0 分计			
4	分数合计		100 分				

评分人:　　　　年　月　日　　　　核分人:　　　　年　月　日

技能训练七　发动机怠速工况 CO、HC 的排放量检测

1. 训练准备
1)汽油发动机 1 台。
2)汽车尾气分析仪。

2. 训练要求
能够在发动机怠速情况下检测汽油机的 CO、HC 的排放量。

3. 训练时间
训练时间为 30min。

4. 技术标准
汽油机的 CO、HC 的排放量符合标准(请查阅有关技术资料,本次练习不做要求)。

5. 基本操作步骤
发动机怠速工况 CO、HC 的排放检测操作步骤框图如图 4-12 所示。

图 4-12　发动机怠速工况 CO、HC 的排放检测操作步骤框图

1)必要时在发动机上安装转速计、点火定时仪、冷却液和润滑油测温计等测试仪器。

2)发动机由怠速工况加速至 0.7 倍额定转速,维持 1min 后再降至怠速状态。

3）发动机降至怠速状态后，将取样探头插入排气管中，深度为 400mm，并固定于排气管上。

4）先把指示仪表的读数转换开关打到最高量程档位，再一边观看指示仪表，一边用读数转换开关选择适于排气含量的量程档位。发动机在怠速状态下维持 15s 后开始读数，读取 30s 内的最高值和最低值，其平均值即为测量结果。

5）若为多排气管，取各排气管测量结果的算术平均值。

6）测量工作结束后，把取样探头从排气管里抽出来，让它吸入新鲜空气 5min，待仪器指针回到零点后再关闭电源。

6. 评分标准

发动机怠速工况 CO、HC 的排放量检测评分标准见表 4-12。

表 4-12 发动机怠速工况 CO、HC 的排放量检测评分标准

序号	作业项目	考核内容	配分	评分标准	评分记录	扣分	得分
1	检测	使发动机能怠速运转、正常运转	5 分	操作方法不正确扣 2 分			
		将取样探头插入排气管中，深度为 400mm，并固定于排气管上	30 分	操作方法不正确扣 20 分			
		调整仪器，进行读数	30 分	调整仪器不正确扣 10 分 读数不准扣 10 分			
2	计算结果	将最高值和最低值相加取平均值	10 分	计算结果不正确扣 5 分			
3	清理现场	把取样探头从排气管里抽出来，让它吸入新鲜空气 5min，待仪器指针回到零点后再关闭电源	20 分	操作方法不正确扣 10 分			
4	安全文明生产	遵守安全操作规程，正确使用工量具；操作现场整洁	5 分	每项扣 1 分，扣完为止			
		安全用电；防火；无人身、设备事故		因违规操作发生重大人身和设备事故，此题按 0 分计			
5	分数合计		100 分				

评分人：　　　　年　月　日　　　核分人：　　　　年　月　日

技能训练八　发动机怠速工况烟度的检测

1. 训练准备

1）柴油发动机 1 台。

2）滤纸式烟度计。

2. 训练要求
能够检测柴油机的烟度。
3. 训练时间
训练时间为30min。
4. 技术标准
柴油机的烟度符合要求（详细内容请查阅有关技术资料，本练习不做要求）。
5. 基本操作步骤
发动机怠速工况烟度的检测操作步骤框图如图4-13所示。

图4-13　发动机怠速工况烟度的检测操作步骤框图

滤纸式烟度计的结构如图4-14所示。烟度测量步骤如下：

（1）仪器准备

1）检查指示仪表。在通电前指针在机械零点，通电后用标准烟样予以校准。检查取样探头和软管无破损、堵塞和污染。检查滤纸进给机构、空气吹洗机构、抽气泵及各种导线应完好无损。

2）接通电源，预热5min以上。

3）检查控制用、清洗用的压缩空气压力应符合要求。

4）检查滤纸应洁白、无污染。

（2）车辆准备

1）起动、预热发动机到规定的热状态，检查排气系统不得有泄漏。

2）检查柴油不得有消烟剂。

3）将取样探头插入排气管内，深度为300mm。

（3）检测

1）利用加速踏板使发动机急加速2~3次，把积存在排气管内的炭渣吹掉。

2）发动机怠速运转时，迅速将加速踏板踩到底，维持4s后迅速松开；按下测量键后，烟度计自动完成取样和检测的全过程。

3）求出这样三次测试结果的平均值就是所要的烟度值。

（4）注意事项

1）抽气泵用软管连接取样探头后，应放置在高处，以防止冷凝水流入弄湿滤纸。

2）烟度计工作的环境应避开雨淋和强光照射。

3）妥善保管滤纸和标准烟样。

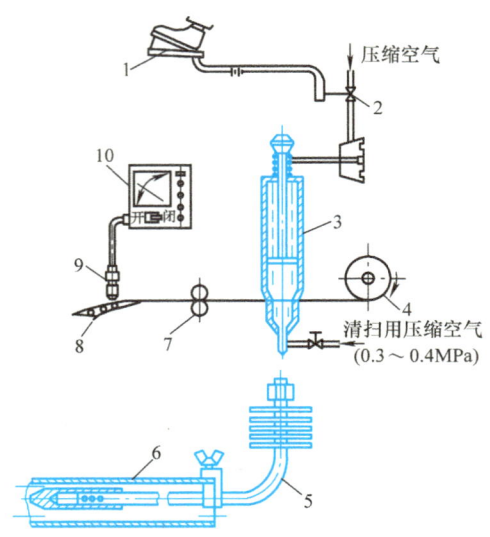

图 4-14 滤纸式烟度计的结构

1—脚踏开关 2—电磁阀 3—抽气泵 4—滤纸卷 5—取样探头 6—排气管 7—进给机构
8—染黑的滤纸 9—光电传感器 10—指示仪表

6. 评分标准

发动机怠速工况烟度的检测评分标准见表 4-13。

表 4-13 发动机怠速工况烟度的检测评分标准

序号	作业项目	考核内容	配分	评分标准	评分记录	扣分	得分
1	仪器准备	检查仪表指针零点、烟样、滤纸及各种机构	15 分	少检查一个扣 2 分，扣完为止			
		检查空气压缩压力	20 分	不检查扣 20 分			
2	车辆准备	起动、预热发动机到规定的热状态	10 分	没到规定热状态扣 5 分			
		检查柴油	5 分	没检查扣 5 分			
		将取样探头插入排气管内	10 分	插入不合格扣 5 分			
3	检测	吹掉炭渣	10 分	没有做扣 10 分			
		检测	15 分	检测程序不对扣 5 分			
		计算结果	10 分	计算结果不对扣 5 分			
4	安全文明生产	遵守安全操作规程，正确使用工量具；操作现场整洁	5 分	每项扣 1 分，扣完为止			
		安全用电；防火；无人身、设备事故		因违规操作发生重大人身和设备事故，此题按 0 分计			
5	分数合计		100 分				

评分人：　　　　年　月　日　　　核分人：　　　　　年　月　日

技能训练九　曲轴轴承间隙的检查与调整

1. 训练准备
1）CA1092 型发动机 1 台。
2）常用工具 1 套、挤压熔丝 1 个、千分尺 1 个。
3）机油 1 桶、抹布 1 块。

2. 训练要求
1）用正确方法检查曲轴轴承间隙是否符合标准。
2）根据检查结果正确调整曲轴轴承间隙。

3. 训练时间
训练时间为 30min。

4. 技术标准
1）曲轴轴承间隙值应符合规定值。
2）主轴承螺栓拧紧力矩应符合规定。

5. 基本操作步骤
（1）检查
1）检查欲拆检的轴承盖有无位置、方向标记，没有标记的应做好标记。
2）取下锁销或剔开锁片，用扭力扳手拆下轴承盖紧固螺栓，取下轴承盖。
3）用干净的抹布擦净轴瓦表面油污，取长度等于轴瓦宽度的 $\phi 0.5mm$ 的熔丝沿曲轴轴向放置在轴瓦上，将轴承盖装复，按规定力矩拧紧螺栓。
4）将轴承盖拆下，取出经过挤压的熔丝，用 0~25mm 千分尺测量其厚度，并做记录。
5）在轴瓦表面涂抹新鲜机油后，将检查过的轴承盖装复，按规定力矩拧紧螺栓，锁好销子或锁片。检查轴承间隙时，应拆检装复一个后再拆装另一个。
6）最后，用扭力扳手按规定力矩全部检查紧固主轴承螺栓和连杆轴承螺栓，锁好锁销或锁片。
7）若轴承间隙过大，则需进行调整或更换。

（2）调整
1）拆下轴承盖，适当增减轴承盖两边的调整垫片，按规定力矩拧紧轴承盖螺栓。
2）转动曲轴（卸去全部火花塞），若用力不大，转动灵活即为合适。若感到费力，说明间隙过小，可在轴承盖两边同时加上同等厚度的垫片再试；若感到太松，则可在轴承两边减去同等厚度的垫片再试，直到合适为止。
3）在轴瓦表面涂抹机油后，将调整后的轴承盖装复，按规定力矩拧紧螺栓，锁好销子或锁片。

4）全面调整轴承间隙须从中间开始，四道主轴承按2、3、1、4的顺序调整；七道主轴承按3、4、5、2、6、1、7的顺序调整。

6．评分标准

曲轴轴承间隙的检查与调整评分标准见表4-14。

表4-14　曲轴轴承间隙的检查与调整评分标准

序号	作业项目	考核内容	配分	评分标准	评分记录	扣分	得分
1	检查	拆下被检查的某道轴承盖，擦净曲轴及轴承上的润滑油	15分	操作方法不正确扣2分			
				操作不熟练扣2分			
		根据轴颈长度剪下一段专用的熔丝，按与曲轴轴线平行的方向放在轴承盖上	20分	操作方法不正确扣10分			
				操作不熟练扣5分			
		装上轴承盖，并按规定力矩拧紧	20分	操作方法不正确扣10分			
				操作不熟练扣5分			
		拆下轴承盖，测量尺寸，读取间隙值	20分	测量方法不正确扣10分			
				测量结果不正确扣5分			
2	调整	正确调整间隙	20分	调整错误扣10分			
3	安全文明生产	遵守安全操作规程，正确使用工量具；操作现场整洁	5分	每项扣1分，扣完为止			
		安全用电；防火；无人身、设备事故		因违规操作发生重大人身和设备事故，此题按0分计			
4	分数合计		100分				

评分人：　　　　　年　月　日　　　核分人：　　　　　年　月　日

技能训练十　发动机曲轴几何误差检测

1．训练准备

1）测量平台1台、万向磁力表座1个、V形块1对、框式水平仪1台。

2）百分表1块、高度游标卡尺1把、外径千分尺1把。

3）桑塔纳2000GSI型轿车AFE发动机曲轴1根。

4）棉纱。

2．训练要求

1）正确选择使用工量具及设备。

2）采用正确的检测方法，测量发动机曲轴的几何误差。

3）安全文明操作。

3．训练时间

训练时间为60min。

4. 技术标准

曲轴弯曲度，中型货车不大于 0.15mm，轿车不大于 0.06mm。

5. 基本操作步骤

（1）曲轴弯曲变形的检测　曲轴弯曲变形的检测操作步骤框图如图 4-15 所示。

图 4-15　曲轴弯曲变形的检测操作步骤框图

1）清洁并校验平台。

① 用棉纱清洁测量平台。

② 用框式水平仪检验测量平台是否水平。

③ 如平台未水平，进行调整。

2）支撑曲轴。

① 用棉纱清洁 V 形块，并将 V 形块放在测量平台上。

② 用棉纱清洁曲轴各道轴颈。

③ 把曲轴首末端的主轴颈放在 V 形块上。

④ 清洁高度游标卡尺，并进行校正。

⑤ 用高度游标卡尺检测曲轴首末端主轴颈最高素线的高度。

⑥ 调整曲轴首末端主轴颈中心轴线，使其处于水平位置。

3）检验百分表。

① 检查百分表上边的挡帽和下边的测量触点是否松动。

② 用手提挡帽，再松开，百分表的长、短针应转动自如，无卡滞现象。

百分表的结构如图 4-16 所示。

4）检验磁力表座。

① 检查磁力开关工作状况。

② 检查表架的灵活性、稳固性。

5）安装百分表。

① 将百分表装在表架前端的圆孔内。

② 将螺栓锁紧。

6）压表。

① 将百分表压在待测部位中部的最高素线上，并与待测部位垂直，同时使百分

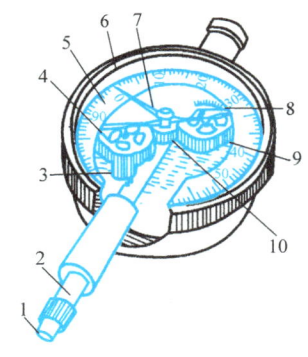

图 4-16　百分表的结构

1—测量头　2—测量杆　3、4、9、10—齿轮
5—表盘　6—表圈　7—主指针
8—转数指示

表短针有一定的指示，再锁紧表架。

② 测量中间主轴颈对两端主轴颈轴线的径向圆跳动误差的方法如图4-17所示。

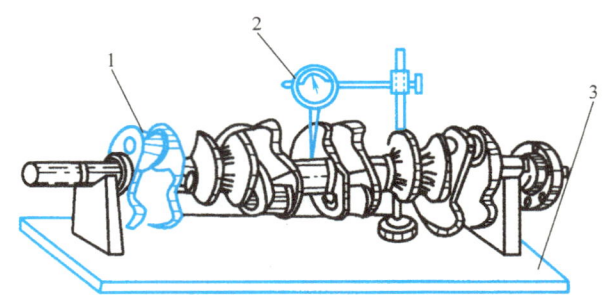

图4-17 测量中间主轴颈对两端主轴颈轴线的径向圆跳动误差的方法
1—曲轴 2—百分表 3—V形块

7）测量。

① 打开表座的磁力开关，固定磁力表座。

② 将曲轴慢慢旋转一圈，读出百分表的最大读数和最小读数。

8）计算、确定变形量。

① 径向圆跳动误差的计算方法：最大读数与最小读数之差的1/2。

② 轴向圆跳动误差的计算方法：最大读数与最小读数之差。

③ 将所得结果与技术标准相比较，确定变形量。

 **操作提示**

> 校验测量平台是否水平时应分段测量。水平仪的水准器（俗称气泡）偏向哪侧，就说明哪侧高，应适当调整测量平台。如果水平仪的水准器位于中间，说明测量平台水平。
>
> 校正游标高度卡尺时，应将其放在测量平台上，向下移动游标使测量触点抵住测量平台，再锁住游标，如果有误差，读出误差。

（2）曲轴扭曲变形的检测 曲轴扭曲变形的检测操作步骤同曲轴弯曲变形的检测。

1）检测曲轴扭曲变形时，将曲轴首末端连杆轴颈旋转至水平位置。

2）将百分表压在首端或末端连杆轴颈的最高素线上，找出该轴颈的实际最高点，记录该读数。

3）将磁力表座总成托住底座，移至末端或首端的连杆轴颈上，用同样的方法，测出末端或首端的连杆轴颈实际最高点的读数,记录下来。

4)计算、确定变形量。将测出的数值代入公式,即

$$\theta = 57\Delta A/R$$

式中　θ——扭转角度,单位为 rad;

　　　57——常量;

　　　ΔA——首末端连杆轴颈最高点的差值量,单位为 mm;

　　　R——曲柄半径,单位为 mm。

5)用计算出的 θ 值与技术要求相比较从而得出正确的结论。

(3)曲轴曲柄半径 R 的检测

曲轴曲柄半径 R 的检测步骤框图如图 4-18 所示。

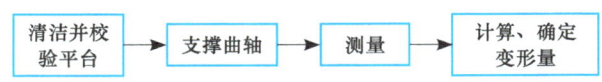

图 4-18　曲轴曲柄半径 R 的检测步骤框图

曲轴曲柄半径 R 测量方法如图 4-19 所示。

1)使用一根新的曲轴或已修配好的曲轴。

2)将待测的连杆轴颈旋转至最高位置,用游标高度卡尺测出该轴颈最高素线的高度 h_2。

3)将待测的连杆轴颈旋转至最低位置,用游标高度卡尺测出该轴颈最高素线的高度 h_1。

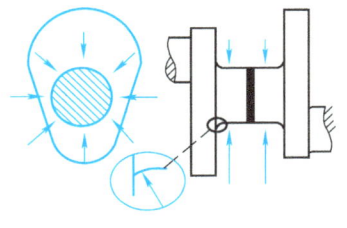

图 4-19　曲轴曲柄半径 R 测量方法

4)计算,即

$$R = (h_2 - h_1)/2$$

(4)曲轴轴颈磨损的检测并确定轴颈的维修尺寸

曲轴轴颈磨损的检测并确定轴颈的修理尺寸步骤框图如图 4-20 所示。

图 4-20　曲轴轴颈磨损的检测并确定轴颈的修理尺寸步骤框图

1)摆放曲轴。清洁曲轴各段轴颈,将其竖直放在测量平台上或放在 V 形块上。

2)校正外径千分尺。

①清洁外径千分尺及标准棒。

②松开外径千分尺上的转动手柄,旋转微分筒,将标准棒夹在测微螺杆和砧座之间,当标准棒接近测微螺杆时,再旋转棘轮,棘轮发出 2~3 声响即可停止。

③ 当标准棒的长度等于外径千分尺的第一个读数时，则外径千分尺无误差，如果不等，可调整外径千分尺或读出误差值，用加减误差的方法来测量。

3）选择测量部位。每段轴颈选择靠两边的截面作为测量截面，但不能选择轴颈的过渡圆角处。

4）测量。

① 分别在每个截面上找到磨损最大的部位，用外径千分尺测得最小直径。

② 找到磨损最小的部位，用外径千分尺测得最大直径。

5）计算。

① 圆度的计算方法：在同一截面上用最大直径减去最小直径，其差值量的1/2即为该截面的圆度值。用同样方法求得另一截面的圆度值，两个圆度值中选一个最大的作为该段轴颈的圆度值。

② 圆柱度误差的计算方法：在所测得的两个截面的数值中，选出一个最大的直径值，再到另一个截面选出一个最小的直径值，最大与最小直径差值量的1/2即为该轴颈的圆柱度误差。

③ 将测得的数值与标准的技术要求相比较从而得出结论。

6）确定维修尺寸。

① 先计算出一个尺寸 $\phi_{计}$，$\phi_{计} = \phi_{小} -$ 加工余量（0.08~0.1mm），即用测出的最小直径减去加工余量，加工余量为0.08~0.1mm。

② 查该车型的维修手册，列出曲轴轴颈的各级维修尺寸。

用计算出来的尺寸 $\phi_{计}$ 与各级上的维修尺寸进行比较，从而确定出该轴颈的维修尺寸，即 $\phi_{计} \geq \phi_{某一级}$（等号的意思是接近于）。

操作提示

连杆轴颈失圆的最大部位在各轴颈的内侧面上，即靠曲轴中心线一侧，主轴颈的最大失圆磨损，一般出现在靠近连杆轴颈的一侧。

在确定整个轴的轴颈的维修尺寸时，应在所有的同类轴颈中，选出一个最小的直径来计算，不能以某一段轴颈来代表全部轴颈。

6. 评分标准

发动机曲轴几何误差检测评分标准见表4-15。

表 4-15 发动机曲轴几何误差检测评分标准

序号	作业项目	考核内容	配分	评分标准	考核记录	扣分	得分
1	曲轴支撑	曲轴支撑位置，调平方法和调平质量	15 分	支撑位置错误扣 5 分 调整方法错误扣 5 分 调整有误差扣 5 分			
2	轴颈测量并确定维修尺寸	测量轴颈，并判断是否需要修磨，确定维修尺寸	25 分	测量一处错误扣 5 分，共 10 分 结论错误扣 5 分 维修尺寸确定错误扣 5 分			
3	测量弯曲	测量径向圆跳动误差和轴向圆跳动误差的方法和测量结果	15 分	测量方法一处错扣 2 分，共 6 分 测量结果一处错扣 2 分，共 6 分			
4	测量扭曲	测量方法和测量结果	15 分	测量方法一处错扣 2 分，共 6 分 测量结果一处错扣 2 分，共 6 分			
5	测量曲柄半径	测量方法和测量结果	15 分	测量方法错误扣 5 分 测量结果错误扣 5 分			
6	结论	判断曲轴能否继续使用	10 分	判断一处错误扣 2 分，共 8 分			
7	安全文明生产	遵守安全操作规程，正确使用工量具；操作现场整洁 安全用电；防火；无人身、设备事故	5 分	每项扣 1 分，扣完为止 因违规操作发生重大人身或设备事故，此题按 0 分计			
8	分数总计		100 分				

技能训练十一　发动机凸轮轴几何误差的检测

1. 训练准备

1）测量平台 1 台、万向磁力表座 1 个、V 形块 1 对、框式水平仪 1 台。

2）百分表 1 块、高度游标卡尺 1 把、外径千分尺 1 把。

3）桑塔纳 2000GSI 型轿车 AFE 发动机凸轮轴 1 根。

4）棉纱。

2. 训练要求

1）正确选择工量具及设备。

2）采用正确的检测方法，检测发动机凸轮轴几何误差。

3）安全文明操作。

3. 训练时间

训练时间为40min。

4. 技术标准

中间轴颈相对两端轴颈的径向圆跳动误差不大于0.05mm。

5. 基本操作步骤

发动机凸轮轴几何误差的检测步骤框图如图4-21所示。

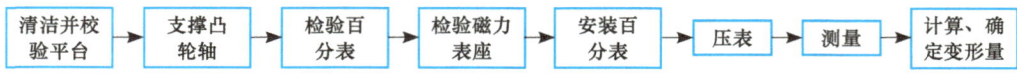

图4-21 发动机凸轮轴几何误差的检测步骤框图

（1）清洁并校验平台

1）用棉纱清洁测量平台。

2）用框式水平仪检验测量平台是否水平。

3）如果平台不水平，进行调整。

（2）支撑凸轮轴

1）用棉纱清洁V形块，并将V形块放在测量平台上。

2）用棉纱清洁凸轮轴各道轴颈。

3）把凸轮轴首末端的主轴颈放在V形块上。

4）清洁高度游标卡尺，并进行校正。

5）调整凸轮轴首末端主轴颈中心轴线，使其处于水平位置。

（3）检验百分表

1）检查百分表上边的挡帽和下边的测量触点是否反松。

2）用手提挡帽，再松开，百分表的长、短针应转动自如，无卡滞现象。

（4）检验磁力表座

1）检查磁力开关工作状况。

2）检查表架的灵活性、稳固性。

（5）安装百分表

1）将百分表装在表架前端的圆孔内。

2）将螺栓锁紧。

（6）压表 将百分表压在待测部位中部的最高素线上，并与待测部位垂直，同时使百分表短针有一定的指示，再锁紧表架。

（7）测量

1）打开表座的磁力开关，固定磁力表座。

2）将凸轮轴慢慢旋转一圈，读出百分表的最大读数和最小读数。

（8）计算、确定变形量

1）径向圆跳动误差的计算方法：最大读数与最小读数之差的1/2。

2）轴向圆跳动误差的计算方法：最大读数与最小读数之差。

3）将所得结果与技术标准相比较，确定变形量。

6. 评分标准

发动机凸轮轴几何误差的检测评分标准见表4-16。

表4-16 发动机凸轮轴几何误差的检测评分标准

序号	作业项目	考核内容	配分	评分标准	考核记录	扣分	得分
1	凸轮轴支撑	凸轮轴支撑位置，调平方法和调平质量	10分	支撑位置错误扣5分			
				调整方法错误扣2分			
				调整有误差扣2分			
2	安装磁力表座和表	检验百分表、表座和安装百分表	30分	检验百分表错误扣10分			
				检验表座错误扣10分			
				安装百分表错误扣10分			
3	测量	测量径向圆跳动误差和轴向圆跳动误差的方法	45分	测量方法一处错误扣20分			
4	计算	测量结果	10分	测量方法一处错误扣5分			
5	安全文明生产	遵守安全操作规程，正确使用工量具；操作现场整洁	5分	每项扣1分，扣完为止			
		安全用电；防火；无人身、设备事故		因违规操作发生重大人身或设备事故，此题按0分计			
6	分数总计		100分				

评分人：　　　　　年　月　日　　　核分人：　　　　　年　月　日

技能训练十二　气缸磨损程度及圆度、圆柱度误差的检测

1. 训练准备

1）气缸体1个。

2）量缸表、内径千分尺、外径千分尺各1个。

2. 训练要求

运用检测仪表检测气缸磨损的程度及圆度、圆柱度误差。

3. 训练时间

训练时间为30min。

4. 技术标准

各缸直径之差不得超过0.05mm。气缸与活塞的配合间隙应为0.025~0.030mm。镗、磨后气缸的圆度和圆柱度误差应不大于0.005mm。

5. 基本操作步骤

（1）校表

1）将量缸表的外径千分尺校准到被测气缸的标准尺寸。

2）将量缸表校准到外径千分尺尺寸，转动表盘，指针调零并记住小指针指示的毫米数。

（2）测量　将量缸表在磨损最大部位的横断面上旋转90°测量，两读数差值的1/2即为该气缸的圆度误差。用同样方法将量缸表下移至气缸中部和距气缸下边沿10mm左右处进行测量。

（3）计算　三处测量中最大与最小读数差值的1/2，即为此气缸的圆柱度误差。气缸磨损程度及圆度、圆柱度误差的检测如图4-22所示。

（4）确定维修尺寸

1）维修尺寸＝气缸最大磨损直径＋镗磨余量。

2）镗磨余量一般取0.10~0.20mm。

6. 评分标准

气缸磨损程度及圆度、圆柱度误差的检测评分标准见表4-17。

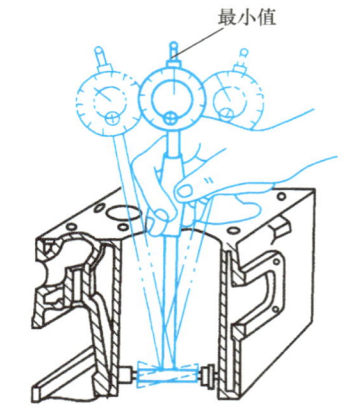

图4-22　气缸磨损程度及圆度、圆柱度误差的检测

表4-17　气缸磨损程度及圆度、圆柱度误差的检测评分标准

序号	作业项目	考核内容	配分	评分标准	考核记录	扣分	得分
1	校表	能够将表校准到被测气缸的标准尺寸	15分	校准错误扣10分			
2	测量	测量圆度和圆柱度误差	40分	测量圆度误差方法错误扣10分			
				测量圆柱度误差方法错误扣10分			
				测量位置错误扣10分			
3	计算	计算圆度和圆柱度误差	20分	计算圆度误差错误扣10分			
				计算圆柱度误差错误扣10分			
4	确定维修尺寸	能够确定维修尺寸	20分	公式计算错误扣5分			
				镗磨余量选择错误扣5分			
				不能确定最终结果扣5分			
5	安全文明生产	遵守安全操作规程，正确使用工量具；操作现场整洁	5分	每项扣1分，扣完为止			
		安全用电；防火；无人身、设备事故		因违规操作发生重大人身或设备事故，此题按0分计			
6	分数总计		100分				

评分人：　　年　月　日　　核分人：　　年　月　日

技能训练十三　气缸盖平面度误差的检测

1. 训练准备
1）发动机气缸盖1个。
2）平尺、塞尺各1个。
3）平台1个。

2. 训练要求
利用量具，正确检测气缸盖平面度误差。

3. 训练时间
训练时间为30min。

4. 技术标准
接合面的平面度误差不大于0.05mm。

5. 基本操作步骤
（1）清洁并校验平台
1）用棉纱清洁测量平台。
2）用框式水平仪检验测量平台是否水平。
3）如果平台未水平，进行调整。

（2）放置气缸盖　将气缸盖倒放在检测平台上。

（3）测量
1）气缸体平面度误差的检测如图4-23所示。将直尺贴靠在气缸盖下平面上。
2）在直尺与气缸盖下平面间的缝隙处插入塞尺，所测数值就是气缸盖的变形量。

（4）整理工量具　整理所用的工量具。

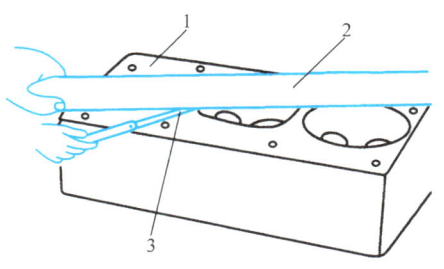

图4-23　气缸体平面度误差的检测
1—气缸盖　2—直尺　3—塞尺

6. 评分标准
气缸盖平面度误差的检测评分标准见表4-18。

表 4-18 气缸盖平面度误差的检测评分标准

序号	作业项目	考核内容	配分	评分标准	考核记录	扣分	得分
1	清洁并校验平台	清洁并校验平台	20分	没有清洁平台扣10分			
				没有校验平台扣10分			
2	放置气缸盖	正确放置气缸盖，没有磕碰	20分	放置粗暴，根据情况酌情扣分，扣完为止			
3	测量	能够测量平面度误差	55分	放置直尺不正确扣20分			
				不会使用塞尺扣20分			
				不能测出结果扣10分			
4	安全文明生产	遵守安全操作规程，正确使用工量具；操作现场整洁	5分	每项扣1分，扣完为止			
		安全用电；防火；无人身、设备事故		因违规操作发生重大人身或设备事故，此题按0分计			
5	分数总计		100分				

评分人：　　　　年　月　日　　　核分人：　　　　年　月　日

技能训练十四　气缸盖的装配与调整

1. 训练准备

1）桑塔纳 LX 型轿车发动机 1 台。

2）常用工具 1 套。

2. 训练要求

正确装配与调整发动机气缸盖。

3. 训练时间

训练时间为 30min。

4. 技术标准

1）安装时应更换所有密封条或密封衬垫，将气缸盖衬垫标有"OPEN TOP"字样的一面朝向气缸盖安装。

2）安装凸轮轴时，用 20N·m 的力矩先对角交叉地拧紧第 2、4 道凸轮轴承盖，再用同样的力矩拧紧第 1、3、5 道轴承盖。装好凸轮轴油封后，用 80N·m 的力矩紧固凸轮轴正时齿轮螺栓。

3）安装气门油封时，应先在油封上涂机油，再用"10—204"专用工具把气门油封装入。

4）安装好凸轮轴后，发动机在30min内不得起动，以便液力挺柱的补偿元件进入状态，否则气门将撞击活塞。

5. 基本操作步骤

（1）装配气缸盖总成

1）安装各气门油封。装配气门、气门弹簧及气门锁夹座圈，用专用工具2037压下气门弹簧，装上气门锁夹。

2）安装液力挺柱总成。将第一缸凸轮呈"八"字朝上装在轴承座上，对正安装好凸轮轴轴承盖，紧固轴承盖的紧固螺栓。

3）装好凸轮轴油封后，紧固凸轮轴正时齿轮螺栓。

（2）将气缸盖安装到气缸体上

1）安装气缸盖衬垫，安装气缸盖及缸盖螺栓，并稍微拧紧。

2）将气缸盖螺栓分4次拧紧，拧紧顺序如图4-24所示。发动机冷态时，气缸盖紧固螺栓的拧紧力矩见表4-19。

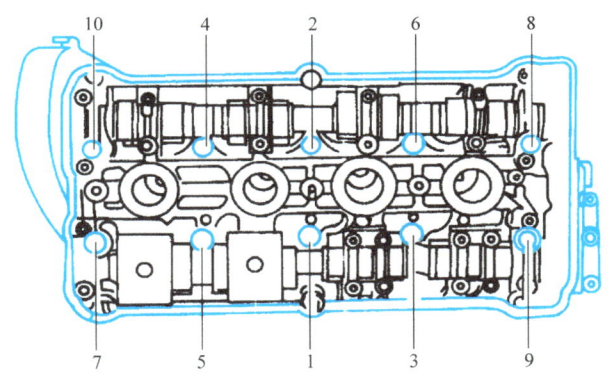

图4-24 气缸盖螺栓的拧紧顺序

注：图中数字代表拧紧顺序。

（3）安装其他零件

1）安装机油反射罩、气门罩盖衬垫。

2）安装气门罩盖、气门罩盖压条，由中间向两边顺序拧紧气门罩盖紧固螺母。

3）安装火花塞及其垫圈、进排气管等气缸盖附件。

表4-19 气缸盖紧固螺栓拧紧力矩

次数	拧紧力矩/N·m	次数	拧紧力矩/N·m
第1次	40	第3次	75
第2次	60	第4次	再用扳手拧紧1/4圈

6. 评分标准

气缸盖的装配与调整评分标准见表4-20。

表4-20　气缸盖的装配与调整评分标准

序号	作业项目	考核内容	配分	评分标准	考核记录	扣分	得分
1	装配气缸盖总成	安装各气门油封、液力挺柱总成、凸轮轴油封	30分	安装各气门油封不正确扣10分			
				安装液力挺柱总成不正确扣10分			
				安装凸轮轴油封不正确扣10分			
2	将气缸盖安装到气缸体上	安装气缸盖衬垫、气缸盖及缸盖螺栓，并拧紧	40分	安装缸盖错误扣15分			
				拧紧螺栓顺序、力矩错误扣15分			
3	安装其他零件	安装机油反射罩、气门罩盖衬垫及其他附件	25分	根据安装情况酌情扣分，扣完为止			
4	安全文明生产	遵守安全操作规程，正确使用工量具；操作现场整洁	5分	每项扣1分，扣完为止			
		安全用电；防火；无人身、设备事故		因违规操作发生重大人身或设备事故，此题按0分计			
5	分数总计		100分				

评分人：　　　年　月　日　　　核分人：　　　年　月　日

技能训练十五　活塞的检测与选配

1. 训练准备

1）桑塔纳LX活塞1个。

2）千分尺1个。

2. 训练要求

1）能够正确检测活塞的尺寸。

2）能够选配活塞。

3. 训练时间
训练时间为 15min。

4. 技术标准
1）活塞的维修尺寸是指活塞的直径较标准尺寸加大一个或几个维修级差。加大常用"+"表示，加大的数值一般刻在活塞顶上。活塞的维修尺寸应与气缸的加大级别相一致。同一台发动机上，应选用同一品牌同一组的活塞，以便使材料、性能、质量、尺寸一致。同一组活塞直径差不得大于 0.02~0.025mm。

2）同一组活塞中，各活塞的质量应基本一致，其质量差不得超过 3%。活塞的质量超过规定时，可调整活塞的质量。

3）活塞裙部的圆度和圆柱度应符合相关规定。

4）由于活塞头部壁厚较厚且温度明显高于其他部位，因此，对活塞的头部、裙部直径有一定的要求，以防止活塞顶部受热膨胀使头部外径过大，同时也可保证活塞环的工作可靠性。

5. 基本操作步骤
（1）活塞的检测

1）清除活塞环槽内的积炭。如果积炭将活塞环嵌在活塞环槽中不能转动，可将活塞总成浸泡在煤油中，待其软化后再进行清除和拆卸，如图 4-25 所示。

2）检查活塞裙部的磨损。在与活塞销垂直的方向，用外径千分尺测量活塞裙部直径，如图 4-26 所示。测得的数值与标准尺寸的最大偏差量不得超过 0.04mm。超过规定值时，在发动机大修时应更换全部活塞。

（2）选配活塞　根据活塞维修尺寸级别选配活塞。

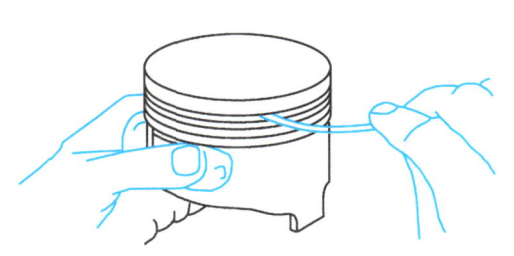
图 4-25　清除活塞环槽内的积炭

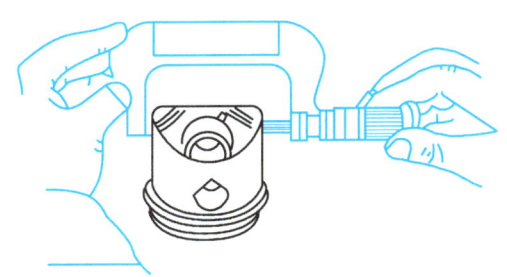
图 4-26　测量活塞裙部直径

6. 评分标准
检测、选配活塞评分标准见表 4-21。

表 4-21 检测、选配活塞评分标准

序号	作业项目	考核内容	配分	评分标准	考核记录	扣分	得分
1	清洁活塞	清除活塞环槽内的积炭	15 分	没有清洁扣 5 分，清洁不彻底酌情扣分			
2	检测活塞	测量活塞裙部直径	40 分	测量位置错误扣 20 分			
				测量不准确扣 10 分			
3	选配活塞	根据活塞维修尺寸级别选配活塞	40 分	不清楚活塞维修尺寸级别扣 20 分			
				选配活塞错误扣 10 分			
4	安全文明生产	遵守安全操作规程，正确使用工量具；操作现场整洁	5 分	每项扣 1 分，扣完为止			
		安全用电；防火；无人身、设备事故		因违规操作发生重大人身或设备事故，此题按 0 分计			
5	分数总计		100 分				

评分人：　　　　年 月 日　　　核分人：　　　　年 月 日

技能训练十六　电控燃油发动机执行器的检验

1. 训练准备

1）丰田皇冠 3.0 型轿车 1 辆。

2）数字式万用表，跨接导线，油压表、喷油器试验台各 1 个。

3）常用拆装工具 1 套。

2. 训练要求

1）检验电动燃油泵、喷油器和怠速控制阀。

2）正确判断执行元件可否继续使用。

3. 训练时间

训练时间为 60min。

4. 技术标准

（1）燃油泵

1）怠速时拔下油压调节器真空软管时压力为 263~304kPa；插上真空软管时，压力为 165~213kPa。

2）电阻为 0.2~3.0Ω（20℃）。

3）发动机关闭后，油压应保持在 143kPa 以上至少 3min。

（2）喷油器

1）电阻为 13.4~14.2Ω。

2）喷油量应为 65~75mL/15s，各喷油器喷油量差小于 6mL。

3）每 3min 滴油不多于 1 滴。

（3）怠速控制阀

1）各线圈电阻值为 10~20Ω。

2）将蓄电池正极接到端子 B1 和 B2，并把负极依次接 S1、S2、S3、S4 阀应朝关闭方向运动，反之朝开启方向运动。

3）发动机暖机后立即检查，阀应发出"咔嗒"声。

5. 基本操作步骤

（1）燃油泵的测试

1）泄压。

① 拔下燃油泵熔丝。

② 起动发动机，直到自动熄火为止。

③ 关闭点火开关。

2）连接燃油压力表，测试油压。

① 将燃油压力表串接在进油管中，打开燃油压力表开关。

② 起动发动机并怠速运转，测量燃油压力，标准值应为接近 0.25MPa。

③ 拔下压力调节器上的真空管，测量燃油压力，此时标准值应接近 0.3MPa。

④ 接上真空管，踩下加速踏板，燃油压力表指针应在 0.28~0.30MPa 之间摆动。

⑤ 关闭点火开关，10min 后，燃油保持压力应大于 0.15MPa。

⑥ 如果燃油保持压力小于 0.15MPa，起动发动机并怠速运转，当燃油压力建立起来后，关闭点火开关，同时关闭燃油压力表开关，继续观察压力表指针是否会下降。

⑦ 将测得数值与规范值对照，并视情维修。

（2）喷油器的检测

1）检查喷油器的工作情况。

① 发动机怠速运行时，用手接触喷油器，应有振动感，如图 4-27 所示。

② 用听诊器（可用旋具代替）搭在喷油器上，应听到清脆的"嗒嗒"声（电磁阀开、关声）。

③ 如果用手摸无振动感或听不到电磁阀动作声音，说明该喷油器不工作。

2）检测喷油器线圈的电阻。

① 断开点火开关，拔下喷油器的插头，用万用表电阻档测量喷油器线圈的电阻值，如图 4-28 所示。

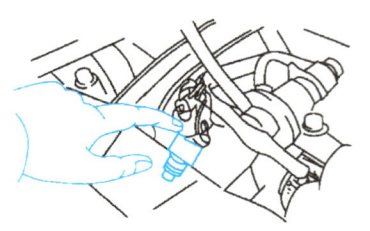
图4-27 用手接触喷油器

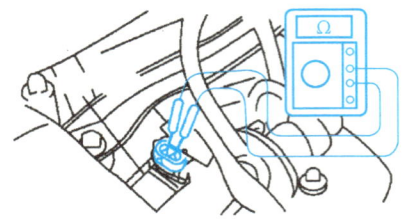
图4-28 测量喷油器线圈的电阻值

② 喷油器按阻值可分为低阻和高阻两种，低阻阻值为2~3Ω，高阻阻值为13~18Ω。检测时，对照相关标准。

3）检测喷油质量。

① 断开点火开关，拆下蓄电池搭铁线。

② 将进油管与分油管拆开，装上丰田皇冠3.0型轿车专用的软管连接头和检查用的软管，连接头和油管要旋紧。

③ 安装喷油器测试件，把喷油器、压力调节器和油管用连接头以及连接卡夹连接好，如图4-29所示。

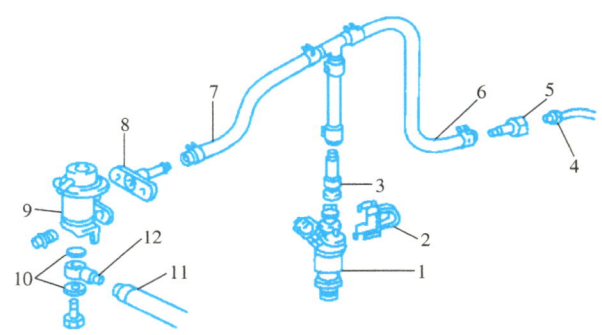

图4-29 安装喷油器测试件

1—喷油器 2—卡夹 3—接头 4—进油管 5、8、12—回油管 6、7—软管
9—燃油压力调节器 10—新垫圈 11—回油管

④ 将喷油器喷口置入量筒中，用连接线把连接插头中+B与FP端子连接起来，重新装上蓄电池搭铁线。

⑤ 如图4-30所示，接通电源15s，检查喷油器喷油雾化情况，用量筒测出喷油量。每个喷油器测2~3次，标准喷油量为70~80cm^3/15s，各喷油器允许误差为9cm^3/15s，喷油器喷油状况检测如图4-31所示。

停止喷油后检查喷油器喷口处有无漏油，每分钟漏油不允许多于一滴。

4）检查喷油控制信号。脱开喷油器插接器，接通点火开关，检查插接器线束端电源线的电压，应为蓄电池电压。若无电压，应检查点火开关至喷油器电源线之间的线路是否正常。

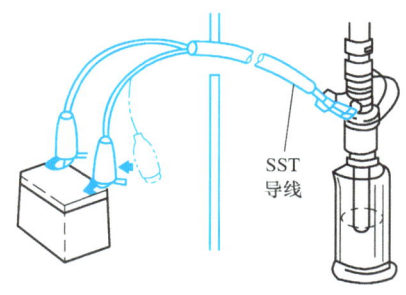

图 4-30 喷油器喷油量的检查

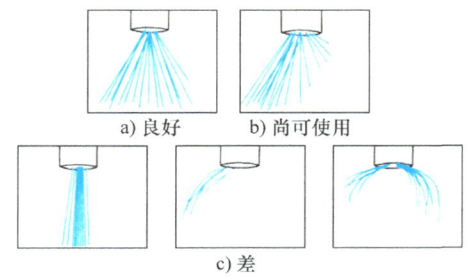

图 4-31 喷油器喷油状况检测

将一个 330Ω 电阻串联一个发光二极管作为试灯。断开点火开关，拔出喷油器电线插头，在线束插头上接上发光二极管试灯。发动机运行时观察发光二极管，信号正常时发光二极管闪烁。如果不闪烁说明没有喷油脉冲控制信号，应检查喷油器至 ECU 的线路、传感器及 ECU。

（3）怠速控制阀的检测

1）检测控制阀。

① 从节气门体上拆下怠速控制阀，用导线将端子 2 连接蓄电池正极，然后依次将端子 1、3 与蓄电池负极连接，阀芯应当顺时针或逆时针转动。

② 如果阀芯不能转动，说明步进电动机失效，应更换新品。

③ 旋转滑阀式怠速控制阀的控制电路，如图 4-32 所示。

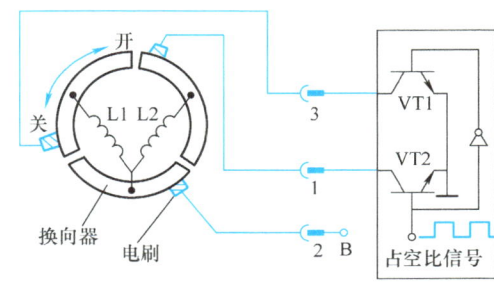

图 4-32 旋转滑阀式怠速控制阀的控制电路

④ 当发动机工作时，如果怠速转速忽高忽低，说明电刷与换向器接触不良。

⑤ 如果怠速转速偏低，说明绕组 L2 断路或其连接的换向片与电刷接触不良。

⑥ 如果怠速转速偏高，说明绕组 L1 断路或其连接的换向片与电刷接触不良。

2）步进电动机的检查。

① 首先，将步进电动机插接器端子 B1 和 B2 与蓄电器正极相连。

② 然后将端子 S1、S2、S3、S4 依次与蓄电池负极相接，此时步进电动机应转动，阀芯向外伸出，如图 4-33a 所示。

③ 若将端子 S1、S2、S3、S4 按相反的顺序（S4 → S3 → S2 → S1）与蓄电池负极相接，步进电动机应反方向转动，阀芯向内收回，如图 4-33b 所示。

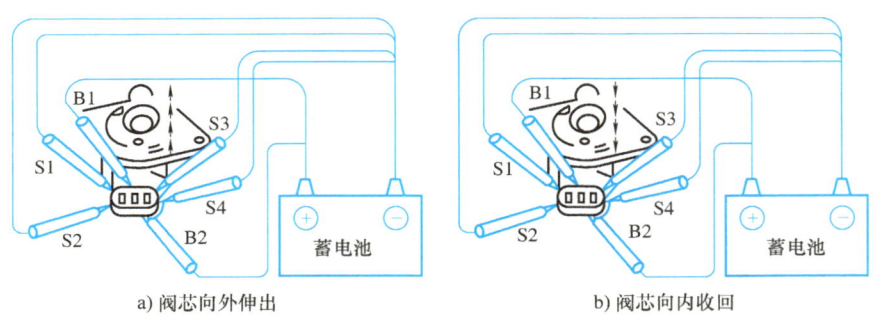

a) 阀芯向外伸出　　　　　　　　　b) 阀芯向内收回

图 4-33　步进电动机的检查

6. 评分标准

电控燃油发动机执行器的检验评分标准见表 4-22。

表 4-22　电控燃油发动机执行器的检验评分标准

序号	作业项目	考核内容	配分	评分标准	考核记录	扣分	得分
1	喷油器检验	测量喷油器电阻值、喷油量，检查喷油质量和泄漏情况，判断能否继续使用	35 分	电阻测量错误扣 10 分			
				检查喷油器喷油量和喷油质量错误扣 10 分			
				检查泄漏方法错误扣 10 分			
2	电动燃油泵检验	测量燃油泵电阻值和供油压力，并判断能否继续使用	35 分	电阻测量错误扣 10 分			
				供油压力测量错误扣 10 分			
				判断结果错误扣 10 分			
3	急速控制阀检验	检查急速控制阀是否工作，测量其线圈电阻，检查其工作情况	25 分	线圈电阻测量错误扣 10 分			
				检查急速控制阀方法错误扣 10 分			
				判断结果错误扣 5 分			
4	安全文明生产	遵守安全操作规程，正确使用工量具；操作现场整洁	5 分	每项扣 1 分，扣完为止			
		安全用电；防火；无人身、设备事故		因违规操作发生重大人身或设备事故，此题按 0 分计			
5	分数总计		100 分				

评分人：　　　　年　月　日　　　核分人：　　　　年　月　日

技能训练十七　电控燃油喷射发动机传感器检测

1. 训练准备
1）丰田皇冠 3.0 轿车 1 辆。
2）数字式万用表、电吹风、手动真空泵、塞尺各 1 个。
3）维修工具 1 套。

2. 训练要求
1）能够检测进气温度传感器、冷却液温度传感器和节气门位置传感器。
2）判断各传感器的好坏并按实际情况进行更换。

3. 训练时间
训练时间为 60min。

4. 技术标准
1）进气温度传感器和冷却液温度传感器上的电阻值随温度上升而下降。线性可变电阻型节气门位置传感器各端子间的电阻见表 4-23。

表 4-23　线性可变电阻型节气门位置传感器各端子间的电阻

限位螺钉与限位杆间隙（或节气门开度）	端子名称	电阻值
0mm	VTA-E2	0.34~6.30kΩ
0.45mm	IDL-E2	0.50kΩ 或更小
0.55mm	IDL-E2	∞
节气门全开	VTA-E2	2.40~11.20kΩ
—	VC-E2	3.10~7.20kΩ

2）节气门位置传感器各端子电压见表 4-24。

表 4-24　节气门位置传感器各端子电压

端子	条件	标准电压
IDL-E2	节气门全开	9~14V
VC-E2	—	4.0~5.5V
VTA-E2	节气门全闭	0.3~0.8V
	节气门全开	3.2~4.9V

5. 基本操作步骤
（1）进气温度传感器的检测

1）拆下传感器。进气温度传感器的电阻检测方法和要求与冷却液温度传感器基本相同。单件检查时，将点火开关置于"OFF"位置，拔下进气温度传感器导线插接器，并将传感器拆下，按图 4-34 所示进行检测。

2）加热。用电热吹风器、红外线灯或将热水加热进气温度传感器。

3）测量电阻。用万用表电阻档测量在不同温度下两端子间的电阻值，将测得的电阻值与标准数值进行比较，如果与标准值不符，则应更换。

4）判断。对进气温度传感器的输出信号电压值进行检测。当点火开关置于"ON"位置时，ECU 的 THA 端子与 E2 端子间或进气温度传感器插接器的 THA 端子与 E2 端子间的电压值在 20℃时应为 0.5~3.4V。

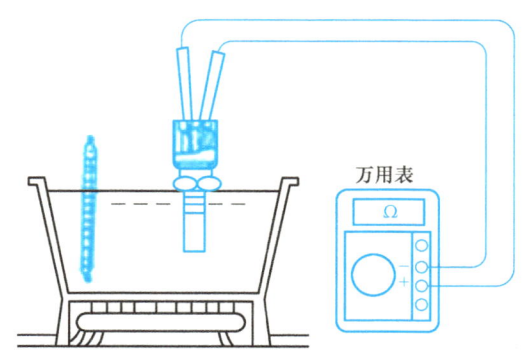

图 4-34 进气温度传感器的电阻检测

（2）检测、更换冷却液温度传感器

1）检查电阻。

① 就车检测。点火开关置于"OFF"位置，拆卸冷却液温度传感器导线插接器，用数字式高阻抗万用表电阻档，测试传感器两端子（丰田皇冠 3.0 型轿车为 THW 端子和 E2 端子，北京吉普切诺基为 B 端子和 A 端子）间的电阻值，如图 4-35 所示。其电阻值与温度的高低成正比，在热机时应小于 1kΩ。

② 单件检查。拔下冷却液温度传感器导线插接器，然后从发动机上拆下传感器。将该传感器置于烧杯内的水中，加热杯中的水，同时用万用表电阻档测量在不同水温条件下冷却液温度传感器两接线端子间的电阻值，如图 4-36 所示。将测得的值与标准值相比较，如果不符合标准，则应更换冷却液温度传感器。

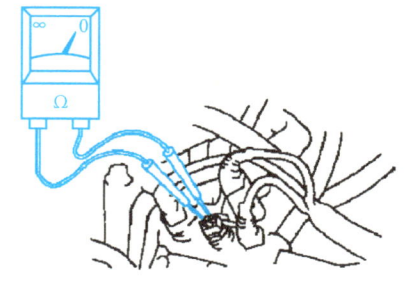

图 4-35 冷却液温度传感器电阻的就车检测

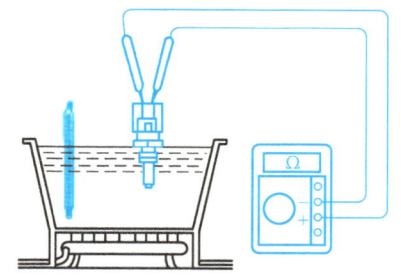

图 4-36 测量冷却液温度传感器电阻

2）电压的检测。装好冷却液温度传感器，将此传感器的导线插接器插好，当点火开关置于"ON"位置时，从冷却液温度传感器导线插接器的THW端子（丰田皇冠3.0型轿车）或从ECU插接器的THW端子与E2端子间测试传感器输出电压信号。丰田皇冠3.0型轿车THW端子与E2端子间电压在80℃时应为0.25~1.0V。所测得的电压值应随冷却液温度成正比例变化。

（3）检测、更换节气门位置传感器

1）测量线性电位计的电阻。将点火开关置于"OFF"位置，拔下节气门位置传感器的导线插接器，用万用表的电阻档测量线性电位计的电阻，即E2和各端子之间的电阻，如图4-37所示。该电阻应能随节气门开度增大而呈线性增大。

2）电压检查。插好节气门位置传感器的导线插接器，当点火开关置于"ON"位置时，发动机ECU插接器上IDL、VTA、VC三个端子处应有电压，即用万用表电压档检测IDL-E2、VC-E2、VTA-E2间的电压值应符合要求。

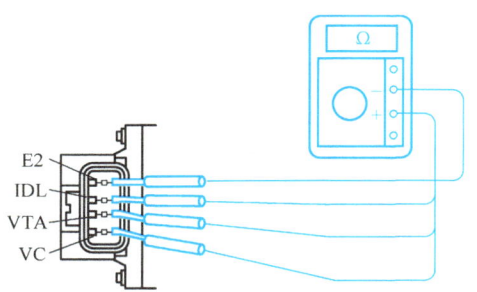

图4-37 线性可变电阻型节气门位置传感器的检测

6. 评分标准

电控燃油喷射发动机传感器检测评分标准见表4-25。

表4-25 电控燃油喷射发动机传感器检测评分标准

序号	作业项目	考核内容	配分	评分标准	考核记录	扣分	得分
1	节气门位置传感器的检验	测量方法、测量结果和结论	35分	测量方法错误扣10分 测量结果错误扣10分 结论错误扣10分			
2	空气流量计或进气压力传感器检验	测量方法、测量结果和结论	35分	测量方法错误扣10分 测量结果错误扣10分 结论错误扣10分			
3	曲轴位置传感器检验	测量方法、测量结果和结论	25分	测量方法错误扣10分 测量结果错误扣10分 结论错误扣5分			
4	安全文明生产	遵守安全操作规程，正确使用工量具；操作现场整洁	5分	每项扣1分，扣完为止			
		安全用电；防火；无人身、设备事故		因违规操作发生重大人身或设备事故，此题按0分计			
5	分数总计		100分				

评分人：　　　年　月　日　　　核分人：　　　年　月　日

实训模块 3　底盘检修

技能训练一　拆装离合器总成

1. 训练准备

1）桑塔纳 2000GSi 型轿车 1 辆。

2）常用维修工具 1 套。

2. 训练要求

1）掌握离合器的安装位置及结构。

2）正确拆装离合器总成。

3. 训练时间

训练时间为 60min。

4. 基本操作步骤

1）拆卸。

① 首先拆下变速器（详细步骤见变速器的拆卸），如图 4-38 所示。

② 用专用工具 10-201 固定飞轮，如图 4-39 所示。

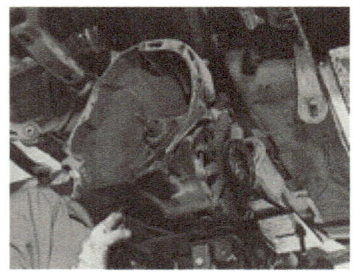

图 4-38　拆下变速器

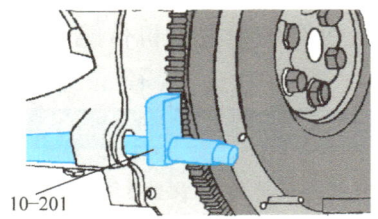

图 4-39　固定飞轮

③ 分 2~3 次，对角旋松离合器与飞轮的连接螺栓，如图 4-40 所示。

④ 取下离合器从动盘及压盘总成，如图 4-41 所示。

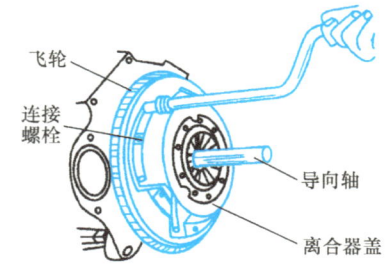

图 4-40　旋松离合器与飞轮的连接螺栓

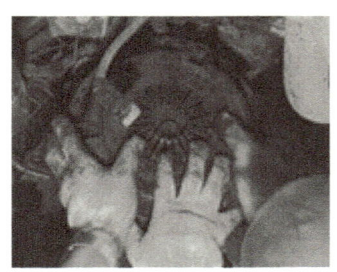

图 4-41　取下离合器从动盘及压盘总成

2）安装。

① 清洁飞轮表面，如图 4-42 所示。

② 清洁、润滑变速器一轴，如图 4-43 所示。

图 4-42　清洁飞轮表面

图 4-43　清洁、润滑变速器一轴

③ 检查分离轴承，如图 4-44 所示。如果发现有卡滞或明显间隙，则应更换分离轴承。注意，分离轴承中填充有润滑脂，因此，请勿用油类清洗。

④ 安装离合器从动盘，注意从动盘的正反，短毂应朝向飞轮，如图 4-45 所示。

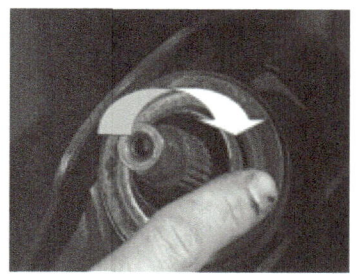

图 4-44　检查分离轴承

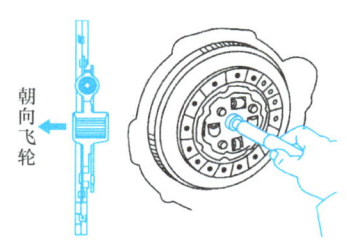

图 4-45　安装离合器从动盘

⑤ 用专用工具将离合器从动盘定位在飞轮和压盘的中心，如图 4-46 所示。

⑥ 对角分 2~3 次拧紧离合器固定螺栓，并以 25N·m 的力矩对角逐渐拧紧，如图 4-47 所示。

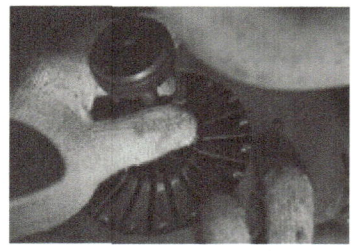

图 4-46　定位离合器从动盘

图 4-47　拧紧离合器固定螺栓

5. 评分标准

拆装离合器总成评分标准见表 4-26。

表 4-26 拆装离合器总成评分标准

序号	作业项目	考核内容	配分	评分标准	考核记录	扣分	得分
1	拆卸	拆卸规范	45 分	拆卸方法错误一处扣 5 分			
2	安装	安装规范	50 分	安装方法错误一处扣 5 分			
3	安全文明生产	遵守安全操作规程,正确使用工量具;操作现场整洁	5 分	每项扣 1 分,扣完为止			
		安全用电;防火;无人身、设备事故		因违规操作发生重大人身或设备事故,此题按 0 分计			
4	分数总计		100 分				

评分人：　　　年　月　日　　　核分人：　　　年　月　日

技能训练二　拆装手动变速器总成

1. 训练准备
1）桑塔纳 2000GSi 型轿车 1 辆。
2）常用维修工具 1 套。

2. 训练要求
1）掌握手动变速器的安装位置及结构。
2）正确拆装手动变速器总成。

3. 训练时间
训练时间为 60min。

4. 技术标准
变速器总成有关的拧紧力矩见表 4-27。

表 4-27 变速器总成有关的拧紧力矩

部件	拧紧力矩 /N·m
将变速器固定在发动机上的螺栓	55
变速器减振垫前支架的固定螺栓	25
将减振垫固定在前后支架上的螺栓	20
将减振垫固定在车身上的螺栓	110
将变速器支架固定在横梁上的螺栓	70
将发动机中间支架固定在车身上的螺栓	30
将传动轴固定在变速器上的螺栓	40
内变速杆固定螺栓	30

5. 基本操作步骤
1）变速器总成的拆卸。
① 拆下蓄电池的搭铁线。

② 拆下离合器拉索，如图 4-48 所示。

③ 举升起汽车。将传动轴（半轴）从变速器上拆下来并支撑好，如图 4-49 所示。

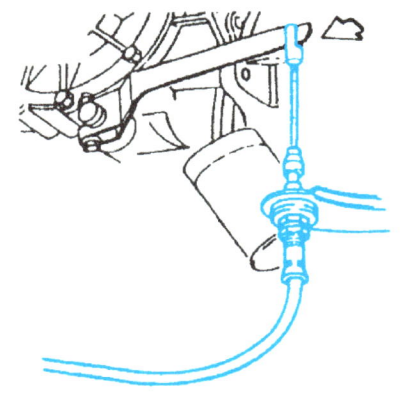

图 4-48　拆下离合器拉索

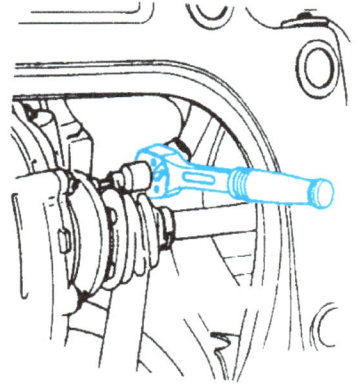

图 4-49　拆卸传动轴（半轴）

④ 旋松变速操纵机构的内变速杆螺栓，如图 4-50 所示。

⑤ 压出支撑杆球头并将内变速杆与离合块分离，如图 4-51 所示。

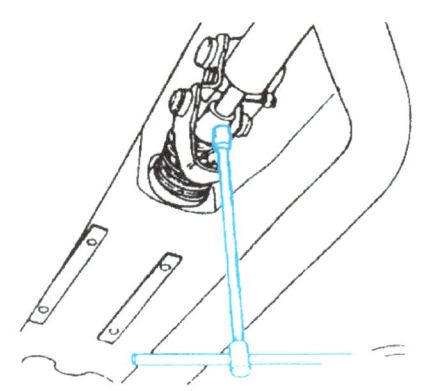

图 4-50　旋松内变速杆螺栓

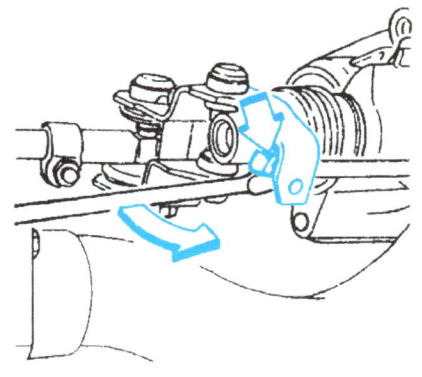

图 4-51　压出支撑杆球头

⑥ 拆下倒车灯开关的接头。

⑦ 拆下车速里程表软轴，如图 4-52 所示。

⑧ 拆下离合器盖板，如图 4-53 所示。

⑨ 拆下排气管。

⑩ 放下汽车并固定发动机，如图 4-54 所示。拆下发动机与变速器上部连接螺栓。

⑪ 举升起汽车。拆下起动机的紧固螺栓。

⑫ 拆下发动机中间支架，如图 4-55 所示。

⑬ 拆下螺栓 1 并旋松螺栓 2，如图 4-56 所示。拆下变速器减振垫和减振垫前支架。

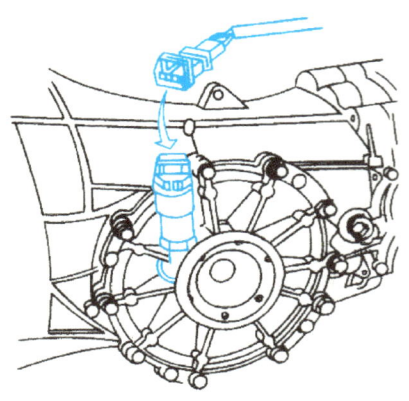

图 4-52　拆下车速里程表软轴

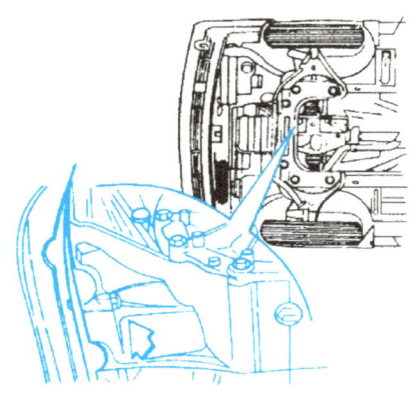

图 4-53　拆下离合器盖板

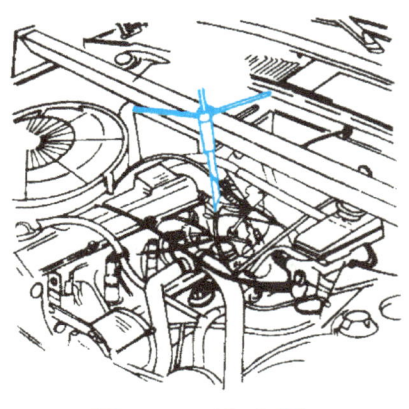

图 4-54　固定发动机

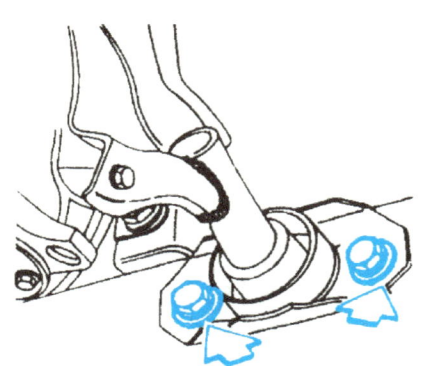

图 4-55　拆下发动机中间支架

⑭拆下发动机与变速器下部连接螺栓，并拆卸变速器，如图 4-57 所示。

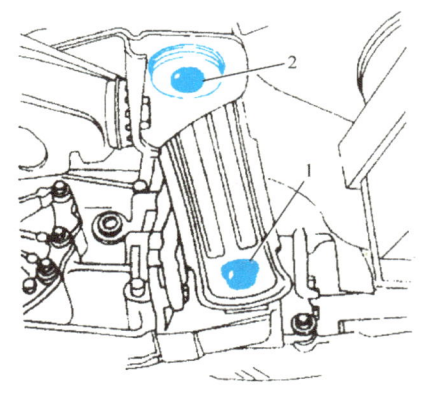

图 4-56　拆下螺栓 1 并旋松螺栓 2

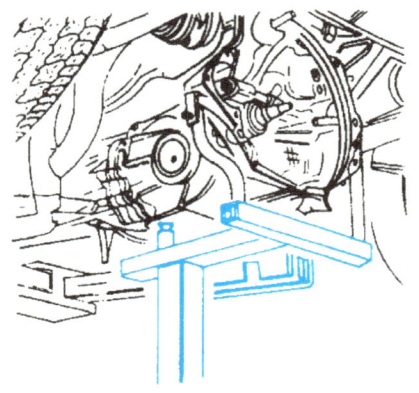

图 4-57　拆卸变速器

2）变速器总成的安装。变速器总成的安装可按拆卸相反的顺序进行，如果需要，调整离合器踏板自由行程。

6. 评分标准

拆装手动变速器总成评分标准见表4-28。

表4-28 拆装手动变速器总成评分标准

序号	作业项目	考核内容	配分	评分标准	考核记录	扣分	得分
1	拆卸	拆卸规范	50分	拆卸方法错误一处扣5分			
2	安装	安装规范	45分	安装方法错误一处扣5分			
3	安全文明生产	遵守安全操作规程，正确使用工量具，操作现场整洁	5分	每项扣1分，扣完为止			
		安全用电，防火，无人身、设备事故		因违规操作发生重大人身或设备事故，此题按0分计			
4	分数总计		100分				

评分人：　　　　　年　月　日　　　　核分人：　　　　　年　月　日

技能训练三　检查车轮定位

1. 训练准备

1）实训车1辆。

2）KWA-521四轮定位仪1个。

3）汽车维修工具1套。

2. 训练要求

1）了解四轮定位的含义。

2）了解四轮定位仪的工作原理。

3）正确检测四轮定位。

3. 训练时间

训练时间为60min。

4. 基本操作步骤

1）四轮定位检测前的准备

① 将汽车行驶到举升机上，使前轮正好位于转角盘中心时停车；车停稳后，拉紧驻车制动器以确保车辆不移动，松开转盘的锁紧销。

② 检查底盘各零部件，包括胶套、轴承、摆臂、三角架球头、减振器、拉杆球头和转向盘是否松动及磨损，检查轮胎气压和轮胎规格以及两前轮花纹是否相同，两后轮花纹深浅是否一致。

③ 将支架安装在4个车轮上，旋转手柄锁紧支架。将支架绑带绑在支架上，绑

带两端的钩子分别钩在轮辋上。

④ 将探测杆通过支架的滑杆，分别安装在支架的规定位置，如图 4-58 所示。前探测杆有一个通信线接口，用于与电子转角盘连接线相连。

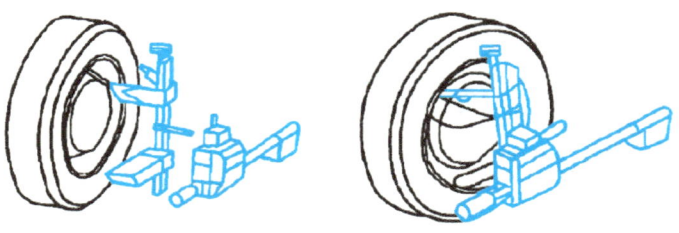

图 4-58　安装探测杆

⑤ 调节探测杆，使水平仪气泡处于中间位置，以保证传感器探测杆处于水平状态。

⑥ 分别将 4 根电缆线连接到 4 个传感器的接线插座上，如图 4-59 所示。

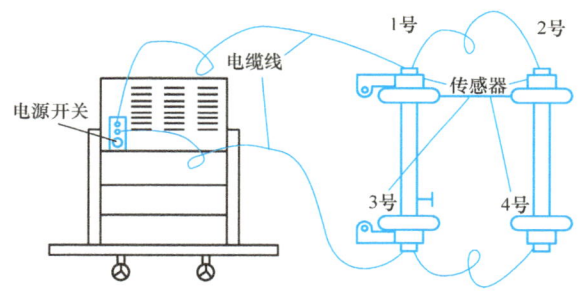

图 4-59　连接传感器

⑦ 将四轮定位仪接上电源。

⑧ 将转向盘固定架放在驾驶座椅上，压下手把使之顶住转向盘以锁定转向盘。

⑨ 将制动踏板固定架下端顶在制动踏板上，上端卡在座椅上，使车辆制动。

⑩ 打开电源，起动计算机，进入测量程序主界面。主界面显示有 5 项功能：用户管理、定位检测、帮助系统、语言选择、退出。

2）四轮定位基本操作方法。

① 定位检测。在主界面中单击［定位检测］图标，按要求输入"车牌号"和"车主"信息。

② 选择车型。在定位检测界面上单击［选择车型］图标，进入车型选择程序。

③ 检测步骤设置。在定位检测界面上单击［检测步骤设置］图标，检测步骤设置功能可以设置四轮定位检测时的操作步骤。

④ 定位准备。在定位检测界面上单击［定位准备］图标，或执行完"检测步骤设置"操作，单击［确认］图标。

⑤ 偏心补偿。为了减小钢圈、轮胎的变形和装夹而引起的误差，检测前应进行偏心补偿。在定位检测界面上单击［偏心补偿］图标，按照显示方框中的提示要求进行偏心补偿操作。第一步，使车轮平直，用转向盘固定架固定转向盘，取下制动踏板固定架；第二步，用举升器举起车身，使四轮悬空；第三步，松开探测杆旋钮，使探测杆能沿着转轴转动；第四步，按照计算机提示，将车轮转动90°进行补偿；第五步，重复第三、第四步，依次对所有车轮进行补偿；第六步，4个车轮的补偿全部完成后，放下车身，单击［确认］图标进入下一步骤或返回定位检测界面。

⑥ 初始测量。在定位检测界面上单击［初始测量］图标，测量前后车轮的前束值、外倾角、推力角、轴距差、轮距差等。之后进入车辆停放调试程序。四轮定位仪自动检测车辆是否摆正，如果有偏差屏幕上显示出偏差值，此时应装上制动踏板固架，并按图中箭头指示方向转动转向盘直至箭头消失，进入初始测量。

⑦ 检测结果。按显示器上界面的提示，逐项进行检测和调整。

3）四轮定位的调整。

① 前轮前束的调整。从转向节总成上断开外转向横拉杆，如图4-60所示。旋转右、左外转向横拉杆和调节螺母，使前束对准。将外转向横拉杆重新连接到转向节总成上。注意，在此项调整中，左、右外转向横拉杆长度必须相同，否则会造成轮胎不均匀磨损。

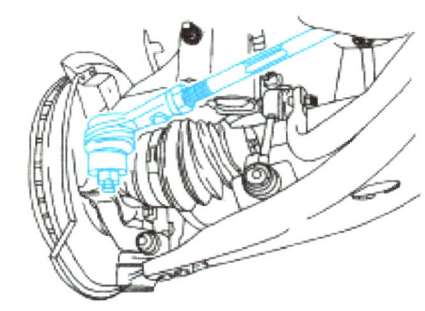

图4-60　断开外转向横拉杆

② 前轮外倾和主销后倾的检查。前轮外倾和主销后倾不可调。在测量前轮外倾或主销后倾前，摇动保险杠三次，以免读数不正确。如果前轮外倾或主销后倾测量值偏离规格，应确定并更换任何损坏、松动、弯曲、凹进或损坏的悬架零件。如果故障与车身有关，则维修车身。

③ 后轮外倾检查。后轮外倾不可调。如果后轮外倾偏离规定，找出故障原因并排除故障。如果发现悬架零件损坏、松动、弯曲、凹进或磨损，应维修或更换。如果故障与车身有关，则维修车身。

④ 后轮前束调整。松开平行连杆至横梁螺栓上的螺母，如图4-61a所示。旋转平行连杆调整螺栓，直到得到理想的后轮前束规格，如图4-61b所示。握住平行连杆调整螺栓并紧固平行连杆至横梁螺母，如图4-61c所示。紧固力矩为90N·m。

5. 评分标准

检查车轮定位评分标准见表4-29。

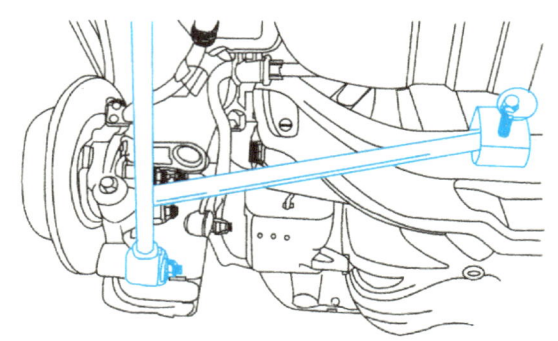

a) 松开平行连杆至横梁螺栓上的螺母

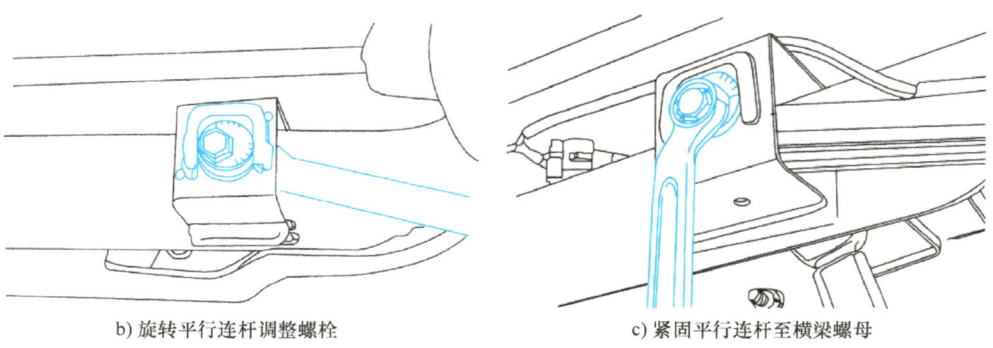

b) 旋转平行连杆调整螺栓　　　　　　c) 紧固平行连杆至横梁螺母

图 4-61　后轮前束调整

表 4-29　检查车轮定位评分标准

序号	作业项目	考核内容	配分	评分标准	考核记录	扣分	得分
1	准备	车辆和检测仪准备	15 分	车辆准备不充分扣 5 分			
				检测仪准备不充分扣 10 分			
2	检测	测量方法、测量结果和结论	40 分	检测方法错误扣 10 分			
				检测结果错误扣 10 分			
				结论错误扣 10 分			
3	调整	调整方法、调整结果和结论	40 分	调整方法错误扣 10 分			
				调整结果错误扣 10 分			
				结论错误扣 10 分			
4	安全文明生产	遵守安全操作规程，正确使用工量具；操作现场整洁	5 分	每项扣 1 分，扣完为止			
		安全用电；防火；无人身、设备事故		因违规操作发生重大人身或设备事故，此题按 0 分计			
5	分数总计		100 分				

评分人：　　　　年　月　日　　　　核分人：　　　　年　月　日

技能训练四　更换轮胎

1. 训练准备

1）轮胎。

2）轮胎拆装机 1 台。

3）汽车维修工具 1 套。

2. 训练要求

1）掌握轮胎结构。

2）掌握轮胎的正确拆装方法。

3. 训练时间

训练时间为 30min。

4. 基本操作步骤

1）轮胎的拆卸。

① 将胎中所充气体全部放掉。

② 将轮辋外缘的平衡块卸掉，使用轮胎拆装机（见图 4-62）对轮胎进行拆卸。

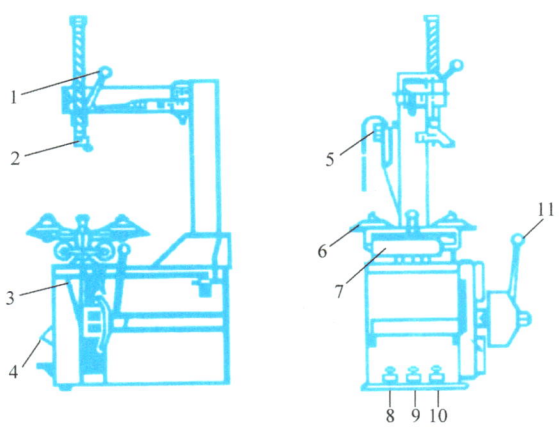

图 4-62　轮胎拆装机

1—锁紧杠杆　2—拆装机头　3—胎撬　4—前列标志　5—充气枪　6—转盘
7—气缸　8—撑夹踏板　9—压胎踏板　10—转盘正、反转踏板　11—风压铲

③ 将轮胎置于风压铲和橡胶板之间，使风压铲置于胎缘与轮辋之间，离胎缘大约 1cm 处，然后踩下压胎踏板，使胎缘与轮辋分离，如图 4-63 所示。

④ 在轮胎其他部分重复以上操作，使胎缘与轮辋彻底脱离。

⑤ 选择好锁定方式后，将轮胎锁在转盘上。锁定方式有两种，一种是外锁定，即将撑夹踏板踩下，使四个夹爪张开，将轮胎放在夹爪上，松开撑夹踏板使其复位（此时应为一点点松开），直至锁紧轮辋为止；另一种是内锁定，即将轮胎放在转盘

上，而后将撑夹踏板踩下，即可锁住轮辋。

⑥ 将垂直轴置于工作位置，使拆装机头靠近胎缘，离轮辋约 2mm 距离，避免划伤胎缘，并用锁紧杠杆锁紧。

⑦ 用撬棒将胎缘撬在拆装机头上，点踩转盘正、反转踏板，让转盘顺时针旋转，直到胎缘脱落为止，如图 4-64 所示。如果有内胎，在进行这步操作时，建议使轮胎气门嘴离开拆装机头右边 10mm 左右。

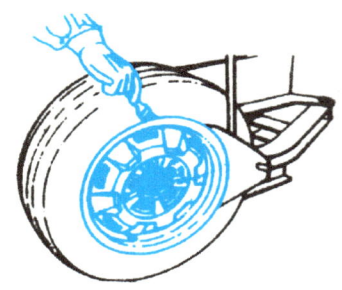

图 4-63　胎缘与轮辋分离

图 4-64　轮胎拆卸

2）轮胎的安装。

① 将轮辋锁定在转盘上。

② 将胎缘置于拆装机上，左端向上，同时压低胎体。

③ 用浓肥皂液润滑胎缘，顺时针旋转转盘，让胎缘落入轮辋内，如图 4-65 所示。

④ 如果有内胎，将其套在轮辋上，重复以上步骤，安装轮胎的上部。

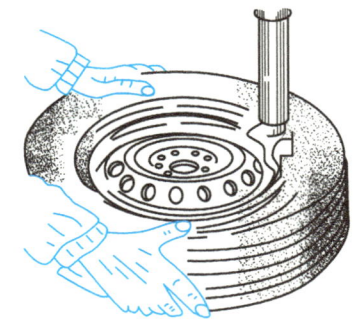

图 4-65　轮胎的安装

操作提示

如果轮辋尺寸相同，不用总是锁紧、松开锁紧杠杆，只需向一边移动手臂即可。在锁住过程中，不要把手放到胎和夹爪之间，避免造成人身伤害。

5. 评分标准

更换轮胎评分标准见表 4-30。

表 4-30　更换轮胎评分标准

序号	作业项目	考核内容	配分	评分标准	考核记录	扣分	得分
1	拆卸	拆卸规范	50 分	拆卸方法错误一处扣 5 分			
2	安装	安装规范	45 分	安装方法错误一处扣 5 分			
3	安全文明生产	遵守安全操作规程，正确使用工量具；操作现场整洁	5 分	每项扣 1 分，扣完为止			
		安全用电；防火；无人身、设备事故		因违规操作发生重大人身或设备事故，此题按 0 分计			
4	分数总计		100 分				

评分人：　　　　年　月　日　　　核分人：　　　　　年　月　日

技能训练五　更换制动主缸

1. 训练准备

1）大众迈腾汽车 1 辆。

2）常用维修工具 1 套。

3）制动液加注和排放装置 1 套。

2. 训练要求

1）掌握液压制动系统的组成。

2）正确拆装制动主缸。

3. 训练时间

训练时间为 60min。

4. 基本操作步骤

制动总泵的结构如图 4-66 所示。

1）拆卸。

① 断开蓄电池。

② 拆下进气软管、空气滤清器壳体。

③ 拆卸蓄电池。

④ 旋出螺栓，如图 4-67 所示，取下蓄电池支架。

⑤ 在发动机和变速器区域内放置足量的无纺布抹布。

⑥ 用制动液加注和排放装置从制动液储液罐中抽出尽量多的制动液。

⑦ 拔下制动液液位警告触点的插头 A，如图 4-68 所示。

⑧ 拔下制动灯开关的插头 B，如图 4-68 所示。

⑨ 向外按压储液罐上的卡板，同时拔出密封塞中的制动液储液罐。

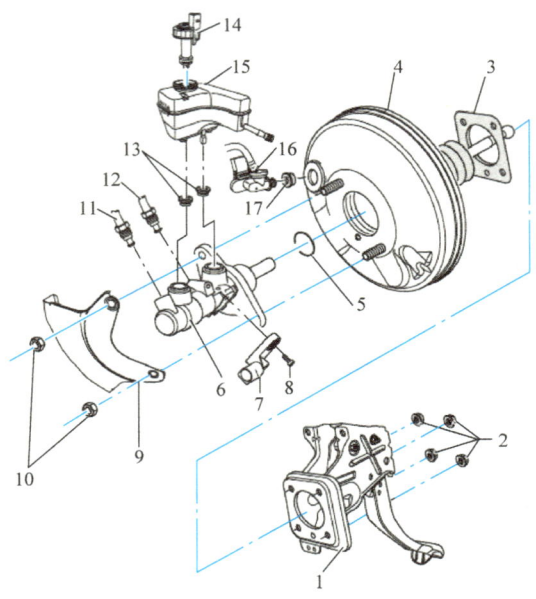

图4-66 制动总泵

1—踏板机构 2—自锁六角螺母 3—密封件 4—制动助力器 5—密封环 6—制动主缸
7—制动灯开关 8—内星形螺栓 9—隔热板 10—自锁六角螺母 11、12—制动管路
13—密封塞 14—密封盖 15—制动液储液罐 16—真空管 17—密封塞

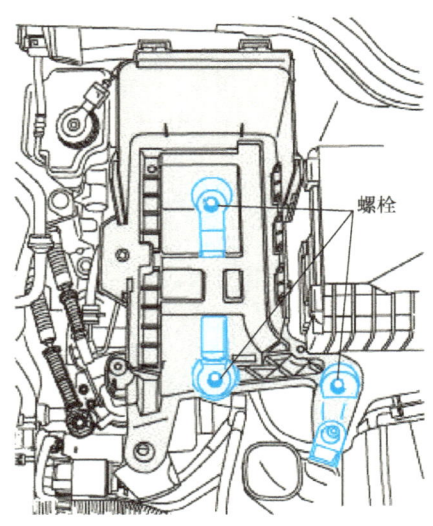

图4-67 旋出螺栓

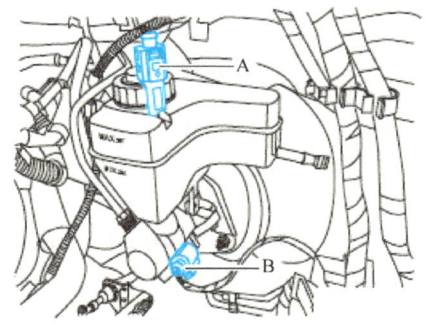

图4-68 拔下插头A、B

⑩ 拧下制动主缸上的制动管路1，如图4-69所示，用维修套件中的密封塞堵住制动管路。

⑪ 拧下制动主缸上的螺母2，如图4-69所示。

⑫ 取下隔热板（如果有）。

⑬ 小心地取出制动助力器中的制动主缸。

⑭ 拧下制动主缸上的制动灯开关的固定螺栓，取下制动灯开关。

2）安装。安装大体以倒序进行，但要注意：

① 组装制动主缸及制动助力器时，注意推杆在制动主缸中的正确位置。

② 对制动系统进行排气。

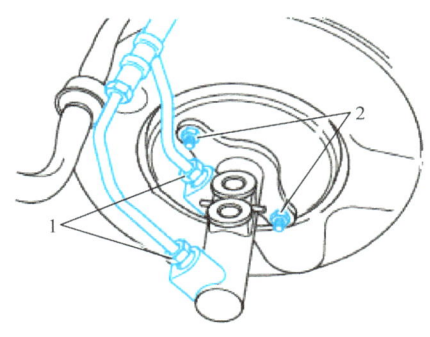

图4-69 拧下制动管路及螺母

1—制动管路 2—螺母

5. 评分标准

更换制动主缸评分标准见表4-31。

表4-31 更换制动主缸评分标准

序号	作业项目	考核内容	配分	评分标准	考核记录	扣分	得分
1	拆卸	拆卸规范	50分	拆卸方法错误一处扣5分			
2	安装	安装规范	45分	安装方法错误一处扣5分			
3	安全文明生产	遵守安全操作规程，正确使用工量具；操作现场整洁	5分	每项扣1分，扣完为止			
		安全用电；防火；无人身、设备事故		因违规操作发生重大人身或设备事故，此题按0分计			
4	分数总计		100分				

评分人： 年 月 日 核分人： 年 月 日

技能训练六 更换制动助力器总成

1. 训练准备

1）大众迈腾汽车1辆。

2）常用维修工具1套。

3）制动液加注和排放装置1套。

2. 训练要求

1）掌握液压制动系统的组成。

2）正确拆装制动助力器总成。

3. 训练时间

训练时间为 60min。

4. 基本操作步骤

1）拆卸。

① 断开蓄电池。

② 拆卸发动机罩盖。

③ 拆卸制动主缸。

④ 旋出螺栓，如图 4-70 所示，并取下隔热板（如果有）。

⑤ 在配备真空助力液压增强（Hydraulic Brake Vacuum，HBV）的车辆上，拔下真空度传感器的插头连接。

⑥ 拆下前围板上的制动管路盖板（如果有）并脱开制动管路。

⑦ 拉出制动助力器上的真空管。

⑧ 根据装备拆下前围板的插头 1~3，并置于一旁，如图 4-71 所示。

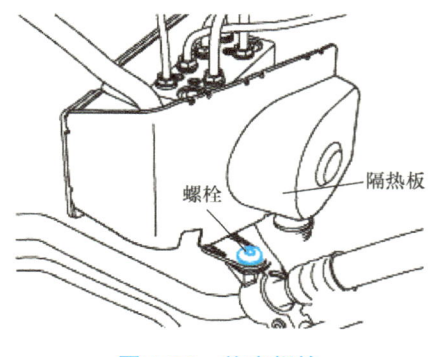
图 4-70 旋出螺栓

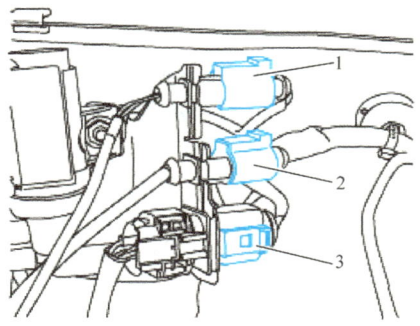
图 4-71 拆下前围板的插头 1~3

⑨ 拆下前围板的插头板，将制动助力器外侧隔音垫从前围板上脱开并放置一旁。

⑩ 拧下液压单元至制动主缸的制动管路，并从车辆中取下。

⑪ 拆下驾驶人侧脚部空间盖板。

⑫ 拧下紧固螺母，如图 4-72 所示，拆下脚部空间饰板 1。

⑬ 脱开制动助力器上的制动踏板。

⑭ 将隔音垫压向一侧。

⑮ 拧下制动助力器上的螺母 1，如图 4-73 所示。

⑯ 松开制动踏板支承座的两个上部螺母 2，如图 4-73 所示。

⑰ 小心地从车辆中取出制动助力器。

2）安装。安装以倒序进行。

第四部分 操作技能考核指导

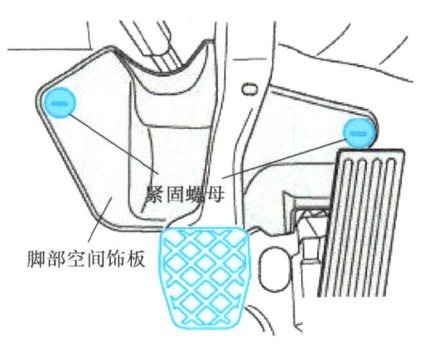

图 4-72 拧下紧固螺母

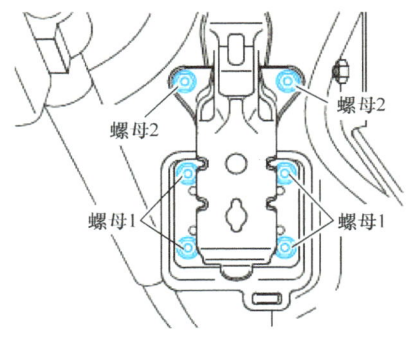

图 4-73 拧下螺母

5. 评分标准

更换制动助力器总成评分标准见表 4-32。

表 4-32 更换制动助力器总成评分标准

序号	作业项目	考核内容	配分	评分标准	考核记录	扣分	得分
1	拆卸	拆卸规范	50 分	拆卸方法错误一处扣 5 分			
2	安装	安装规范	45 分	安装方法错误一处扣 5 分			
3	安全文明生产	遵守安全操作规程，正确使用工量具；操作现场整洁	5 分	每项扣 1 分，扣完为止			
		安全用电；防火；无人身、设备事故		因违规操作发生重大人身或设备事故，此题按 0 分计			
4	分数总计		100 分				

评分人：　　　年　月　日　　　核分人：　　　年　月　日

技能训练七　更换鼓式制动器总成

1. 训练准备

1）桑塔纳 2000 型轿车 1 辆。

2）常用维修工具 1 套。

2. 训练要求

1）掌握鼓式制动器的结构。

2）正确拆装鼓式制动器。

3. 训练时间

训练时间为 60min。

4. 基本操作步骤

1）拆卸。桑塔纳 2000 型轿车后轮制动器分解图如图 4-74 所示。

159

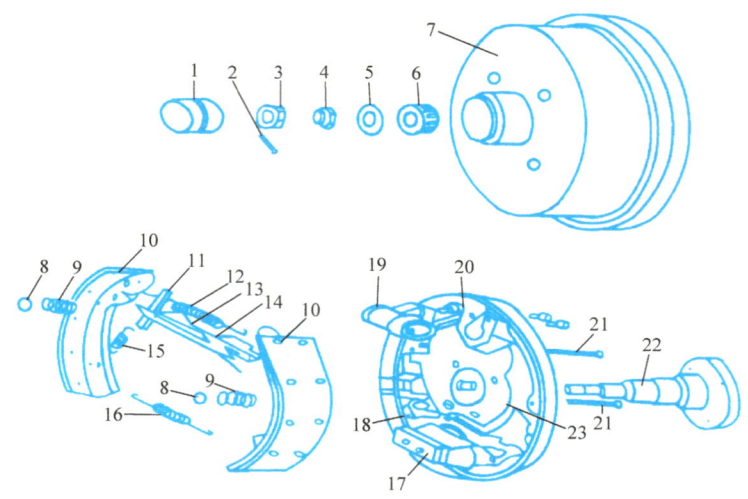

图 4-74　桑塔纳 2000 型轿车后轮制动器分解图

1—轮毂盖　2—开口销　3—开槽垫圈　4—调整螺母　5—止推垫圈　6—轴承　7—制动鼓
8—弹簧座　9—压簧　10—制动蹄　11—楔形块　12—回位弹簧　13—上回位弹簧　14—压力杆
15—楔形块回位弹簧　16—下回位弹簧　17—固定板　18—螺栓　19—制动轮缸　20—制动底板
21—定位销　22—后轮支撑短轴　23—观察孔橡胶塞

① 拧松车轮螺母（拧紧力矩为 110N·m），将车举起后拧下车轮螺母并取下车轮。

② 用专用工具 vw673/2 卸下轮毂盖。

③ 取下开口销及开槽垫圈，旋下后车轮轴承调整螺母，取出止推垫圈。

④ 用螺钉旋具通过制动鼓螺孔向上拨动楔形块，使制动蹄与制动鼓放松，如图 4-75 所示，然后取下制动鼓。

⑤ 用鲤鱼钳拆下压簧座圈，用手从下面的支架上提起制动蹄，取出下回位弹簧。

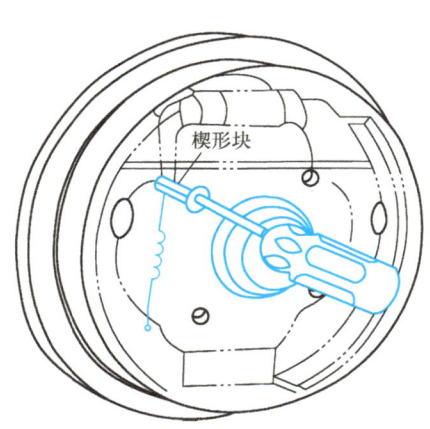

图 4-75　拨动楔形块

⑥ 取下制动杆上的驻车制动拉索，用鲤鱼钳取下楔形块的回位弹簧和上回位弹簧。

⑦ 拆下制动蹄并把带压力杆的制动蹄夹紧在台虎钳上，拆下回位弹簧，取下制动蹄，如图 4-76 所示。

⑧ 如果有必要，拆下制动轮缸并分解，如图 4-77 所示。

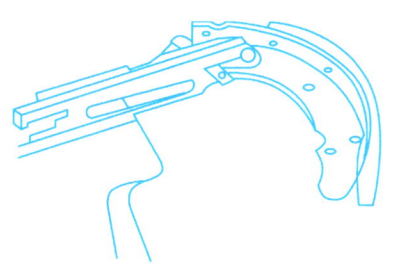

图 4-76 拆下制动蹄及回位弹簧

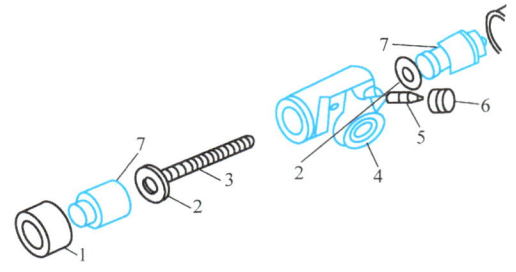

图 4-77 制动轮缸的分解

1、6—防尘罩　2—密封圈　3—弹簧
4—轮缸外壳　5—放气阀　7—活塞

2）装配。

① 装上回位弹簧,将制动蹄装在压力杆上。

② 装上楔形件,凸块朝向制动底板。

③ 将制动蹄装在压力杆上,如图 4-78 所示。

④ 装入上回位弹簧,在传动臂上套上驻车制动拉索。

⑤ 把制动蹄装在制动轮缸的活塞外槽上。

⑥ 装入下回位弹簧,并把制动蹄提起,装到下面的支座上。

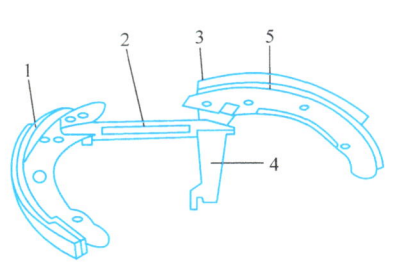

图 4-78 将制动蹄装在压力杆上

1、5—制动蹄　2—压力杆
3—销轴　4—制动杆

⑦ 装上楔形件的回位弹簧。

⑧ 装上制动鼓、后轮轴承及止推垫圈,调整好轮毂轴承间隙后再装上开口垫圈及新的开口销。

⑨ 装好后踩一下制动踏板,使制动蹄正确到位,摩擦片与制动鼓的间隙得到自动调整(若对制动轮缸进行了分解,装配后则要进行系统排气)。

5. 评分标准

更换鼓式制动器总成评分标准见表 4-33。

表 4-33 更换鼓式制动器总成评分标准

序号	作业项目	考核内容	配分	评分标准	考核记录	扣分	得分
1	拆卸	拆卸规范	50 分	拆卸方法错误一处扣 5 分			
2	安装	安装规范	45 分	安装方法错误一处扣 5 分			
3	安全文明生产	遵守安全操作规程,正确使用工量具;操作现场整洁	5 分	每项扣 1 分,扣完为止			
		安全用电;防火;无人身、设备事故		因违规操作发生重大人身或设备事故,此题按 0 分计			
4	分数总计		100 分				

评分人:　　　年　月　日　　　核分人:　　　年　月　日

实训模块 4　汽车电器检修

技能训练一　起动机的检修

1. 训练准备

1）解放 CA1092 型载货汽车发动机用起动机 1 台。

2）电器万能试验台 1 台。

3）扭力表、百分表、万用表、游标卡尺、弹簧秤、锯条各 1 个。

4）呆扳手、梅花扳手、套筒扳手各 1 套，一字槽及十字槽螺钉旋具各 1 把。

5）V 形块 1 对，平台、台虎钳、轴承顶拔器各 1 个。

6）油盆、清洗剂、润滑脂、毛刷、棉纱。

2. 训练要求

1）拆检装配起动机。

2）口述主要零件的维修方法和技术要求。

3）装配后进行性能试验，应恢复其技术性能。

3. 训练时间

训练时间为 40min。

4. 技术标准

1）电枢绕组及励磁绕组无短路、断路及搭铁现象。

2）电枢轴上螺旋花键无明显磨损，电枢轴径向圆跳动量不大于 0.10mm，与两端衬套的配合间隙不大于 0.15mm，整流器表面无烧蚀、拉毛及偏磨现象，云母片下陷深度为 0.30~0.60mm。

3）电刷长度不小于新件的 1/2，电刷弹簧的弹力应为 8.8~14.7N，绝缘电刷架无搭铁现象。

4）单向离合器无打滑现象。

5）起动机空载及全制动试验符合要求。

5. 基本操作步骤

CA1092 型汽车起动机的结构如图 4-79 所示。

1）起动机的分解。

① 拆下连接电磁开关接线柱与电动机接线柱间的导电片，旋出固定电磁开关的螺钉，取下电磁开关。

② 旋出防尘盖固定螺钉，取下防尘盖，用专用钢丝钩取出电刷。

③ 旋出两个穿心螺钉，取下后端盖及外壳。

④ 拆下中间支承板，将电枢连同传动机构与前端盖分离。

⑤ 拆下电枢轴上的卡簧，将传动机构与电枢分离。

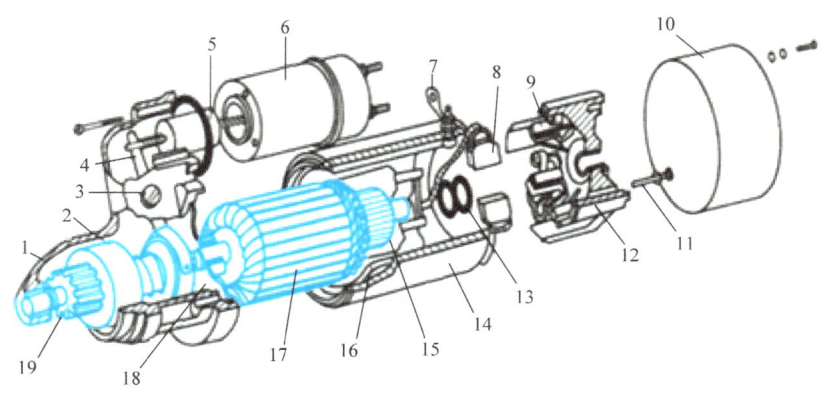

图 4-79　CA1092 型汽车起动机的结构

1—前端盖　2—滚柱式离合器　3—拨叉销轴　4—拨叉　5—活动铁心　6—电磁开关
7—导电片　8—电刷　9—电刷架　10—防尘器　11—穿心螺钉　12—后端盖　13—止推垫圈
14—外壳　15—磁极铁心　16—励磁绕组　17—电枢总线　18—中间支撑板　19—驱动齿轮

清洁解体后的电气绝缘部件时只能用蘸有少量汽油的干净棉纱擦拭，机械部件可放入汽油、煤油或清洗液中清洗。

2）起动机的检修。

① 检修电枢绕组。若电枢绕组断路，一般可目测观察到，断路处可用焊接法修复。检验电枢绕组搭铁。用万用表 $R \times 10k$ 档检查各换向片与电枢轴（或铁心）的绝缘情况，如图 4-80a 所示。如果万用表指示值为零，或 220V 交流指示灯亮，如图 4-80b 所示，均表明电枢绕组（或换向器）已搭铁，一般应更换电枢总成。

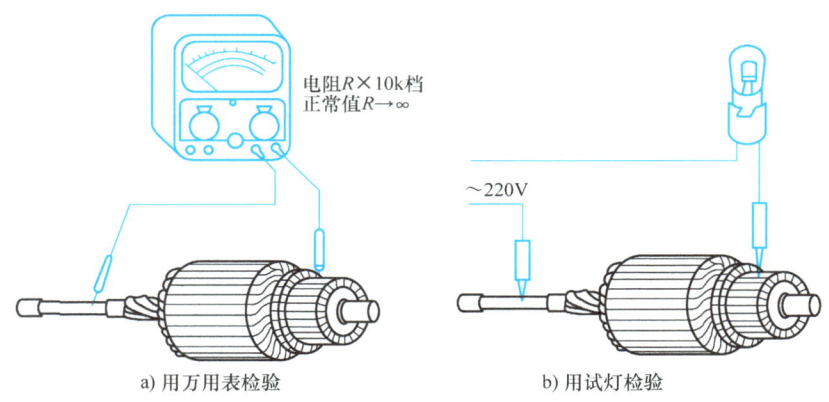

a) 用万用表检验　　　b) 用试灯检验

图 4-80　电枢绕组搭铁的检验

② 检修换向器。检修换向器表面。如果表面脏污，可用干净棉纱蘸少量汽油擦拭干净；若表面不平或轻微烧蚀，可用"00"号砂纸打磨，如图 4-81 所示；若表面严重烧蚀或有过深沟槽，可选择尽量小的加工余量车削。当换向器换向片的厚度

小于2mm时，应更换换向器或电枢总成。换向器圆柱面对电枢轴的径向圆跳动公差为0.05mm，检验方法如图4-82所示。转动电枢，百分表显示的最大值与最小值之差如果超过0.05mm，应车削复圆。换向器铜片间绝缘层的割低。要求将绝缘层割低的换向器，应检查其深度是否为0.5~0.8mm，如图4-83所示，否则可用薄钢锯条锯削。

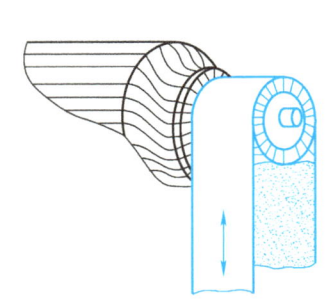

图4-81 用砂纸打磨换向器表面

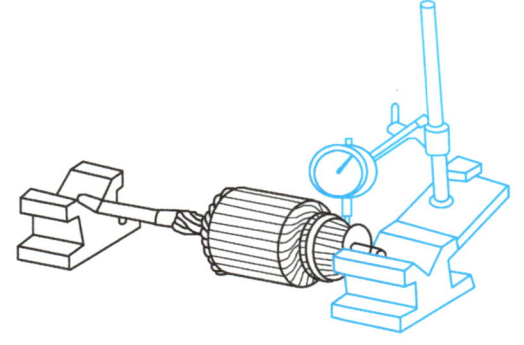

图4-82 换向器径向圆跳动的检验

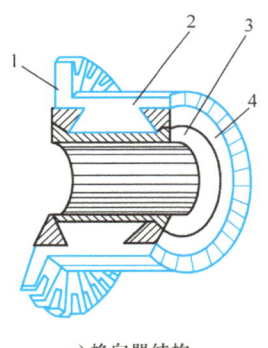

a) 换向器结构

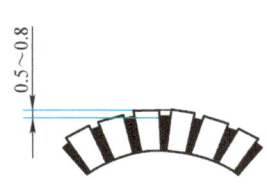

b) 铜片间绝缘层的割低

图4-83 换向器
1—凸缘 2—铜片 3—轴套 4—压环

③ 检修电枢轴。用百分表检验电枢轴中间轴颈处的径向圆跳动量，应不大于0.05mm，铁心表面最大径向圆跳动量应小于0.15mm，否则应校正。

④ 检修励磁绕组。检修励磁绕组是否断路时，用万用表$R \times 1$档，按图4-84所示的方法进行检查，若电阻值为∞，说明励磁绕组出现了断路，这一般是由于脱焊或虚焊造成的，重新焊牢即可。检验励磁绕组是否短路时，对其通以2V的直流电，用钢片触试各磁极，如果某磁极的吸力明显小于其他磁极，则该磁极上的绕组有短路故障。检验励磁绕组是否搭铁时，用图4-85所示的方法，若电阻值不为∞，说明励磁绕组搭铁。

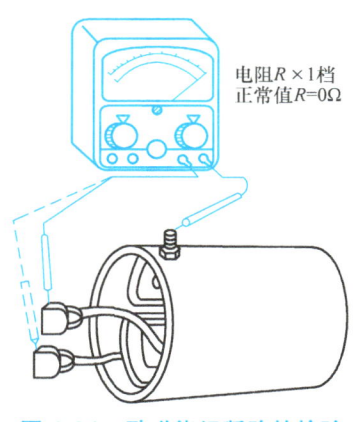

图4-84 励磁绕组断路的检验

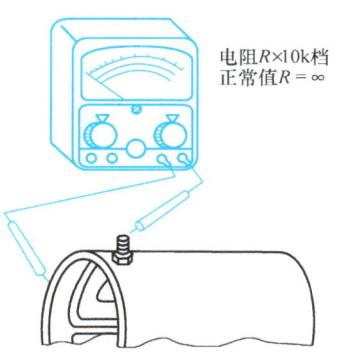

图4-85 励磁绕组搭铁的检验

⑤ 检修电刷、电刷架及端盖。当电刷的高度低于原高度的2/3时，应予以更换（新电刷的高度为14mm），如图4-86a所示。更换的电刷应研磨其接触面，研磨方法如图4-86b所示，研磨后的电刷接触面积应大于75%。检查电刷弹簧压力时，用弹簧秤测量电刷弹簧压力的方法如图4-87所示。若压力低于11.7N，应予以更换。检验绝缘电刷架时，用图4-88a或图4-88b所示的方法，当试灯亮或万用表的示值不为∞时，表明绝缘电刷架的绝缘已损坏，应更换绝缘片。

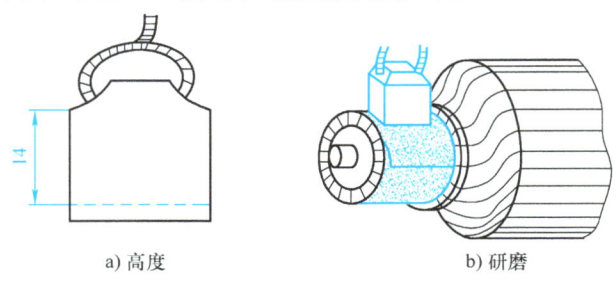

a) 高度　　　　　　　　　b) 研磨

图4-86 电刷的高度与接触面的研磨

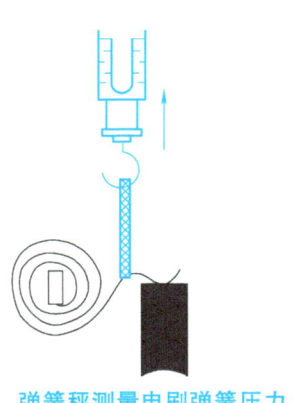

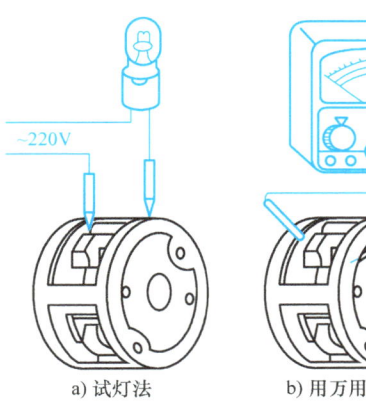

图4-87 弹簧秤测量电刷弹簧压力

a) 试灯法　　　　b) 用万用表检验

图4-88 绝缘电刷架的检验

检修滑动轴承各部轴承与轴的配合间隙，前后端盖均为0.03~0.09mm，中间支撑板轴承为0.23~0.45mm。如果有超差（用手感觉旷动量较大），应予以更换。更换的轴承与端盖的过盈量应为0.08~0.18mm，轴承压入后，再用铰刀铰削至满足要求。

⑥ 检修传动机构。首先检查驱动齿轮，其端面应无崩角和碎裂，磨损量不应超过3mm，否则应更换新件。然后检查离合器与电枢轴配合情况。离合器在轴上应移动自如，无卡滞现象，否则应对配合部位清洁、修整，用锉刀修平碰痕或毛刺。最后检查离合器是否正常。用手转动驱动齿轮，应在一个方向上锁止，另一个方向上转动自如，否则应更换离合器。

⑦ 检验电磁开关。首先检查吸引线圈，将万用表表笔分别接S接线柱和电动机的主接线柱，测量电阻值，并由此判定其技术状况（常见12V起动机该线圈电阻值为0.6Ω左右），如图4-89a所示。然后检查保持线圈，将万用表的表笔分别接S接线柱和壳体，根据测量结果，判定其技术状况（常见12V起动机该线圈电阻值为1Ω左右），如图4-89b所示。

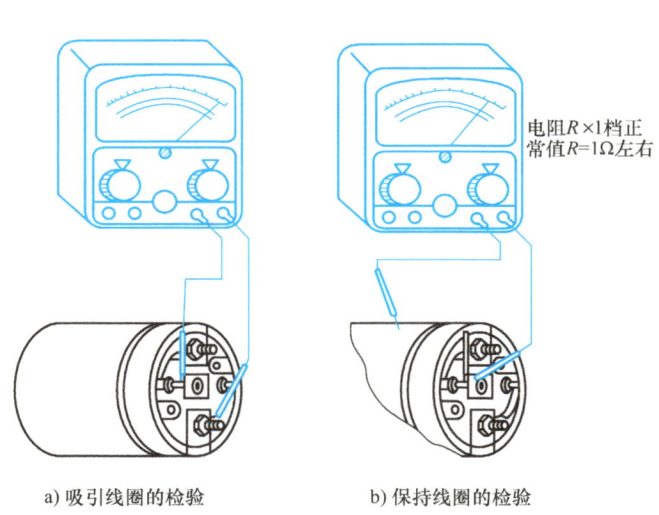

a) 吸引线圈的检验　　b) 保持线圈的检验

图4-89　电磁开关的检验

3）起动机的组装。经检修合格或更换的新零部件，按解体时的相反顺序装配。

① 将中间支撑板、离合器、挡圈套到电枢轴上，安装电枢轴前端的卡环。

② 将传动拨叉先套到离合器的拨叉套中，再将拨叉部分装入前端盖中，固定拨叉销轴螺栓。

③ 固定中间轴承板，以此为基础进行后续装配。

④ 将定子部分对准记号套到电枢上，将止推垫圈装到换向器端的轴上，装上后端盖，旋紧两固定螺钉。

⑤ 用专用钢丝钩钩起电刷弹簧,装入电刷。
⑥ 安装防护罩。
⑦ 将电磁开关活动铁心上的拉杆套入传动拨叉上端,套上电磁开关的另一部分,将电磁开关固定在端盖上。
⑧ 将连接片装回电磁开关与电动机接线柱上。

6. 评分标准

起动机的检修评分标准见表4-34。

表4-34 起动机的检修评分标准

序号	作业项目	考核内容	配分	评分标准	评分记录	扣分	得分
1	解体起动机	解体操作	15分	每出现一处操作错误扣2分			
2	检修起动机各主要零件(零件修复可口述)	转子总成的检修	40分	检验方法不正确扣5分			
				检验结果不正确扣2分			
				维修方法不正确扣2分			
		定子绕组的检验		检验方法不正确扣5分			
				检验结果不正确扣2分			
		电刷总成的检修		检验方法不正确扣5分			
				检验结果不正确扣2分			
				维修方法不正确扣2分			
		单向离合器的检验		检验方法不正确扣5分			
				检验结果不正确扣2分			
		电磁开关的检验		检验方法不正确扣5分			
				检验结果不正确扣2分			
3	组装起动机	组装工艺和方法	15分	每出现一处操作错误扣3分			
4	检验起动机的工作性能	用电器万能试验台检验起动机的工作性能	25分	检验方法不正确扣10分			
				检验结果不正确扣5分			
5	安全文明生产	遵守安全操作规程,正确使用工量具;操作现场整洁	5分	每项扣1分,扣完为止			
		安全用电;防火;无人身、设备事故		因违规操作发生重大人身和设备事故,此题按0分计			
6	分数合计		100分				

评分人: 年 月 日 核分人: 年 月 日

技能训练二 起动机控制电路的检修

1. 训练准备

1)起动机控制电路图样或实训汽车1台。

2）数字式万用表 1 个。

2. 训练要求

1）能够分析起动机控制电路。

2）掌握起动机控制电路的检修方法。

3. 训练时间

训练时间为 30min。

4. 基本操作步骤

起动继电器控制式起动电路如图 4-90 所示。

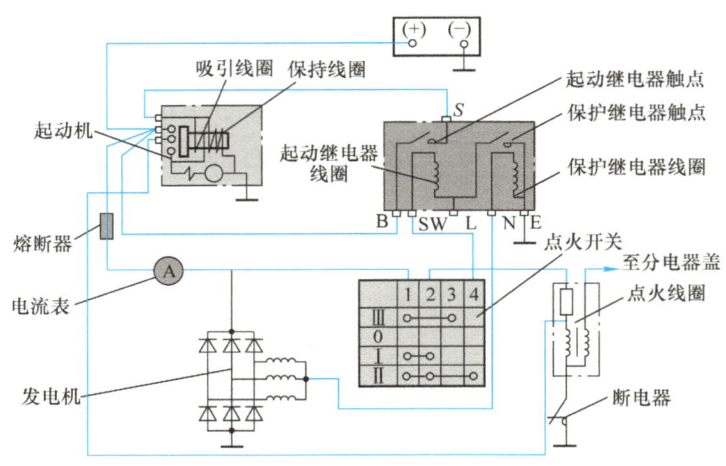

图 4-90　起动继电器控制式起动电路

1）检测发电机电压输出端"B+"。测量发电机电压输出端"B+"与搭铁之间的电压，应为蓄电池电压。如果电压低或为 0V，则需检查熔断器盒中 30A 熔断器、起动机电源接线柱线路连接处、电流表线路连接处、蓄电池极端与线夹连接处等。

2）检测组合继电器各接线柱。

① 测量 B 接线柱的电压。在发动机不工作时，测量组合继电器 B 接线柱对地电压，应为蓄电池电压。如果无电压，则需检查 B 接线柱与起动机电源接线柱之间的线路及连接处，蓄电池极柱与线夹连接处等。

② 测量 L、E 接线柱之间的电阻。在不接通点火开关时测量组合继电器 L、E 接线柱之间的电阻，应为通路。如果有电阻或不通，说明组合继电器中主触点接触不良。

③ 测量 N 接线柱电压。在发动机不工作时测量组合继电器 N 接线柱对地电压，应为 0V。如果有蓄电池电压，则需检查发电机的整流二极管是否短路。

3）检测电磁开关线圈。用万用表 $R \times 1$ 档测量起动机电磁开关保持线圈、吸引线圈的电阻值，其电阻值应符合规定。若电阻值 $R = \infty$，说明线圈断路；若电阻值小于规定值，说明线圈有匝间短路故障。线圈断路或短路严重时，须更新电磁开关。

判断起动机保持线圈是否完好，可通过测量"50"接线柱与搭铁之间的电阻值来实现。判断吸引线圈是否完好，可通过测量"50"接线柱与"C"的电阻值来判定。正常情况下，两线圈的电阻值都很小。如果不通或有较大电阻，则需检查电磁开关内保持线圈、吸引线圈的连接处是否有断脱或接触不良。

4）起动机通电试验。将起动机的"50"接线柱、"30"接线柱与蓄电池正极相连，外壳接蓄电池负极，起动机应能平稳运转，同时驱动齿轮应移出。如果起动机不工作，需检查电磁开关；如果起动机驱动齿轮能啮入飞轮齿圈，但不能转动或转速很低，则需检查蓄电池是否亏电，蓄电池极柱与线夹的连接及起动机电源接线柱连接处是否连接不良，起动机电磁开关触点或电动机是否良好。一旦断开"50"端子，起动机应立即停止转动，同时驱动齿轮缩回。

5. 评分标准

检修起动机控制电路评分标准见表4-35。

表4-35 检修起动机控制电路评分标准

序号	作业项目	考核内容	配分	评分标准	评分记录	扣分	得分
1	检测发电机电压输出端"B+"	操作规范	25分	每出现一处操作错误扣5分			
2	检测组合继电器各接线柱	操作规范	25分	每出现一处操作错误扣5分			
3	检测电磁开关线圈	操作规范	25分	每出现一处操作错误扣5分			
4	起动机通电试验	操作规范	20分	每出现一处操作错误扣5分			
5	安全文明生产	遵守安全操作规程，正确使用工量具；操作现场整洁	5分	每项扣1分，扣完为止			
		安全用电；防火；无人身、设备事故		因违规操作发生重大人身和设备事故，此题按0分计			
6	分数合计		100分				

评分人：　　　年　月　日　　核分人：　　　年　月　日

第五部分 模拟试卷样例

Chapter 5

理论知识试卷

中级汽车维修工理论知识试卷

注意事项

1. 考试时间：120min。
2. 本试卷依据《国家职业技能标准 汽车维修2》命制。
3. 请首先按要求在试卷的标封处填写您的姓名、准考证号和所在单位的名称。
4. 请仔细阅读各种题目的回答要求，在规定的位置填写您的答案。
5. 不要在试卷上乱写乱画，不要在标封区填写无关的内容。

	一	二	总 分
得 分			

得 分	
评分人	

一、单项选择题（第1题～第160题。选择一个正确答案，将相应的字母填入题内的括号中。每题0.5分，总计80分）。

1. 道德是（   ）。
   A. 人和市场都具有的行为规范
   B. 规定人们的权利和义务的行为规范
   C. 一定社会阶级向人们提出的处理人与人、人与社会、人与自然之间关系的行为规范
   D. 随阶级、国家的消亡而消亡的特殊行为规范

2. （　　）属于企业文化功能。

A. 体育锻炼　　　B. 整合功能　　　C. 歌舞娱乐　　　D. 社会交际

3. 关于勤劳节俭的论述中，正确的选项是（　　）。

A. 勤劳是人生致富的充分条件

B. 节俭是企业持续发展的必要条件

C. 勤劳不如巧干

D. 节俭不如创造

4. 职业纪律是从事这一职业的员工应该共同遵守的行为准则，（　　）包括在内。

A. 交往规则　　　B. 操作程序　　　C. 群众观念　　　D. 外事纪律

5. 在企业的活动中，（　　）不符合平等尊重的要求。

A. 根据员工技术专长进行分工

B. 根据服务对象的年龄采取不同的服务措施

C. 师徒之间要平等和互相尊重

D. "同工同酬"，取消员工之间的一切差别

6. （　　）是关于创新的正确论述。

A. 不墨守成规，但也不可标新立异

B. 企业经不起折腾，大胆地闯早晚会出问题

C. 创新是企业发展的动力

D. 创新需要灵感，但不需要情感

7. 订立劳动合同的要约是由（　　）提出的。

A. 提出合同建议的一方　　　　　B. 承诺的一方

C. 旁观者　　　　　　　　　　　D. 参与者

8. 劳动保护制度不包括（　　）制度。

A. 劳动报酬　　　　　　　　　　B. 安全卫生

C. 对女职工保护　　　　　　　　D. 未成年工人保护

9. （　　）不属于可撤销合同。

A. 依法订立的合同　　　　　　　B. 显失公平的合同

C. 乘人之危订立的合同　　　　　D. 因重大误解订立的合同

10. （　　）负责全国产品监督管理工作。

A. 地方政府

B. 各省产品质量监督管理部门

C. 地方技术监督局

D. 国务院产品质量监督管理部门

11. 百分表是一种比较性测量仪器，主要用于测量工件的（　　）。

A. 公差值　　　B. 偏差值　　　C. 实际值　　　D. 极值

12. （　　）是主要用于测量孔径的比较性量具。

A. 游标卡尺　　　B. 千分尺　　　C. 百分表　　　D. 内径百分表

13. 合金钢根据用途分为合金结构钢、合金工具钢和（　　）三大类。

A. 碳素结构钢　　B. 碳素工具钢　　C. 特殊用途钢　　D. 轴承合金

14. （　　）具有脆性大、塑性差、焊接性差等特点。

A. 灰铸铁　　　B. 碳素结构钢　　C. 轴承合金　　D. 铝合金

15. （　　）用作可见轮廓线。

A. 细实线　　　B. 粗实线　　　C. 双点画线　　　D. 虚线

16. 相配合的孔和轴具有相同的（　　）。

A. 尺寸公差　　B. 形状公差　　C. 位置公差　　D. 公称尺寸

17. 由电阻器 R_1、R_2 组成的串联电路具有（　　）的特点。

A. $U_1=U_2$　　B. $1/R_1+1/R_2=1/R$　　C. $I=I_1+I_2$　　D. $I_1=I_2$

18. 不含电源的部分电路欧姆定律的表达式是（　　）。

A. $I=U/R$　　B. $I=E_y/(R+r)$　　C. $I=U_2/R$　　D. $I=E_2/(R+r)$

19. 就车式平衡机按（　　）原理工作。

A. 静平衡　　　　　　　　B. 动平衡

C. 平衡块　　　　　　　　D. 以上都不对

20. 用于高寒地区冬季使用的清洗机是（　　）。

A. 门式清洗机　　　　　　B. 盘式清洗机

C. 常温高压清洗机　　　　D. 热水清洗机

21. 座位在9座（包括驾驶人座位在内）以下的小型载客汽车称为（　　）。

A. 客车　　　B. 乘用车　　　C. 旅游客车　　　D. 长途客车

22. 轿车类别代号是（　　）。

A. 4　　　　B. 5　　　　C. 6　　　　D. 7

23. 四行程柴油机工作时，柴油在（　　）时进入气缸。

A. 进气行程　　　　　　　B. 接近压缩行程终了

C. 接近做功行程终了　　　D. 排气行程

24. 曲轴飞轮组主要由曲轴、（　　）和附件等组成。

A. 齿轮　　　B. 链轮　　　C. 带轮　　　D. 飞轮

25. 气门组主要包括气门、气门导管、（　　）及气门弹簧等。

A. 挺柱　　　B. 气门锁片　　　C. 推杆　　　D. 摇臂

26. （　　）是燃料燃烧过程中实际供给的空气质量与理论上完全燃烧时所需的空气质量之比。

A. 空燃比　　　　　　　　B. 可燃混合气

C. 过量空气系数　　　　　D. 以上都不对

27. 自动变速器的组成中不包括（　　）。

　　A. 液力变矩器　　B. 液压泵　　C. 控制系统　　D. 拨叉

28. （　　）能在变速器的输出轴和驱动桥的输入轴之间有一定夹角和相对位置经常变化的两轴之间传递动力。

　　A. 离合器　　B. 差速器　　C. 万向传动装置　　D. 主减速器

29. 汽车驱动桥不具有（　　）的功用。

　　A. 降速增矩　　　　　　　　B. 改变转矩的传递方向

　　C. 承担整车的大部分载重　　D. 防止传动系统过载

30. 中小型汽车上多用的（　　）主减速器，一般使用一对大小不等的锥齿轮传动结构。

　　A. 单级　　　　　　　　　　B. 双级

　　C. 多级　　　　　　　　　　D. 以上均不对

31. 蓄电池的正极板为（　　）。

　　A. 海绵状铅　　B. 二氧化铅　　C. 青灰色　　D. 红色

32. 触点式调节器可分为（　　）。

　　A. 内搭铁式和外搭铁式　　　B. 晶体管式和集成电路式

　　C. 单级式和双级式　　　　　D. 电子式和多级式

33. 热敏电阻式传感器的组成中（　　）在环境温度降低时，其阻值升高；反之，其阻值降低。

　　A. 负温度系数热敏电阻　　　B. 正温度系数热敏电阻

　　C. 填料　　　　　　　　　　D. 壳体

34. 曲轴位置传感器在发动机工作时，提供活塞到达（　　）一定时间产生的信号。

　　A. 压缩行程上止点前　　　　B. 压缩行程下止点后

　　C. 进气行程上止点前　　　　D. 进气行程下止点后

35. 有关车底安全操作中，（　　）是不正确的。

　　A. 不要直接躺在地上　　　　B. 不准对发动机进行起动检查

　　C. 不准拉紧驻车制动器　　　D. 不准用手试探螺孔

36. 砂轮的搁架与砂轮的距离一般保持在（　　）mm之内。

　　A. 2　　B. 3　　C. 4　　D. 5

37. 全面质量管理这一概念最早在（　　）由美国质量管理专家提出。

　　A. 19世纪50年代　　　　　　B. 20世纪30年代

　　C. 20世纪40年代　　　　　　D. 20世纪50年代

38. 全面质量管理的基本工作方法中（　　）阶段指的是计划阶段。

　　A. A　　B. C　　C. D　　D. P

39. 汽车二级维护的行驶里程为（　　）km。

A. 5 000~10 000　　　　　　　　　　B. 10 000~15 000
C. 20 000~30 000　　　　　　　　　　D. 30 000~40 000

40. 一般要求活塞环外围工作面在开口处（　　）范围内不许漏光。
A. 15°　　　　B. 30°　　　　C. 45°　　　　D. 60°

41. 桑塔纳发动机曲轴轴向间隙是靠第（　　）道主轴承的止推片来保证的。
A. 1　　　　B. 2　　　　C. 3　　　　D. 4

42. 进行连杆轴承间隙检查时，用手（　　）向推动连杆，应无间隙感觉。
A. 轴　　　　B. 径　　　　C. 侧　　　　D. 前后

43. 用溢流法检测柴油机喷油提前角须在（　　）上进行。
A. 喷油器试验器　　　　　　　　B. 喷油泵试验台
C. 台架　　　　　　　　　　　　D. 喷油泵试验台或台架

44. 喷油器试验器用油应为沉淀后的（　　）。
A. "0"号轻柴油　B. 煤油　　　C. 液压油　　　D. 机械油

45. 将报废件定为可用件会影响汽车的维修质量；如果将可用件定为报废件，会影响汽车的维修（　　）。
A. 质量　　　　B. 工艺　　　　C. 成本　　　　D. 技术要求

46. 发动机气缸轴线方向磨损量最大部位是在活塞上止点时（　　）所对应的缸壁。
A. 活塞顶　　　B. 第一道活塞环　C. 活塞销　　　D. 第二道活塞环

47. （　　）不属于气缸盖裂纹的主要原因。
A. 车辆在严寒季节，停车后没有及时放净发动机水道和散热器内的冷却液
B. 发动机过热时，突然添加冷的冷却液
C. 气缸盖铸造时残余应力的影响及气缸盖在生产中壁厚过薄，强度不足
D. 气缸盖螺栓拧紧力矩过大

48. （　　）不属于气缸体裂纹的主要原因。
A. 车辆在严寒季节，停车后没有及时放净发动机水道和散热器内的冷却液
B. 发动机过热时，突然添加冷的冷却液
C. 气缸体铸造时残余应力的影响及气缸体在生产中壁厚过薄，强度不足
D. 气缸体螺栓拧紧力矩过大

49. （　　）下不属于凸轮轴产生裂纹的主要原因。
A. 材料缺陷　　　　　　　　　　B. 应力集中
C. 制造缺陷　　　　　　　　　　D. 螺栓拧紧力矩过大

50. 铝合金发动机气缸盖的水道容易被腐蚀，轻者可通过（　　）修复。
A. 堆焊　　　　　　　　　　　　B. 镶补
C. 环氧树脂粘补　　　　　　　　D. 以上均可

51. 发动机曲轴轴颈主要的检测项目是（　　）。
   A. 弯曲变形　　　　　　　　　B. 圆度误差
   C. 圆柱度误差　　　　　　　　D. 圆度和圆柱度误差

52. 将发动机凸轮轴支于平台上的V形块上，用（　　）检测凸轮轴的弯曲程度。
   A. 直尺和塞尺　　　　　　　　B. 高度尺
   C. 百分表　　　　　　　　　　D. 游标卡尺

53. 气缸体上平面50mm×50mm测量范围内平面度误差应不大于（　　）mm。
   A. 0.01　　　　B. 0.04　　　　C. 0.05　　　　D. 0.10

54. 气门杆磨损用（　　）测量。
   A. 外径千分尺　　B. 内径千分尺　　C. 直尺　　　　D. 刀尺

55. （　　）用于建立燃油系统压力。
   A. 油泵　　　　　　　　　　　B. 喷油器
   C. 油压调节器　　　　　　　　D. 油压缓冲器

56. 喷油器每循环喷出的燃油量基本上取决于（　　）时间。
   A. 开启持续　　　　　　　　　B. 开启开始
   C. 关闭持续　　　　　　　　　D. 关闭开始

57. （　　）用于检测发动机运转时吸入的进气量。
   A. 空气流量计　　　　　　　　B. 节气门位置传感器
   C. 进气温度传感器　　　　　　D. 发动机转速传感器

58. （　　）是测定吸入发动机的空气流量的传感器。
   A. 节气门位置传感器　　　　　B. 空气流量计
   C. 进气温度传感器　　　　　　D. 发动机转速传感器

59. 燃油泵供油量在有燃油滤清器的情况下应为（　　）mL。
   A. 400~700　　B. 700~1000　　C. 1000~1300　　D. 1300~1600

60. 进气温度传感器的输出信号是（　　）。
   A. 脉冲信号　　B. 数字信号　　C. 模拟信号　　D. 固定信号

61. （　　）的作用是建立足够的机油压力。
   A. 机油泵　　　　　　　　　　B. 机油滤清器
   C. 限压阀　　　　　　　　　　D. 机油压力感应塞

62. 加注发动机冷却液，最好选择（　　）。
   A. 井水　　　　　　　　　　　B. 泉水
   C. 厂家规定型号的冷却液　　　D. 矿泉水

63. 无触点电子点火系统采用点火信号传感器取代传统点火系统中的（　　）。
   A. 断电触点　　　　　　　　　B. 配电器
   C. 分电器　　　　　　　　　　D. 点火线圈

64. 一般来说，普通火花塞中心电极与侧电极之间的间隙为（　　）mm。
　　A. 0.35~0.45　　B. 0.45~0.55　　C. 0.50~0.60　　D. 0.70~0.90
65. 关于爆燃的原因，甲说是点火提前角过大，乙说是燃烧室积炭过多。对于以上说法（　　）。
　　A. 甲正确　　　　　　　　　　B. 乙正确
　　C. 甲乙都正确　　　　　　　　D. 甲乙都不正确
66. 关于连杆轴承异响，甲认为发出较大清脆的"铛铛"金属敲击声，乙认为随发动机转速增加，声音加大，丙认为发动机温度升高，声音减弱或消失。看法正确的是（　　）。
　　A. 甲和乙　　B. 乙和丙　　C. 丙和甲　　D. 均正确
67. 电控发动机燃油喷射系统中的怠速旁通阀是（　　）系统的组成部分。
　　A. 供气　　B. 供油　　C. 控制　　D. 空调
68. 电控燃油喷射系统能实现（　　）的高精度控制。
　　A. 空燃比　　B. 点火高压　　C. 负荷　　D. 转速
69. 电控燃油喷射发动机严禁在运转时，将（　　）从电路中断开。
　　A. 蓄电池　　B. 传感器　　C. 点火线圈　　D. 电动汽油泵
70. 用（　　）检查电控燃油发动机各缸是否工作。
　　A. 数字式万用表　　　　　　B. 单缸断火法
　　C. 模拟式万用表　　　　　　D. 双缸断火法
71. 用汽车万用表测量发动机转速，红表笔应连（　　），黑表笔搭铁。
　　A. 点火线圈负接线柱　　　　B. 点火线圈正接线柱
　　C. 转速传感器　　　　　　　D. 分电器中央高压线
72. 配备测试卡的诊断仪，测试不同的车时，应选用（　　）的测试卡。
　　A. 故障诊断　　B. 相同　　C. 不同尺寸　　D. 不同型号
73. 打开桑塔纳2000GLS型轿车点火开关，用数字式万用表的（　　）档测量点火控制器端子的电压，可检查点火控制器的故障。
　　A. 电阻　　B. 直流电压　　C. 兆欧　　D. 交流电压
74. （　　）不属于导致混合气过浓的原因。
　　A. 空气滤清器堵塞　　　　　B. 进气歧管堵塞
　　C. 油压过高　　　　　　　　D. 燃油泵磨损
75. 检测电控发动机燃油泵工作电压时，（　　）、燃油泵熔丝、燃油滤清器和燃油泵继电器均应正常。
　　A. 蓄电池电压　　　　　　　B. 点火线圈电压
　　C. 发电机电压　　　　　　　D. 燃油泵
76. 二级维护前检测桑塔纳LX型轿车，轮胎气压应符合规定，前轮（　　）

kPa，后轮 190kPa，车轮动不平衡量为零。

A. 180　　　B. 200　　　C. 300　　　D. 400

77. 变速器挂入传动比大于 1 的档位时，变速器实现（　　）。

A. 减速增矩　　B. 增矩升速　　C. 增速增矩　　D. 减速减矩

78. 变速器竣工验收时，应进行（　　）试验。

A. 有负荷　　　　　　　　B. 无负荷

C. 热磨合　　　　　　　　D. 无负荷和有负荷

79. 进行自动变速器（　　）时，时间不得超过 5s。

A. 油压试验　　B. 失速试验　　C. 时滞试验　　D. 手动试验

80. 主、从动锥齿轮接触痕迹的长度不小于齿长的（　　）%。

A. 50　　　B. 60　　　C. 70　　　D. 75

81. 前驱动轿车的半轴上均安装（　　）万向节。

A. 普通　　　B. 十字轴　　　C. 准等速　　　D. 等速

82. 根据《汽车驱动桥修理技术条件》的技术要求，驱动桥钢板弹簧座（　　）减少不大于 2.0mm。

A. 长度　　　B. 宽度　　　C. 厚度　　　D. 粗糙度

83. 当传动轴中间支承的轴向间隙大于（　　）mm 时，应解体中间支承总成。

A. 0.1　　　B. 0.3　　　C. 0.5　　　D. 0.7

84. 当作用力很容易地由转向盘经转向器传到转向摇臂，而转向摇臂所受路面冲击也比较容易地经转向盘传到转向盘，这种转向器被称为（　　）转向器。

A. 可逆式　　B. 不可逆式　　C. 极限可逆式　　D. 齿轮条式

85. 国家检验标准规定最高车速小于 100km/h 的汽车转向盘向左、向右的自由转角不得大于（　　）。

A. 30°　　　B. 40°　　　C. 15°　　　D. 35°

86. 汽车的装配基体是（　　）。

A. 车架　　　B. 车身　　　C. 车轮　　　D. 车梁

87. 桑塔纳 2000 型轿车前悬架采用（　　）。

A. 双叉式　　B. 撑杆式　　C. 拖动臂式　　D. 非独立式

88. 拆下减振器，双手紧握减振器的两端，缓缓拉伸和压缩，感觉阻力的大小。甲说："如果快速拉伸和压缩，阻力明显减小，说明减振器的减振性能良好。"乙说："如果快速拉伸和压缩，阻力依然如故，说明减振器的减振性能已损坏。"你认为两者中正确的是（　　）。

A. 甲　　　B. 乙　　　C. 两者都正确　　　D. 两者都不正确

89. 东风 EQ1092 型汽车的前束值为（　　）mm。

A. 3~5　　　B. 1~5　　　C. 5~6　　　D. 4~6

90.真空增压制动传动装置比液压制动机构多装了一套真空增压系统,（   ）不是真空增压系统组成部分。

　　A.加力气室　　　B.辅助缸　　　C.控制阀　　　D.主缸

91.（   ）的作用是使储气筒的气压保持在规定范围内,以减小发动机的功率消耗。

　　A.泄压阀　　　B.单向阀　　　C.限压阀　　　D.调压器

92.当主、挂车因故脱挂时,挂车（   ）。

　　A.不制动　　　B.自行制动　　　C.停车　　　D.制动力减小

93.在（   ）中,空气助力气室制动时产生的推力,也同制动踏板力一样直接作用在制动主缸活塞推杆上。

　　A.真空助力器　　　B.真空增压器　　　C.空气增压器　　　D.空气助力器

94.关于液压制动传动装置,甲说液压制动传动装置有增压式,乙说液压制动传动装置有助力式。你认为以上观点（   ）。

　　A.甲正确　　　　　　　　　　B.乙正确
　　C.甲乙都正确　　　　　　　　D.甲乙都不正确

95.制动鼓失圆,将不能导致（   ）。

　　A.车辆行驶跑偏　　　　　　　B.无制动
　　C.制动时间变长　　　　　　　D.制动距离变长

96.用游标卡尺分别测量制动蹄支承销与衬套,其配合间隙不应超过（   ）mm。

　　A.0.30　　　B.0.25　　　C.0.35　　　D.0.40

97.用深度游标卡尺测量,衬片铆钉头距摩擦衬片表面应不小于（   ）mm,衬片厚度应不小于9mm。

　　A.0.20　　　B.0.30　　　C.0.40　　　D.0.80

98.制动防抱死系统（Anti-Locked Braking System,ABS）制动时使车轮既滚动又滑动,以滚为主,滑移率控制在（   ）的状态。

　　A.10%～25%　　　B.0%～15%　　　C.20%～30%　　　D.5%～15%

99.制动钳体缸筒圆柱度误差应不大于（   ）mm。

　　A.0.01　　　B.0.02　　　C.0.03　　　D.0.04

100.解放CA1092型汽车采用的是（   ）驻车制动器。

　　A.盘式　　　B.鼓式　　　C.带式　　　D.后轮

101.离合器从动盘钢片破裂造成（   ）异响。

　　A.离合器　　　B.变速器　　　C.驱动桥　　　D.万向传动轴

102.当传动轴严重凹陷,会导致汽车在高速行驶中（   ）。

　　A.异响　　　B.振动　　　C.异响和振动　　　D.车速不稳

103. 汽车行驶时，变换车速，如果出现"咔啦、咔啦"的撞击声，多半是（　　）。
　　A. 轴承磨损松旷　　　　　　　B. 传动轴排列破坏
　　C. 螺栓松动　　　　　　　　　D. 万向节轴承壳压得过紧

104. 当汽车（　　）时有异响，应检查齿轮的配合间隙和啮合间隙是否合适。
　　A. 加速　　　B. 减速　　　C. 起步　　　D. 上、下坡

105. 关于转向沉重，甲认为转向器转向轴弯曲或管柱凹瘪相互摩擦就是导致转向沉重原因，乙认为转向器摇臂与衬套间隙过小是原因之一，丙认为转向梯形横、直拉杆球头配合间隙过小是原因之一。看法正确的是（　　）。
　　A. 甲和乙　　　B. 乙和丙　　　C. 丙和甲　　　D. 均错

106. 关于行驶跑偏，甲认为两前轮胎气压差过小或磨损程度不一致是导致行驶跑偏的原因，乙认为前桥变形是原因之一，丙认为前轮前束过大或过小是原因之一。看法不正确的是（　　）。
　　A. 甲　　　B. 乙　　　C. 丙　　　D. 均对

107. 关于引起低速打摆现象的主要原因，甲认为是前束过大、车轮外倾角、主销后倾角变小，乙认为是转向器啮合间隙过大，丙认为是转向节主销与衬套间隙过大。看法正确的是（　　）。
　　A. 甲和乙　　　B. 乙和丙　　　C. 丙和甲　　　D. 均错

108. （　　）是引起转向沉重的原因。
　　A. 油液脏　　　　　　　　　　B. 缺液压油或过滤器堵塞
　　C. 分配阀反作用弹簧过软或损坏　D. 流量控制阀被卡住

109. 关于装备动力转向系统的汽车方向发飘或跑偏的原因，甲认为是分配阀反作用弹簧过软或损坏，乙认为是流量控制阀被卡住，丙认为是阀体与阀体台阶位置偏移使滑阀不在中间位置。看法正确的是（　　）。
　　A. 甲和乙　　　B. 乙和丙　　　C. 丙和甲　　　D. 均错

110. 关于汽车左右转向力不一致的原因，甲认为是分配阀的滑阀偏离中间位置，乙认为是分配阀的滑阀虽在中间位置但与阀体台阶的间隙大小不一致，丙认为是滑阀内有脏物阻滞。看法正确的是（　　）。
　　A. 甲和乙　　　B. 乙和丙　　　C. 丙和甲　　　D. 均错

111. （　　）是悬架系统损坏引起的常见故障。
　　A. 车身抖动　　　B. 车身倾斜　　　C. 后桥异响　　　D. 前桥异响

112. 关于车身倾斜的原因，甲认为是单侧悬架弹簧弹力不足，乙认为是轮胎气压不平衡，丙认为是减振器损坏。看法正确的是（　　）。
　　A. 甲和乙　　　B. 乙和丙　　　C. 丙和甲　　　D. 均错

113. 关于汽车行驶中有撞击声或异响的原因，甲认为是减振器损坏，乙认为是

弹簧折断，丙认为是单侧悬架弹簧弹力不足。看法正确的是（　　）。

A. 甲和乙　　　　B. 乙和丙　　　　C. 丙和甲　　　　D. 均错

114. 关于汽车行驶跑偏的原因，甲认为是车架变形，乙认为是前悬架移位，丙认为是单侧悬架弹簧弹力不足。看法正确的是（　　）。

A. 甲和乙　　　　B. 乙和丙　　　　C. 丙和甲　　　　D. 均错

115. 关于制动跑偏、甩尾的原因。甲认为：车架变形是引起制动跑偏、甩尾的原因。乙认为：单侧悬挂弹簧弹力不足是原因之一。丙认为：前悬挂弹簧弹力不足是原因之一。看法正确的是（　　）。

A. 甲和乙　　　　B. 乙和丙　　　　C. 丙和甲　　　　D. 均错

116. （　　）是轮胎异常磨损的原因。

A. 减振器性能减弱　　　　　　B. 连接销松动

C. 减振器损坏　　　　　　　　D. 单侧悬架弹簧弹力不足

117. （　　）是气压制动失效的原因。

A. 车轮制动器失效　　　　　　B. 制动阀进气阀打不开

C. 制动器室膜片破裂　　　　　D. 空气压缩机传动带打滑

118. （　　）是液压制动系统卡死的原因。

A. 液压制动系统中有空气

B. 总泵旁通孔或回油孔堵塞

C. 总泵皮碗和密封胶圈老化、发胀或翻转

D. 制动蹄片磨损过量

119. 汽车在行驶中后桥出现连续的"嗷嗷"声响，车速加快时声响也加大，滑行时稍有减弱，说明（　　）。

A. 主、从动锥齿轮啮合间隙过小　　B. 主、从动齿轮啮合间隙过大

C. 主、从动锥齿轮啮合轮齿折断　　D. 半轴花键损坏

120. 汽车气压制动时有"哽哽"异响或车身发抖应（　　）。

A. 更换摩擦片，光磨制动鼓　　　　B. 调整蹄片和制动鼓间隙

C. 检查制动气室　　　　　　　　　D. 检查制动阀

121. 霍尔式（　　）的。

A. 无触点电子点火系统是以触点形式来控制电路的开关

B. 无触点电子点火系统是以无触点形式来控制电路的开关

C. 触点式电子点火系统是以触点形式来控制电路的开关

D. 触点式电子点火系统以触点形式来控制电路的开通

122. 进行汽车二级维护前，当检查发动机的转速为 800r/min 时，点火电压应为（　　）kV。

A. 2~4　　　　　B. 4~6　　　　　C. 6~8　　　　　D. 8~10

123. 为保证车辆顺利起动，起动前蓄电池电压不小于（　　）V。
　　A. 6　　　　　　B. 8　　　　　　C. 10　　　　　　D. 12
124. 充氟试漏是向系统充注氟利昂蒸汽，使系统压力高达（　　）MPa，然后用卤素灯检漏仪检漏。
　　A. 0.15　　　　B. 025　　　　C. 0.35　　　　D. 0.45
125. 一般夏季行驶（　　）天，应检查电解液的液面高度。
　　A. 5~6　　　　B. 10~12　　　C. 12~14　　　D. 10~14
126. 在充电完成2h后测量电解液相对密度，若不符合要求，可用（　　）（过高时）或相对密度为1.4的稀硫酸（过低时）调整。
　　A. 蒸馏水　　　B. 井水　　　　C. 河水　　　　D. 雪水
127. 为确保安全，更换点火模块前应采取的措施是（　　）。
　　A. 拆下蓄电池负极导线　　　　B. 拆下蓄电池正极导线
　　C. 拆下蓄电池　　　　　　　　D. 关闭点火开关
128. 爆震传感器安装在（　　）。
　　A. 气缸体上　　B. 油底壳上　　C. 离合器上　　D. 变速器上
129. 汽车起动机电磁开关将起动机主电路接通后，活动铁心靠（　　）线圈产生的电磁力保持在吸合位置上。
　　A. 吸引　　　　B. 保持　　　　C. 吸引和保持　D. 以上都不是
130. 发电机转子端隙应不大于（　　）mm。
　　A. 0.10　　　　B. 0.20　　　　C. 0.25　　　　D. 0.30
131. 在汽车制冷循环系统中，被吸入压缩机的制冷剂是（　　）状态。
　　A. 低压液体　　B. 高压液体　　C. 低压气体　　D. 固体
132. 在汽车空调系统中，（　　）将系统的低压侧与高压侧分隔开。
　　A. 空调压缩机　B. 干燥罐　　　C. 蒸发器　　　D. 冷凝器
133. 关于冷凝器的检修：甲说如果仅是外表积污，冷凝器散热片被堵塞，应用水清洗；乙说用压缩空气吹，同时注意不要损伤冷凝器散热片。你认为以上观点（　　）。
　　A. 甲正确　　　B. 乙正确　　　C. 甲乙都正确　D. 甲乙都不正确
134. 关于蒸发器检修：甲说应清洁排泄管路，并清除积聚在底板处的水分；乙说如果泄漏，应对泄漏处进行焊补。你认为以上观点（　　）。
　　A. 甲正确　　　B. 乙正确　　　C. 甲乙都正确　D. 甲乙都不正确
135. 关于调整膨胀阀调节螺钉：甲说顺时针方向拧，内弹簧减弱，开度增大，反之开度减小；乙说拧一圈，温度变化1℃，一般在1/2~1圈范围内微调，切忌乱拧。你认为以上观点（　　）。
　　A. 甲正确　　　B. 乙正确　　　C. 甲乙都正确　D. 甲乙都不正确
136. （　　）在汽车制冷系统中蒸发吸热、冷凝放热起着极其重要的作用。

A. 制冷剂 B. 冷凝剂 C. 化学试剂 D. 冷却液

137. 关于汽车电流表的检修：甲说不同型号的发电机应配用不同量程的电流表；乙说电流表应串联在蓄电池和发电机之间且接线时极性不可接错。你认为以上观点（　　）。

A. 甲正确 B. 乙正确 C. 甲乙都正确 D. 甲乙都不正确

138. 关于电压表的检修：甲说电压表用来指示发电机和蓄电池的端电压；乙说电热式电压表结构简单，在接通或切断电源时，指针摆动较迟缓，要待指针指示稳定后才可读数。你认为以上观点（　　）。

A. 甲正确 B. 乙正确 C. 甲乙都正确 D. 甲乙都不正确

139. 关于燃油表的检修：甲说在安装传感器时，与油箱搭铁必须良好；乙说传感器的电阻末端必须搭铁，这样可以避免因滑片与电阻接触不良时产生火花而引起火灾。你认为以上观点（　　）。

A. 甲正确 B. 乙正确 C. 甲乙都正确 D. 甲乙都不正确

140. 关于车速里程表的检修：甲说磁感应式车速里程表的结构中没有电路连接；乙说磁感应式车速里程表由汽车的变速器软轴驱动仪表的主动轴。你认为以上观点（　　）。

A. 甲正确 B. 乙正确 C. 甲乙都正确 D. 甲乙都不正确

141. 关于充电电流不稳故障的表现：甲说充电电流不稳的表现是发动机在中速以上运转，电流表指示充电电流忽大忽小；乙说充电电流不稳的表现是发动机在中速以上运转，充电指示灯忽明忽暗。你认为以上观点（　　）。

A. 甲正确 B. 乙正确 C. 甲乙都正确 D. 甲乙都不正确

142. 关于起动机运转无力故障的表现：甲说起动机运转无力的表现是起动机运转缓慢无力，不能带动发动机正常运转；乙说起动机运转无力的表现是接通起动开关，起动机只是"咔嗒"一声响，而不转动。你认为以上观点（　　）。

A. 甲正确 B. 乙正确 C. 甲乙都正确 D. 甲乙都不正确

143. 关于火花塞间歇性跳火故障：甲说原因是点火顺序不对；乙说原因是点火电压不足。你认为以上观点（　　）。

A. 甲正确 B. 乙正确 C. 甲乙都正确 D. 甲乙都不正确

144. 关于高压无火故障：甲说原因可能是分火头漏电；乙说原因可能是分电气盖漏电。你认为以上观点（　　）。

A. 甲正确 B. 乙正确 C. 甲乙都正确 D. 甲乙都不正确

145. 关于低速断火故障：甲说原因可能是火花塞间隙过小；乙说原因可能是电容器工作不良。你认为以上观点（　　）。

A. 甲正确 B. 乙正确 C. 甲乙都正确 D. 甲乙都不正确

146. （　　）可导致发电机异响。

A. 转子与定子之间碰擦 B. 电刷过短
C. 定子短路 D. 转子短路

147. 关于起动机不能与飞轮接合故障：甲说原因主要在起动机的操纵部分；乙说原因主要在主回路接触盘的行程过小。你认为以上观点（　　）。

　　A. 甲正确　　　　B. 乙正确　　　　C. 甲乙都正确　　D. 甲乙都不正确

148. 关于喇叭不响故障：甲说原因可能是喇叭线圈烧坏；乙说原因可能是喇叭电源线路短路。你认为以上观点（　　）。

　　A. 甲正确　　　　B. 乙正确　　　　C. 甲乙都正确　　D. 甲乙都不正确

149. 关于喇叭声响不正常故障：甲说原因可能是喇叭线圈烧坏；乙说原因可能是蓄电池存电不足。你认为以上观点（　　）。

　　A. 甲正确　　　　B. 乙正确　　　　C. 甲乙都正确　　D. 甲乙都不正确

150. 关于喇叭触点经常烧坏故障：甲说原因可能是电容断路；乙说原因可能是电容量过小。你认为以上观点（　　）。

　　A. 甲正确　　　　B. 乙正确　　　　C. 甲乙都正确　　D. 甲乙都不正确

151. 关于喇叭长鸣故障：甲说原因可能是喇叭继电器触点烧结；乙说原因可能是喇叭继电器触点弹簧片弹力过弱。你认为以上观点（　　）。

　　A. 甲正确　　　　B. 乙正确　　　　C. 甲乙都正确　　D. 甲乙都不正确

152. 关于空调压缩机不运转故障：甲说原因可能是空调熔丝熔断；乙说原因可能是电源线路断路。你认为以上观点（　　）。

　　A. 甲正确　　　　B. 乙正确　　　　C. 甲乙都正确　　D. 甲乙都不正确

153. 关于空调压缩机不停转故障：甲说原因可能是空调继电器故障；乙说原因可能是空调开关故障。你认为以上观点（　　）。

　　A. 甲正确　　　　B. 乙正确　　　　C. 甲乙都正确　　D. 甲乙都不正确

154. 冷却液温正常时，冷却液温度过高警告灯报警开关的双金属片几乎不变形，触点（　　），警告灯（　　）。

　　A. 分开，不亮　　B. 分开，亮　　　C. 闭合，不亮　　D. 闭合，亮

155. 当机油压力低于（　　）MPa 时，机油压力过低警告灯报警开关触点闭合，警告灯亮。

　　A. 0.03~0.15　　B. 0.15~0.30　　C. 0.30~0.45　　D. 0.45~0.60

156. （　　）导致所有车门锁都不能工作。

　　A. 电源故障　　　　　　　　　　B. 左侧电动车门锁电路断路
　　C. 右侧电动车门锁故障　　　　　D. 左侧后电动车门锁故障

157. （　　）不能导致驾驶人侧电动车门锁不能开启。

　　A. 熔断器故障　　　　　　　　　B. 开关故障
　　C. 遥控器故障　　　　　　　　　D. 点火开关故障

158. （　　）不能导致前排乘客侧电动车门锁不能锁定。

　　A. 熔断器故障　　　　　　　　　B. 开关故障

C. 搭铁不良 D. 点火开关故障

159. （　　）导致不能用驾驶人侧车门锁按钮锁定两扇车门。
A. 熔断器故障 B. 驾驶人侧开关故障
C. 乘客侧开关故障 D. 导线断路故障

160. 气制动式汽车，制动跑偏的原因是（　　）。
A. 前左右轮制动力矩差大于15% B. 制动间隙过小
C. 制动间隙过大 D. 制动拖滞

得　分	
评分人	

二、判断题（第161题～第200题。将判断结果填入括号中。正确的填"√"，错误的填"×"。每题0.5分，满分20分）

（　　）161. 液压传动以液体作为传动介质。

（　　）162. 在液压传动过程中，换向阀属于方向控制阀。

（　　）163. 对于EQ1092F型汽车，当发动机转速为800r/min、气门间隙为0.25mm时，排气门滞后角为10.5°。

（　　）164. 汽车发动机电气性能测试仪用于测量进气歧管的真空度。

（　　）165. 日常维护由维修企业进行，以检查、调整为中心内容。

（　　）166. 连杆轴承应与轴承座及轴承盖密合，凸点完好，轴瓦两端的挤压高度值不小于0.03mm。

（　　）167. 形状公差和位置公差简称为形位偏差。

（　　）168. 发动机缸壁间隙过小会导致连杆弯曲和拉伤缸壁。

（　　）169. 气缸盖主要的变形形式是扭曲。

（　　）170. 曲轴轴颈表面的烧伤是由于润滑油压力不足或轴颈与轴承之间间隙过小等原因造成的。

（　　）171. 在测量发动机气缸体孔径时，必须在每个缸中的上、中、下三个位置进行测量，其中下端位置是指活塞在下止点时，第一道环所对的缸壁位置。

（　　）172. 发动机液压力挺柱因为能自动补偿气门间隙，所以不再需要人工调整气门间隙。

（　　）173. 当发动机冷却液达到一定温度时，蜡式节温器主阀门开始打开，部分冷却液开始进行大循环。

（　　）174. 桑塔纳2000型轿车采用了四电极火花塞。

（　　）175. 检查并调整火花塞的间隙，测量时应用塞尺。

（   ）176. 桑塔纳 2000GLS 型轿车 JV 型发动机霍尔传感器输出电压在 0~9V 之间变化。

（   ）177. 毫无着火征兆的一般属于发动机电路故障。

（   ）178. 桑塔纳发动机中央高压线，电阻应为 2~2.8kΩ。

（   ）179. 发动机分电器凸轮磨损不均匀，将使发动机运转不稳。

（   ）180. 燃油滤清器滤网过脏，阻力增大，阻碍进油。

（   ）181. 空气滤清器堵塞会导致发动机功率不足。

（   ）182. 随发动机转速增加，声音加大是活塞销松旷造成异响的特征。

（   ）183. 用烟度计检查柴油车时，要检查柴油内是否加有消烟剂，如果没有，应添加。

（   ）184. 用正时灯检查发动机点火提前角时，应将正时记号对正上止点前 11°~13° 的地方。

（   ）185. 检测电控燃油喷射发动机燃油压力时，关闭点火开关，将油压表接在供油管和分配管之间。

（   ）186. 桑塔纳 LX 型轿车转向盘自由转动量应为 15°~30°。

（   ）187. 行车制动系统的制动踏板自由行程越小越好。

（   ）188. 用脚施加于驻车制动装置操纵装置上的力，对于座位数大于 9 的载客汽车应不大于 300N。

（   ）189. 液压行车制动系统在达到规定的制动效能时，对于座位数大于 9 的载客汽车，制动踏板行程不得超过 100mm。

（   ）190. 客车在 30km/h 的初速度下采用应急制动系统制动时，制动距离要求 ≤ 40m。

（   ）191. 制动分泵的皮碗用汽油清洗。

（   ）192. 汽车气压制动系统的空气压缩机组装后，可直接装车。

（   ）193. 膜片弹簧离合器在分离时，膜片弹簧会产生反向锥形变形，使压盘与从动盘分离。

（   ）194. 手动变速器操纵机构没有倒档锁装置。

（   ）195. 单级主减速器的常啮合锥齿轮不使用直齿齿轮。

（   ）196. 差速器可保证两侧驱动轮在任何道路条件下均能保持纯滚动和等角速度转动。

（   ）197. 直拉杆应无明显变形，横拉杆的直线度公差为 1.5mm。

（   ）198. 桑塔纳 2000 型轿车前轮采用的是浮动钳型盘式制动器。

（   ）199. 前后独立方式的双回路液压传动装置，由双腔主缸通过两套独立回路分别控制车轮制动器。

（   ）200. 盘式制动器外廓尺寸小，防泥沙和防水性能好，因而得到广泛应用。

中级汽车维修工理论知识试卷参考答案

一、单项选择题

1. C	2. B	3. B	4. D	5. D	6. C	7. A	8. A
9. A	10. D	11. B	12. D	13. C	14. A	15. B	16. D
17. D	18. A	19. A	20. D	21. B	22. D	23. B	24. D
25. B	26. C	27. D	28. C	29. D	30. A	31. B	32. C
33. A	34. A	35. C	36. B	37. D	38. D	39. B	40. B
41. C	42. B	43. B	44. A	45. C	46. B	47. D	48. D
49. D	50. C	51. D	52. C	53. C	54. A	55. A	56. A
57. B	58. B	59. B	60. C	61. A	62. C	63. A	64. D
65. C	66. A	67. A	68. A	69. A	70. B	71. A	72. A
73. B	74. D	75. A	76. A	77. A	78. D	79. B	80. A
81. D	82. C	83. B	84. A	85. C	86. A	87. B	88. B
89. B	90. D	91. D	92. B	93. D	94. C	95. B	96. A
97. D	98. A	99. B	100. A	101. A	102. C	103. A	104. D
105. B	106. A	107. B	108. B	109. B	110. B	111. D	112. C
113. A	114. B	115. A	116. D	117. D	118. B	119. A	120. A
121. B	122. D	123. D	124. C	125. A	126. A	127. D	128. A
129. B	130. B	131. C	132. A	133. C	134. C	135. C	136. A
137. C	138. C	139. C	140. C	141. C	142. C	143. B	144. C
145. C	146. A	147. C	148. C	149. B	150. C	151. C	152. C
153. C	154. A	155. A	156. A	157. D	158. D	159. D	160. A

二、判断题

161. √	162. √	163. ×	164. ×	165. ×	166. √	167. ×	168. √
169. ×	170. √	171. ×	172. √	173. √	174. √	175. ×	176. √
177. ×	178. ×	179. √	180. √	181. √	182. ×	183. ×	184. ×
185. √	186. ×	187. ×	188. ×	189. ×	190. ×	191. ×	192. ×
193. √	194. ×	195. √	196. ×	197. ×	198. √	199. √	200. √

操作技能试卷

中级汽车维修工操作技能考核准备通知单

一、考场准备

1. 操作场地应光线充足，整洁无干扰，具有安全防火措施。
2. 操作场地应具有地沟和车辆举升机。
3. 考评员与考生比例为 1∶5。

二、车辆、设备、工量具、辅助准备

（一）维护

序号	名称	单位	数量
1	汽车	辆	1
2	前束尺	只	1
3	梅花扳手	把	1
4	呆扳手	把	1
5	管钳	把	1
6	鲤鱼钳	把	1
7	棉纱	团	1

（二）修理

序号	名称	单位	数量
1	EQ6100型发动机气缸盖	件	1
2	1m钢直尺	把	1
3	塞尺	把	1
4	棉纱	团	1

中级汽车维修工操作技能考核试卷

考生姓名：_____ 准考证号：_____ 工作单位：_____

一、说明

1. 本试卷的编制命题从实际出发，以可行性、技术性和通用性为原则。
2. 本试卷依据《中华人民共和国职业技能鉴定规范》编制。
3. 本试卷适用于考核中级汽车维修工。
4. 本试卷无地域限制。
5. 本试卷含维护、修理试题各一道。

二、试题

（一）维护

桑塔纳 LX 型轿车前轮前束的检查与调整

考核要求：
1. 按正确的操作规程检查前轮前束。
2. 调整前轮前束，使之符合技术标准。
考核时间：30min。

（二）修理

EQ6100 型发动机气缸盖的检修

考核要求：
1. 检查缸盖各平面平面度、燃烧室容积。
2. 口述各平面和燃烧室的修理方法和技术标准。
考核时间：30min。

中级汽车维修工操作技能考核评分记录表（1）

考生姓名：_____ 准考证号：_____ 工作单位：_____

（一）维护

桑塔纳 LX 型轿车前轮前束的检查与调整

序号	作业项目	考核内容	配分	评分标准	评分记录	扣分	得分
1	检查	在每一前轮轴线的胎面中心做记号	5 分	操作方法不正确扣 5 分			
		测量前轮前束值	30 分	测量方法不正确扣 15 分			
				测量结果不正确扣 15 分			
2	调整	调整前轮前束	40 分	调整方法不正确扣 20 分			
				调整结果不正确扣 20 分			
		调整完毕，再次检查前轮前束值	20 分	检查方法不正确扣 10 分			
				检查结果不正确扣 10 分			
3	安全文明生产	遵守安全操作规程，正确使用工量具；操作现场整洁	5 分	每项扣 1 分，扣完为止			
		安全用电；防火；无人身、设备事故		因违规操作发生重大人身和设备事故，此题按 0 分计			
4	分数合计		100 分				

技术标准：
前轮前束为 –1～–3mm。

评分人：　　　　　　年　月　日　　　核分人：　　　　　　年　月　日

中级汽车维修工操作技能考核评分记录表（2）

考生姓名：_____ 准考证号：_____ 工作单位：_____

（二）修理

EQ6100 型发动机气缸盖的检修

序号	作业项目	考核内容	配分	评分标准	评分记录	扣分	得分
1	检验气缸盖下平面、侧平面的平面度	检验气缸盖下平面的平面度	50 分	检验方法不正确扣 10 分			
				检验结果不正确扣 10 分			
		检验气缸盖侧平面的平面度		检验方法不正确扣 10 分			
				检验结果不正确扣 10 分			
2	维修气缸盖接合面（口述）	下平面及侧平面的维修	25 分	维修方法不正确扣 10 分			
				技术要求叙述错误扣 10 分			
3	检查、调整燃烧室容积	燃烧室容积的检查	20 分	检查方法不正确扣 5 分			
				检查结果不正确扣 5 分			
		燃烧室容积的调整（口述）		调整方法不正确扣 5 分			
				技术要求叙述错误扣 5 分			
4	安全文明生产	遵守安全操作规程，正确使用工量具；操作现场整洁	5 分	每项扣 1 分，扣完为止			
		安全用电；防火；无人身、设备事故		因违规操作发生重大人身和设备事故，此题按 0 分计			
5	分数合计		100 分				

技术标准：

1）接合面的平面度误差不大于 0.10mm。

2）维修后燃烧室容积不小于公称值的 95%。

3）同一台发动机各缸燃烧室容积相差不大于平均值的 4%。

评分人：　　　　　年　月　日　　　核分人：　　　　　年　月　日